U0086326

現代佛學叢書

佛學新視野

周慶華 著

傅偉勳・楊惠南主編

東大圖書公司

國家圖書館出版品預行編目資料

佛學新視野／周慶華著. -- 初版. --
臺北市：東大發行：三民總經銷，
民86
面；　公分. --(現代佛學叢書)
參考書目：面
ISBN 957-19-2062-2（精裝）
ISBN 957-19-2063-0（平裝）

1.佛教－論文，講詞等

220.7　　　86000994

國際網路位址 http://Sanmin.com.tw

© 佛學新視野

著作人 周慶華
發行人 劉仲文
著作財產權人 東大圖書股份有限公司
臺北市復興北路三八六號
發行所 東大圖書股份有限公司
地　址／臺北市復興北路三八六號
郵　撥／〇一〇七一七五──〇號
印刷所 東大圖書股份有限公司
總經銷 三民書局股份有限公司
門市部 復北店／臺北市復興北路三八六號
重南店／臺北市重慶南路一段六十一號
初　版 中華民國八十六年二月
編　號 E 22047①

基本定價 肆元陸角

行政院新聞局登記證局版臺業字第〇一九七號

ISBN 957-19-2062-2（精裝）

《現代佛學叢書》總序

本叢書因東大圖書公司董事長劉振強先生授意，由偉勳與惠南共同主編，負責策劃、邀稿與審訂。我們的籌劃旨趣，是在現代化佛教啟蒙教育的推進、佛教知識的普及化，以及現代化佛學研究水平的逐步提高。本叢書所收各書，可供一般讀者、佛教信徒、大小寺院、佛教研究所，以及各地學術機構與圖書館兼具可讀性與啟蒙性的基本佛學閱讀材料。

本叢書分為兩大類。第一類包括佛經入門、佛教常識、現代佛教、古今重要佛教人物等項，乃係專為一般讀者與佛教信徒設計的普及性啟蒙用書，內容力求平易而有風趣，並以淺顯通順的現代白話文體表達。第二類較具學術性份量，除一般讀者之外亦可提供各地學術機構或佛教研究所適宜有益的現代式佛學教材。計畫中的第二類用書，包括⑴經論研究或現代譯注，⑵專題、專論、專科研究，⑶佛教語文研究，⑷歷史研究，⑸外國佛學名著譯介，⑹外國佛學研究論著評介，⑺學術會議論文彙編等項，需有長時間逐步進行，配合普及性啟蒙教育的推廣工作。我們衷心盼望，關注現代化佛學研究與中國佛教未來發展的讀者與學者共同支持並協助本叢書的完成。

傅偉勳　楊惠南

自序

當今所見佛學研究，有兩種取向比較特殊：一種是廣泛運用文獻學方法從事傳統教義的貞定工作，或自設「創造詮釋學」方法從事傳統教義的革新工作；一種是援引當代科學或哲學思潮和佛學相互印證，以加深現代人對佛學的印象和認取的雅興。這對於長期以來「低迷不振」的佛學界，多少有些激勵（使其活化）的作用；同時對於佛教的傳播和發揚，也當有正面的意義和貢獻。不過，如果只停在這個階段，恐怕還看不出對已經深受「現代化」的蠱惑和戕害的當代心靈能起什麼「療治」的功效。於是繼起的佛學研究者，仍得思考佛學研究「如何開展」的問題。

大家有目共睹，人類所推動的「現代化」，給自己帶來了空前的兩項浩劫：一項是「現代化」的支柱「工具理性」或「科技理性」的過度膨脹，大量耗費不可再生能量，導至資源枯竭、環境惡化、生態失衡和核子恐怖等危機，人類正在自食可能「沒有明天」的惡果；另一項是「現代化」中的「現代性」，預設了「人為主體」而發展出來的「權力宰制」還在盲目的擴張中，使得自然和人性、個人和社會以及個人和個人之間原該相互依存而和諧融通的情境越來越難以實現，而徒然深化了自我的孤獨和悲苦！面對這一「千瘡百孔」的世界和日漸「自我流失」

的現象，人類可有什麼良策加以改善?

此刻無法乞靈於西方，因為「現代化」正是西方人所策畫和帶動的，他們不可能一面霸佔著豐厚的物質享受和炫人的權力利益還一面帶領著大家「逆現代化」而行。那只有乞靈於東方了。東方有源起於道家的氣化宇宙觀和源起於佛教的緣起宇宙觀，都可以據為對治西方促使「現代化」必然出現的機械宇宙觀。不論是氣化宇宙觀還是緣起宇宙觀，都不崇尚戡天役物，有利於世人從事比較長遠而平穩的生涯規畫（不像採信機械宇宙觀後流於「與自然競利」而惶惶不可終日）。其中又以緣起宇宙觀對治機械宇宙觀最容易見效，理由是這種宇宙觀當宇宙萬物為「眾緣和合」所成（眾緣不和合宇宙萬物就消失），所以宇宙萬物就「無自性」（無自性就是空），而人只要不執著宇宙萬物的「實有」，就能解脫痛苦煩惱而臻於涅槃寂靜境界，這樣所採取的應世策略一定最少耗費資源，而可以避免人類自惹的「速取滅亡」一項災禍。還有由緣起宇宙觀衍生（或併生）的「無我」觀念，否定了世俗競逐權利的必要性，自然也可以藉來淡化和機械宇宙觀互通的「人為主體」觀念，而使人的存在多一分「自由」、「和諧」的保證。

正由於佛教在當世具有這樣的「優位性」，所以佛學研究也要導向「對治現代化」的途徑上去，才能顯出這類研究特有的意義和價值。宗教本來就深植在現實生活的土壤中，而任何有關宗教的研究，也得有所回饋於現實生活，不然這樣的研究就會失去訴求的對象和無從發揮應有的影響力。我們看當今那些現成的佛學研究，固然猗歟多姿，但要論到「何處用武」，卻又說不上來，豈不是太可惜?因此，這裏所指出的「對治現代化」這條路，應該是再度開展佛學研究最有遠景的取向。有志奉獻於佛教事業或關心人類前途的人，「盍興乎來」共襄盛舉（以上曾以〈佛學研究再開展〉為題，發表於《法光》第六十七期）。

現在本書所見這些篇章，就是在這個前提下考慮撰寫的。有的直接表露佛教對治現代化可以最見力道，有的先強化佛教本身的「功能」而間接導向對治現代化的道路，充分顯現個人對佛教未來發展的一點期望。眼見人類難以再有可以安居樂業的環境和普遍沈溺於現代化迷夢所出現的窘境，總有排遣不開的煩憂和不忍，所作的這項呼籲，就算是願意克盡一己參與改善目前境況行列的棉薄之力的表示吧！

周慶華

一九九七年元月於新店

佛學新視野

目次

導論：詮釋的新向度

——從既有的詮釋理論談起

一、本題的源起

人類從什麼時候開始有詮釋的自覺，已經無法考證。如果以文獻的記載為準，那大略可以斷定在上古後期，就出現了有關詮釋課題的論說。這在中國是由於要說解《詩》、《書》等典籍所引發的❶，而在西方（尤其是古希臘）是為了要闡發神諭和詩作所引發的❷。雖然中西方人早就有對詮釋課題的反省和檢討，但往後的發展卻產生極大的差異。

首先，中國人的論點，多半集中在詮釋的對象和運作上，

---

❶ 最有名的例子，要數孟子的議論：「說《詩》者不以文害辭，不以辭害志；以意逆志，是為得之。如以辭而已矣，〈雲漢〉之詩曰：『周餘黎民，靡有孑遺。』信斯言也，是周無遺民也。」（《孟子·萬章》）「盡信《書》，則不如無《書》。吾於〈武成〉，取二三策而已矣。仁人無敵於天下，以至仁伐至不仁，而何其血之流杵也。」（同上，〈盡心〉）

❷ 參見帕瑪(Richard E. Palmer)，《詮釋學》（嚴平譯，臺北，桂冠，一九九二年五月），頁一三～一六。

如「夫象者，出意者也；言者，明象者也……言生於象，故可尋言以觀象；象生於意，故可尋象以觀意……故言者所以明象，得象而忘言；象者所以存意，得意而忘象。」（王弼，《易略例·明象》）「夫綴文者情動而辭發，見文者披文以入情。沿波討源，雖幽必顯；世遠莫見其面，覘文輒見其心。」（劉勰，《文心雕龍·知音》）之類❸，對於詮釋的本身是什麼，以及詮釋是怎麼可能的等問題，可說都極少觸及到；而這些在西方從中古以來，一直就是眾人關注的重點。其次，中國人有關詮釋的意見，多簡略片段，且跟其他論說雜混(經常出現在文論、詩話、詞話、賦話等著作中）或表現在實際的注疏和評點中，很少（或根本沒有）有成體系的專著；而這在西方從亞里斯多德(Aristotle)〈論詮釋〉一文以下，相關的專文和專書，卻多得不可勝數。最後，中國古來所引發的詮釋課題，始終沒有大幅度的改變（頂多發生類似乾嘉考證學派和新儒學那樣的意見對立而已）;但在西方相同課題卻關連著語言學、哲學、心理學、社會學、文學、藝術等領域，隨著時代的脈動而「翻滾」向前，到現在還處在變動或進展

❸ 這可以看作中國的「反映論」和「表現論」。只是對於所要反映的對象（意或道）看法不盡一致（關於道的名義不同，可參見傅勤家，《中國道教史》（臺北，商務，一九八八年八月），頁二八～四二），而對於是否要還原所表現的對象（情志）意見也相當分歧（贊成者就不必說了，反對者如「作者用一致之思，讀者各以其情而自得。」(王夫之，《薑齋詩話》卷上)「作者之用心未必然，而讀者之用心何必不然。」（譚獻，《復堂詞話》）也觸處可見）。

之中。

中西方人處理詮釋課題有這樣的不同，不論是出於偶然還是別有原因，大致上已經沒有深究的必要（事實上也很難能研究出一個所以然來），但對於詮釋課題到底被討論到了什麼層次，以及還有那些未竟（可以繼續發展）的地方，這在今天仍困惑於詮釋或有待精進詮釋的我們來說，顯然是一個迫切需要知道的信息。因此，本章就從既有的詮釋理論（特別是西方近代新興的詮釋理論）檢討起，嘗試為詮釋課題所該有的環節作一點理論上的確定，以便日後（如果可信）大家的討論或實踐有個依據。而這裏所以題為「詮釋的新向度」，正表示在既有詮釋理論的基礎上，還有我們可以展望或再思考的空間。

二、詮釋本身的意義

詮釋一詞，雖然是由詮和釋二字組成，但重點在詮字上，它在中國古代多半被當作解說事理的用詞，《淮南子・詮言訓》注說：「詮，就也，就萬物之指以言其徵，事之所謂，道之所依也。」《一切經音義》卷一〇引《淮南子》注說：「詮言者，謂譬類人事相解喻也。」《說文解字》卷三說：「詮，具也。」（段注：「然則許意謂詮解。」桂注：「謂具說事理。」）現在詮釋被用來翻譯古希臘動詞 hermēneuein和名詞 hermēneia 或英文 interpretation。而以詮釋為討論對象所形成的學問，大家就稱它為詮釋學(Hermeneutics)❹。

---

❹ 關於 Hermeneutics 的中文譯名，除了「詮釋學」，還有「闡釋

把詮釋界定為解說事理，並沒有交代解說事理的主體，不免稍嫌籠統。同樣的詞彙，在古希臘的用法中有三個基本意義指向（以動詞形式 hermēneuein為例），就是「說話」(談話)、「說明」（解釋）和「翻譯」❺，這就比較能看出主體所屬。換句話說，解說事理不定是那個主體在進行（可能是

學」、「釋義學」、「解釋學」、「傳釋學」等。其中「詮釋學」和「闡釋學」差別不大，但使用的人卻比較偏愛前者。至於其他三個譯名，學者（或譯者）多少有些「意見」：有人認為這門學問是對於意義的理解和解釋的研究，採用「釋義學」要比其他譯名好(見張汝倫，《意義的探究——當代西方釋義學》(臺北，谷風，一九八八年五月)，頁一)；有人認為這個詞彙起源於古希臘，原有「談話」、「翻譯」和「解釋」等幾層含義，隨著該詞彙在文化和宗教中的演變，又具有「理解」、「方法」、「注疏」等含義，若僅譯作「解釋學」，該詞彙的其他方面的含義便無法從譯名上反映出來，然而譯為「詮釋學」或「闡釋學」，又會讓人誤解它只是一種類似中國傳統文化中詮釋經典的學問或注疏章句的技巧，但在沒有探求到更適合的譯名之前，還是暫時保留「解釋學」的譯名(見殷鼎，《理解的命運》（臺北，東大，一九九〇年一月），頁四)；有人認為所以採用「傳釋學」，是因為「詮釋學」(按：這當也包含其他幾個名稱）中的「詮釋」往往只從讀者的角度出發去瞭解一篇作品，而未兼顧到作者通過作品傳意、讀者通過作品釋意這兩軸之間所存在著的種種微妙的問題（見葉維廉，《歷史、傳釋與美學》(臺北，東大，一九八八年三月)，頁一七)。類似這種譯名上的歧見，基本上沒有什麼辦法可以消除，只能說「隨人喜歡」。再來就是各展精彩去論說了。

❺ 參見注❷所引帕瑪書，頁一五。

少數特定主體，也可能是遍及一切主體)；而「說話」、「說明」和「翻譯」，不僅細分了詮釋的範疇，也指出了各詮釋範疇的主體（如「說話」可遍及一切主體，而「說明」和「翻譯」則分屬某些有專擅的特定主體)。

然而，不論詮釋是泛指解說事理，還是確指「說話」、「說明」和「翻譯」，都沒有脫離基本的詮釋學境況。就以後者為例，主體在「說話」時所作的陳述、在「說明」時所作的推理或斷言和在「翻譯」時所作的語言轉換，都是詮釋的形式；而這些陳述、推理或斷言、語言轉換等以文字表述後，形成一個個文本(text)，又成為其他主體「說話」、「說明」和「翻譯」的對象。這樣詮釋就是一種在陳述、推斷和轉換事物或文本時的智力的基本操作。後來的詮釋學，無疑是在這個基礎上發展起來的。一直到當代哲學詮釋學的出現，詮釋才又多出一個新的意義指向。

在哲學詮釋學還沒有興起以前，詮釋普遍被人當作一種方法在實際運用或討論著。首先是古希臘人的解說眾神的信息和荷馬等詩人的作品，以及中古時期人的注釋《聖經》和其他著作（特指所存古典文獻）；其次是近代施萊爾馬赫(Friedrich Daniel Ernst Schleiermacher)的系統闡述詮釋作為把握各種文本（不限於《聖經》和古典文獻）的普遍方法和率先為詮釋本身的可能性和局限作出說明，以及狄爾泰(Wilhem Christian Ludwig Dilthey)的從認識論上來證明詮釋作為人文科學特殊的方法（解釋一切精神活動的內在意義）和把它放在自然科學的實證方法（解釋一切物質現象的因果關係）同一地位上。而在哲學詮釋學興起以後，詮釋也仍有被人當作人文科學的一般方法看待，如貝蒂(Emilio Betti)的提出一整套系統的方法論來確保詮釋的客觀性，剔除狄爾泰詮釋學思想殘餘的心理學因素，從而確立詮釋作為人文科學一般方法的科學地位；又如赫施(Eric D. jr, Hirsch)的提出一種詮釋的正確性理論，藉此可以辨別那些詮釋是正確的，或者說尋找一種正確詮釋的標準，來確保詮釋的客觀性❻。

從古希臘以來，所有的詮釋實踐和詮釋理論試圖展現或貞定這類具有認識論上或方法論上意義的詮釋，在當代遇到了海德格(Martin Heidegger)和伽達瑪(Hangs-Geog Gadamer)等人所倡導哲學詮釋學的強力挑戰或批判。先是海德格從胡塞爾(Edmund Husserl)的現象學得到啟示，確定存有者（存在者）的存有（存在）❼是人思維的重點，而詮釋就是揭示或彰顯存有的形式；後是伽達瑪在海德格本體論的基礎上，強調詮釋的普遍性（不僅適用於人文科學，而且還適用於自然科學和社會科學），並認為存有是通過語言來體現的，而詮釋就是揭發這種存有的手段❽。海德格和伽達瑪等人，就以

❻ 參見注❹所引張汝倫書，頁一～八四。

❼ 按：海德格比較偏重從人的角度來談這個課題。事實上，存有者包括一切存在物，不論是具體的或普遍的、實際的或想像的、現實的或可能的，一旦能被我們的知覺或思想所肯定，都可以稱為存有者；而存有就是存有者所進行的存在活動。參見沈清松，《物理之後——形上學的發展》（臺北，牛頓，一九八七年一月），頁三二～三三。

❽ 見海德格(Martin Heidegger)，《存在與時間》（王慶節、陳嘉映譯，臺北，久大、桂冠，一九九三年七月），頁五～五二；伽達瑪(Hangs

這點為根據，一方面批駁傳統（特別是近代）的詮釋理論所認為詮釋是一個心理學重新構造的過程（詮釋的對象是從過去傳到現在的文本的原意，也就是作者當初創作時的意向），一方面越過認識論或方法論層次重新賦予詮釋一個本體論上的意義(詮釋是人存在的方式,而不是人文科學的一般方法)。從此詮釋就多了一個嶄新的意義。

以上兩種詮釋理論，在當代形成了強烈的對立，彼此全面性或局部性的「對諍」也時有所見❾，但都沒有什麼具體的結果(彼此互不妥協)。其中哲學詮釋學的另一個代表人物呂格爾(Panl Ricoeur)，企圖結合兩種詮釋理論（把認識論上和方法論上意義的詮釋，嫁接在本體論上意義的詮釋上，從而藉由語言表面意義的解析，以達到對語言深層意蘊(存有)的把握)， 使詮釋學真正能作為哲學本身，而為西方哲學提供一個新的方向❿。這是否能被雙方信守各自理論的人接受，我們不得而知。但這裏可以指出一點，就是呂格爾為綰合哲學詮釋學和傳統詮釋學所作的努力，並沒有如一般論者所述那樣可稱道的成果（倒是他無意中揭露了詮釋有不同的進程或層次，值得我們注意）。 因為兩種詮釋理論所以不同，主

-Geog Gadamer),《真理與方法——哲學詮釋學的基本特徵》(吳文勇譯，臺北，南方，一九八八年四月)， 頁四九～五五。另參見注❷所引帕瑪書，頁一四一～二五六；注❹所引張汝倫書，頁八五～一六一。

❾ 參見陳俊輝，《邁向詮釋學論爭的途徑——從祁克果到黎柯爾》（臺北，唐山，一九九〇年九月)，頁一一〇～一二〇。

❿ 參見注❹所引張汝倫書，頁一六二～一九五。

要在預設的對象（一個是語言所體現的存有，一個是文本所隱含的原意），而不在詮釋的過程；以往兩種詮釋理論的對諍，不過是緣於詮釋對象和詮釋過程的混淆不清，而呂格爾所作的分辨自然多不相干了。這樣說來，詮釋只是為瞭解或獲得某一對象（大家習慣稱它為「意義」，詳後）的過程或方法，不當再夾纏別的意義。

三、詮釋的對象問題

既然詮釋只是為瞭解或獲得某一對象的過程或方法，那接著我們要問的是：該對象到底是什麼？這或許要從詮釋所要實踐或作用的對象談起。換句話說，詮釋所要瞭解或獲得的對象不可能是自明的，而是必須由詮釋者的辨別判定將它「化隱為顯」，這就得先知道它「隱藏」在那裏。

根據前面所整理的一部「詮釋史略」來看，詮釋實踐或作用的對象，已經由稍早的神諭、詩作、《聖經》和其他典籍（在中國大略都限於書面文獻）等，擴大到後來的涵蓋所有（精神和物質）領域的人文科學、自然科學和社會科學。可見詮釋實踐或作用的對象「無所不可」；而它又可以概略的區分「語言（文字）性符號」和「非語言性符號」⓫。詮釋所要瞭解或獲得的對象，就隱藏在所有語言性符號和非語

⓫ 非語言性符號，包括自然現象及人為的記號和人有意無意的行動、擺設等。後面這兩部分，參見李茂政，《大眾傳播新論》（臺北，三民，一九八六年九月），頁一〇五～一一四；方蘭生，《傳播原理》（臺北，三民，一九八八年十一月），頁一二五～一二七。

言性符號裏。

雖然詮釋實踐或作用的對象可遍及語言性符號和非語言性符號，但到目前為止大家討論最多的還是語言性符號。這些語言性符號是人長期「創造」積澱的成果，它建構了歷史事件、社會情境、文化規模（以上合稱為「客觀世界」）甚至主體我的內心世界（思緒意念）和私有空間（生活形態）等⑫，形成一個龐大的「象徵」網絡，其中蘊含著無窮盡的「意義」。而詮釋就是相應著為使「意義」明朗化而被設想出來的。只是所謂的「意義」究竟又是什麼？各領域（包括詮釋學、語意學、分析哲學、語言哲學、邏輯實證論等）的人始終頗有爭論。奧格登(C. K. Ogden)和李察茲(I. A. Richards)曾在他們合著的《意義的意義》一書中列出十六種「意義」的意義⑬，而皮爾斯(Charles Sanders Peirce)也曾統計過「意義」的種類近五萬之數，後來減縮為六十餘種⑭。此外，嘗試為「意義」重作定義的人，更是「花樣百出」⑮，令人目不暇給！因此，如果把各個人所說的當作詮釋所要瞭

⑫ 參見周華山，《意義──詮釋學的啟迪》（臺北，商務，一九九三年三月），頁一八〇～一九四。

⑬ 參見李安宅，《意義學》（臺北，商務，一九七八年五月），頁五四～七二引述。

⑭ 參見注❹所引葉維廉書，頁三〇引。

⑮ 參見黃宣範，《語言哲學──意義與指涉理論的研究》（臺北，文鶴，一九八三年十二月），頁一七～八一；俞建章、葉舒憲，《符號：語言與藝術》（臺北，久大文化，一九九〇年五月），頁二二四～二三七。

解或獲得的對象，這就寬泛得幾乎等於沒有說什麼；但如果選擇性的為詮釋所要瞭解或獲得的對象劃出一個範圍，卻又顯得獨斷而有昧於「意義的開放性」的事實。這的確是個難題，恐怕任誰也無法理清楚。不過，事情總是有輕重緩急或本末先後的區別，這個課題還是可以談論的。

我們先看語言性符號的存在狀況。雖然結構語言學曾指出語言性符號有一種隱藏著的「聚合關係」（也就是由語音層、語詞層和語法層等合成的「語言系譜」）[16]，但實際上我們所意識到的是因人個別結構或組織語言性符號而成的文本（包含字詞典這類缺少「脈絡意義」[17]的文本）。於是語言性符號就存在（指看得見的）個別的文本中。又因為這些（文本）現象是人有意無意主導下的結果，不可能跟人不發生任何「關係」，所以一切的語言性符號就不純是物質性的存在，它還具有精神意涵。這可以分兩點來說：

第一，使用或組構語言性符號的人，很少只是向別人展示該語言性符號由「約定俗成」所有的內涵和指涉而已，他還會讓該語言性符號附帶著其他目的，如為樹立權威、謀取利益和行使教化等。後面這些，可以用大家常提及的「意圖」一詞來概括。此外，使用或組構語言性符號的人所以有某一

---

[16] 參見索緒爾(Ferdinand de Saussure),《普通語言學教程》(高名凱譯，臺北，弘文館，一九八五年十月)，頁一六四～一七〇。

[17] 「脈絡意義」相對的是「字典意義」。前者指一個符號樣型在某一脈絡裏所具有的那部分意義內容，後者指一個符號樣型所可能具有的所有意義內容。參見何秀煌,《記號學導論》(臺北，水牛，一九八八年九月)，頁一一。

意圖，往往又跟他的存在處境或世界觀以及他所不自覺的個人潛意識或集體潛意識有關，這更為該語言性符號增添一些「始料不及」的精神意涵。

第二，旁觀語言性符號的人，他也會基於自己使用或組構語言性符號的經驗（不論是否很有限），設想或推測該語言性符號組構者的意圖、存在處境或世界觀和個人潛意識或集體潛意識等精神意涵。而這只有當他發現（有足夠證據顯示）所設想或推測的語言性符號組構者的意圖等不一定如實時，他才可能轉而思考別的課題⑱。但這仍無妨各語言性符號所具有的那些精神意涵；畢竟它還是人依賴或藉以存在的對象（不太可能剔除它跟人的這層關係）。

---

⑱ 在中國，底下所引可稱得上是典型的例子：「（歐陽修云）昔梅聖俞作詩，獨以吾為知音，吾亦自謂舉世之人知梅詩者莫吾若也。吾嘗問渠最得意處，渠誦數句，皆非吾賞者。以此知披圖所賞，未必得秉筆之人本意也。」（《歐陽文忠公文集》卷一三八〈唐薛稷書〉）因此而有類似這樣的思維轉向：「雖然作者之意，豈能必讀者之意而悉解之？解而得與解而不得，則姑聽於讀者之意見，不必深求之也。」（劉子春，〈石園詩話序〉）「如謂說詩之心，即作者之心，則建安、大曆有年譜可稽，有姓氏可考，後之人猶不能以字句之跡追作者之心，矧三百篇哉？不僅是也，人有興會標舉，景物呈觸，偶然成詩，及時移地改，雖復冥心追溯，求其前所以為詩之故而不得，況以數千年之後，依傍傳疏，左支右吾，而遽謂吾說已定，後之人不可復有所發明，是大惑已！」（袁枚，〈程綿莊詩說序〉）（按：注❸所引王、譚二氏語也是）而在西方，從新批評、結構主義以來，凡是認為意圖不可信或不存在者，多少也跟這點有關。

由使用或組構語言性符號的人及旁觀語言性符號的人，共同默許或約定語言性符號具有這類精神意涵，保證了詮釋所要瞭解或獲得的對象的必然性（這裏還沒有把人使用或組構語言性符號時也已在對另一以語言性符號存在的對象進行詮釋那種情況算在內）。而又由同樣的精神意涵反覆（高頻率）出現在人的意識中，以至它就連同語言性符號本身的內涵和指涉，成為大家注視的對象，自然而然就佔定了詮釋所要化隱為顯的「意義」的優先地位。而這也就是為什麼從傳統詮釋學到哲學詮釋學以及由這兩種詮釋學衍生出來的方法詮釋學和批判詮釋學所論「意義」很少超出這個範圍的緣故⑲。換句話說，任何詮釋理論如果不把上面所舉這些「意義」(包括語言性符號本身的內涵和指涉及意圖等各種精神意涵）當作重心去探討，就很讓人費思它的用意。因此，假使不急著關懷或開拓別的詮釋對象，那本節所分辨的這些，不妨就暫時作為討論相關課題的根據。同時，對於傳統詮釋學以下，凡是有意要限定「意義」範圍的舉措，我們也應該表示「不能苟同」的意思才行。

四、詮釋是怎麼可能的

前兩節從方法論的立場，對詮釋本身的意義和詮釋的對

---

⑲ 有關傳統詮釋學以下論及「意義」的部分，參見沈清松，〈解釋、理解、批判——詮釋學方法的原理及其應用〉，收於臺大哲學系主編，《當代西方哲學與方法論》（臺北，東大，一九八八年三月），頁二二～二七。

象問題作了一些討論和建構，再來我們還要問：實際的詮釋是怎麼可能的？這個問題關係到詮釋主體如何才能完成詮釋工作以及詮釋的可靠性（也就是標準問題）的確立，必然少不了要花點功夫來論說。

現在有一種講法，先把「意義」略分為語言學上的「意義」（如內涵和指涉）、存有學上的「意義」（如存在處境、世界觀）和心理學上或社會學上的「意義」（如個人潛意識或集體潛意識）三類，然後依次以「解釋」、「理解」和「批判」的方式來進行詮釋的工作⑳。但這只是涉及詮釋的進程或層次，並沒有為詮釋的可能性或可靠性提出保證，所論不免有偏。對於這一點，我們還是先從過去的詮釋理論所說的看起。

早在中古時期，詮釋《聖經》的神學家就曾察覺到，《聖經》中的任何詞語、段落、章節，必須在瞭解整體《聖經》的基礎上，才能得到瞭解和詮釋；而在瞭解《聖經》的整體含意之前，又必須從一個個詞語、段落、章節開始。這就是後來常被人提及的整體和部分的所謂「詮釋循環」的先聲㉑。這到了近代，狄爾泰又發現詮釋活動跟詮釋者所擁有的知識和經驗有密切的關係，於是詮釋循環就包括相互依賴的三種關係：單個詞語和文本整體；文本本身和作者心理狀態；文本和它所屬的種類和類型。在每一種情況中，問題都是怎樣

⑳ 同上，頁二八～四〇。

㉑ 按：雖然神學家們早就觸及到這個問題，但狄爾泰認為是施萊爾馬赫率先使用「詮釋循環」一詞來表述；而當代學者韋勒克(René Wellek) 考證是康德 (Immanuel Kant) 首先使用「詮釋循環」一詞。參見注❹所引殷鼎書，頁三四。

將已知和已經驗的部分（個別詞語或文本本身）跟更大的首先是未知和決不能全知的背景關係聯繫起來。正是這更大的背景關係給予已知的東西以意義㉒。

上面所講的詮釋循環，是指文本詮釋時所遇到的現象。這在當代海德格那裏，轉變成存有的本體論特徵之一。他以「前有」、「前見」、「前設」三個概念，來說明作為存有和認識根本條件的詮釋循環：所謂「前有」(Vorhabe)，是指人決不會生活在真空中，在他有自我意識或反省意識之前，他已置身於他的世界，因此，他不是從虛無開始瞭解和詮釋的，他的文化背景、傳統觀念、風俗習慣，他那個時代的知識水準、精神和思想狀況、物質條件，他所從屬的民族的心理結構等等，都會影響他、形成他的東西；所謂「前見」(Vorsicht)，是指在前有這一存在視界中包含了許多的可能性，究竟先詮釋那些可能性，怎樣去詮釋，必然要有一個特定的角度和觀點作為入手處；所謂「前設」(Vorgriff)，是指在詮釋某事物時，總是對它預先已有一個假設（觀念）， 然後才能把它詮釋「作為」某物。詮釋所以可能，就是緣於由前有、前見和前設一起構成的前結構，而事物的作為結構就出自詮釋的前結構㉓。稍後伽達瑪以詮釋的歷史性和詮釋的前判斷（成見），將海德格的詮釋的前結構思想加以發揮和具體化，有意為詮釋循環的本體論意義作一明確的肯定㉔。

㉒ 參見注❹所引張汝倫書，頁三七。

㉓ 同上 ，頁一〇五～一一〇。

㉔ 同上，頁一二二～一三〇。按：以上三條注釋所引書頁碼跟注❻、❽所引同書頁碼有重疊，這是為求「醒目」的權宜或不得宜作法。

傳統詮釋學和哲學詮釋學所說的都沒有錯，而且依照本章第二節的分辨，兩種詮釋理論所論詮釋對象的差異並無妨詮釋作為方法的性質，自然也構成不了此處彼此所提及詮釋循環的對立（反而要把前者所說的已知和已經驗納入後者所說的前結構，作為詮釋所以可能的基本條件）。只是要以這種詮釋循環來解決實際的詮釋（所以可能）問題，似乎還嫌不夠。因為詮釋主體可以進行詮釋，也可以不進行詮釋；而即使進行詮釋，詮釋主體也可以任意選擇詮釋的對象（「意義」客體），這豈能一併歸因於詮釋循環？

如果說實際詮釋所得必然是出自前結構而由詮釋循環理論保證它的可能性，那詮釋主體所以要進行詮釋以及刻意選擇某一詮釋對象，就不能援同例而得仰賴別的條件來保證。這個條件，就是詮釋主體的意願和意圖。換句話說，如果詮釋主體不是有意要詮釋和為了實現詮釋本身以外的某些特定目的（尤其在他深知詮釋的對象無窮盡時），他就不太可能或根本不可能去從事詮釋的工作。因此，從理論上來規範或辨析詮釋的進程或層次以及為詮釋的前結構確立當然的地位，只道著了詮釋所以可能的必要條件，它的充分條件還在詮釋主體的意願和意圖。

話雖然是這樣說，但詮釋主體的意願和意圖如果沒有具體表明，它只合藏在詮釋主體的心裏，而不會體現在詮釋的結果上。於是當我們想進一步追問這種詮釋如何可靠時，只能就根據詮釋主體的前結構而來的實際詮釋來著眼（至於詮釋主體的意願和意圖是否可議或可感，就由第三者掌握後逕行判斷或另尋依據來判斷）。不過，這樣也難免出現一個悖論：就是詮釋所要瞭解或獲得的對象為語言性符號本身的內涵和指涉以及該語言性符號組構者的意圖等精神意涵，而這些在詮釋過程中卻全出自詮釋主體的前結構（而跟是否真有語言性符號本身的內涵和指涉以及該語言性符號組構者的意圖等精神意涵無關）。這種悖論，目前還無法消除。只能說詮釋主體的前結構（詮釋的標準）不斷充實有關的成分，可以使詮釋所得具有相對的合理性和可靠性（能邀得多數人的認同或肯定）。至於詮釋主體還要標榜所詮釋的對象有語言性符號組構者的意圖等而實際上會有出入的情況㉕，這就要著眼在詮釋主體的意圖（詳後），不必跟本節所論課題牽扯在一起。

五、詮釋理論的新課題

當詮釋的前結構作為詮釋所以可能的必要條件逐漸變成人人盡知的事以後，它可被討論的重要性，恐怕就不及詮釋主體的意願和意圖了。而詮釋主體的意願又受到詮釋主體的意圖的「促成」（或說詮釋主體的意圖先詮釋主體的意願而存在），以至詮釋主體的意圖「自然」就成為詮釋理論的新課題。

按照當代一些言說理論的講法，「言說」作為語言使用的一個特定領域，可以通過跟它相關的制度設施、通過它所出發的立場和為言談者選定的立場來加以確認㉖；而言談者

㉕ 這種情況很普遍，還常引起爭論。參見注❹所引殷鼎書，頁四七～九四；劉昌元，《西方美學導論》（臺北，聯經，一九八七年八月），頁二二一～二二八。

所選定的立場又預設著「權力宰制」，致使一切「言說」都是為「權力宰制」而發❷。從這個角度來看所有的詮釋案例（詮釋案例也是以言說形式展示），實在很難不把它跟權力宰制（這裏讓權力宰制包含樹立權威、謀取利益和行使教化等意義）聯繫在一起。換句話說，詮釋主體所以從事詮釋工作，最終目標無不是為了遂行他的權力意志。因此，當詮釋主體有特別宣稱他詮釋所得的是語言性符號組構者的意圖等時，實際上也是要藉它來達到權力宰制的目的，而跟「實情」不必相關（但不妨彼此偶有相合）。這是在超越既有詮釋理論的「盲點」（悖論）後，大家可以再注視的焦點。

不過，在為詮釋主體的意圖確立可討論的價值或地位前，可能要先通過解構學的「考驗」。我們都知道當代以德希達(Jacques Derrida)為首所倡導的解構學，曾以一個重要的觀念「延異」(différance)，強烈批評傳統詮釋學和哲學詮釋學所謂邏各斯(logos)中心主義的「在場」(presence)，使得所有詮釋的對象都變成不可能❷。這的確會連帶威脅到我們現在或今後所嘗試的理論再建構。但基於言說可以在聲稱「權宜性」的情況下繼續展演❷，我們現在或今後所作的一切論說仍無

❷ 參見麥克唐納(Diane Macdonell)，《言說的理論》（陳墇津譯，臺北，遠流，一九九〇年十二月），頁一三。

❷ 同上，頁一三一～一五四。

❷ 參見王岳川，《後現代主義文化研究》（臺北，淑馨，一九九三年二月），頁六三～六八。

❷ 參見周慶華，《秩序的探索——當代文學論述的省察》（臺北，東大，一九九四年十一月），頁一三～一五。

妨它的存在性或必要性（只是它終將是暫定的而不是絕對的)。這樣任何詮釋主體就不可能再把詮釋所得視為當然或確義（而勢必要歸諸言說策略下的權宜作法)，而他藉詮釋所得所要遂行的意圖也應當標明它的「權宜性」（至於別人信或不信，那就聽便了)。這「無疑」是詮釋理論甚該或值得開啟的一個新的向度，否則會很難再說得「圓通」或使人信服。

六、可以繼續拓展的兩個領域

在一切言說都是權宜作法的前提下，我們還可以再考慮詮釋主體的意圖如何才能實現以及詮釋主體的意圖所憑藉的對象有何展望等問題。後者（未必要在此處提出）是緣於討論前者而順便涉及，不定在本節才能顯出它的重要性；但前者就不一樣了，它是本論說依次不可欠缺的一環，為它設專節探討正屬理所當然。

因為詮釋是一種權宜性的策略運作，已經成為難以改變的「事實」，所以任何詮釋主體所作的詮釋，不可避免要跟其他詮釋主體所作同類或同質（詮釋所實踐或作用的對象一樣）的詮釋相互競爭（看誰能獲得多數人的贊同)。而為了取得競爭時的優勢（進而達到預定的目的)，類如完密詮釋的程序和新展詮釋的對象等，都是必須妥為考量和處理的。如果說詮釋主體的意圖能博得他人的敬意或信仰，那完密詮釋的程序（具有高度可靠性的前提和相干且有效的推論）可能就是最重要的因緣了。至於新展詮釋的對象一項，雖然不必有益於詮釋主體意圖的實現，卻可以帶給他人另一種「觀念受到啟迪」的驚喜。因此，後面這部分也應該為它保留一個讓人思考的空間。

當今有人從現象學、辯證法、實存分析、日常語言分析、哲學詮釋學理路等等現代西方哲學中較為重要的特殊方法論之一般化過濾，以及跟中國傳統以來的考據之學和義理之學，乃至大乘佛學涉及方法論的種種教理之間的融會貫通，而提煉出一種自創的「創造的詮釋學」，共分「實謂」、「意謂」、「蘊謂」、「當謂」、「必謂」等五個詮釋層次，引發了不同於既有詮釋理論所定的詮釋的方向㉚。對於這種詮釋進程或詮釋方式是否可以稱得上「創造」的詮釋，這裏暫時不予置評㉛，但對於這種詮釋進程或詮釋方式所對應的對象有前舉詮釋理論不曾掘發的部分（如「當謂」、「必謂」兩種），卻如同是新開拓的詮釋對象，不妨大家也來試一試。而這連同前面一項（完密詮釋的程序），將是今後有意從事實際詮釋或理論建構的人最大的考驗或挑戰。

㉚ 見傅偉勳，《從創造的詮釋學到大乘佛學》（臺北，東大，一九九〇年七月），頁九～一二。

㉛ 傅氏所謂的「創造」，頗有康德的豪語「我所瞭解的柏拉圖更甚於柏拉圖自己對自己的瞭解」的意味。但我們別忘了伽達瑪也曾說過「我們不能自稱更加瞭解柏拉圖，我們只是瞭解的跟他本人的不同罷了」（參見霍伊(David Conzens Hoy)，《批評的循環》（陳玉蓉譯，臺北，南方，一九八八年八月），頁三二)。

第一章　順應現代化／對治現代化？

——今人所倡佛教現代化的商榷

一、佛教現代化？

正當全球因現代化所引致的危機越來越嚴重及另一股反「現代性」的後現代主義思潮日益暢行之際，佛教界卻突然出現許多有關「佛教現代化」的呼聲，這的確要教人驚愕和困惑不已！驚愕的是：現代化幾乎已是人人所要拋棄的夢魘，而佛教界卻要把它撿拾起來；困惑的是：佛教一旦真的現代化後，是否還能保有佛教的面貌，並不見有人一併加以評估，而可能導至「佛教現代化」不過是個盲目的舉動。

為什麼要這樣說？很多人都知道，現代化最根本的內涵就是工業化，而工業化是以西方從近代以來環繞著機械論所精心塑造的科技模式為導向所進行的變革過程❶，它的目的

❶ 現代化所涉及的是一個社會的經濟、政治、教育、傳統和宗教的持續變革，而它又是相應著科技的發展所進行的。但這是就非西方國家來說的（西方國家從近代以來締造的現代社會規模，早已成為眾所矚目的標竿，而無所謂「現代化」的問題），因此，有人就給現代化做了這樣的定義：「開發程度較低的社會為達到與

在於締造高度昌盛的物質文明。這雖然已經卓有成效，但相對的也造成能源短缺、環境惡化、生態危機及核子恐怖等後遺症，人類到現在仍然束手無策。而從哲學的角度來看，所謂現代化中的「現代性」，它所預設的「人為主體」而發展出來的「權力宰制」還在「肆無忌憚」的繼續擴張中，同時它所建構的「表象文化」(一套套相應現實世界的理論體系)早已失去「所指」而淪為「假象文化」，還有它所帶動的「工具理性」所促成的統合機制也在快速的瓦解或分化；這一切都在「後現代」思想家的細究下無所遁形❷，並且讓人意識到「現代性」確是開發到了盡頭而必須另謀出路。試問在這種情境裏佛教要現代化，那究竟是為了什麼？這實在得有相當充足的理由才能令人「釋懷」。

基本上，現代化已經不再有什麼前景可以期待。因為隨著科技的加速發展，整個工業社會日益向上昇級，所有的工業產品、製造流程、食品生產、農業耕作、運輸系統、都市結構、軍事裝備、育樂環境、醫療保健，甚至於社會構造、政治系統及經濟模式等等，必然越來越趨向於精密和複雜；但在這種高度複雜化的工業社會裏，人類必須仰賴大量的物資和能源，生活才能維持下去，倘若物資和能源供應不繼時，

開發程度較高的社會相同的水準，而發生的變革過程」(見史美舍(Neil J. Smelser)，《社會學》(陳光中等譯，臺北，桂冠，一九九一年七月)，頁六四八引勒那(Daniel Lerner)說)。

❷ 有關「現代性」的特徵和「後現代」思想家的意見，參見沈清松，〈從現代到後現代〉，刊於《哲學雜誌》第四期（一九九三年四月)，頁四～二四。

就會有嚴重的危機出現❸，而現在人類正面臨了（資源匱乏）這樣一個岌岌可危的局勢，誰有能耐來加以挽救？這麼一來，我們就不知道佛教界為何還要加入耗費資源而深重世人危機感的現代化行列❹？這到底是純受現代社會的「蒙蔽」所呈現的不得已「歧出」？還是本身有意的「自我背離」而準備隨人腳跟踏上「不歸路」？但願是前者，不然我們立刻就要少掉一道可以抗拒「墮落」的心靈防線。

許多倡議佛教現代化的人，似乎都只看到當前環境的變化，而主張佛教內部也要有所調整；卻沒有顧及佛教在跟隨現代社會的步伐後，很可能不再擁有原先那樣（可以理直氣壯）說服世人的力量。而這是否要反過來以對治現代化為發展目標，才能凸顯佛教在當代的特殊意義？如果是這樣，那麼一切有關佛教現代化的言說及作為，就必須放棄或重新考慮。本章主要就是針對這些問題加以反省和檢討，期望佛教真正能有效的發揮喚醒人心的作用。

二、今人所倡佛教現代化的方案

---

❸ 參見雷夫金(Jeremy Rifkin)，《能趨疲：新世界觀——二十一世紀人類文明的新曙光》(蔡伸章譯，臺北，志文，一九八八年九月)，頁一五四～二八三。

❹ 尤其在當今有越來越多西方人看好佛教徒的修練冥想（減緩能量的消耗）有助於生命在地球的長久存在之際（參見注❸所引雷夫金書，頁三五五～三五七)，佛教界卻要大費周章地實施現代化，豈不是要教那些嚮往這種精神體驗的人「無所適從」？

先撇開一些「零碎」的談論而就比較有「統整性」的談論來看，佛教現代化的進路已經在學者的「模塑」下逐漸成形。如楊惠南依據勒那(Daniel Lerner)所說「現代化」必須具備「要有一個自力成長的經濟結構」、「要有一個公眾參與的政治體系」、「要有一個流動的社會形態」、「要具有世俗的和科學的思想觀念」、「要具有能夠適應不斷變遷的人格」等五個條件，而提倡佛教界也要有相應的作為❺。

又如藍吉富衡量佛教（特指臺灣佛教）缺乏適應現代社會的能耐，而主張設立強有力的中央級教會來決策全體佛教的發展方向，並且要興辦佛學院和大學來培養高水準的弘法人才。此外，還得籌組一座類似中央研究院的佛教最高研究機構，來從事人才的訓練、佛教教義的探討及佛教發展策略的研究等，以便作為各寺院弘法的南針❻。

又如傅偉勳認為傳統佛教（特指大乘佛教）現代化關涉到「傳統戒律的現代化調節」、「大乘倫理的現代化重建」、「新時代佛教語言表達方式的嘗試」、「現代化佛教學術研究工作的推動與發展」、「佛教研究方法論的探討與建構」、「傳統佛教修行法的現代化充實」、「佛教文學、音樂、美術等的現代化創新」、「佛教本位的新時代精神醫學與精神治療法的理論探索」、「傳統佛教教義的現代化再詮釋」及「與世界各大傳統之間的創造性對談以及思想文化交流」等迫切課題❼。

---

❺ 見楊惠南，《當代學人談佛教》（臺北，東大，一九九〇年十月），頁二三～三一。

❻ 見藍吉富，《二十世紀的中日佛教》（臺北，新文豐，一九九一年十月），頁五九～七八。

以上有的是從佛教要在現代化社會中生存就必須自我調整及運用外在資源的立場所設想的一套佛教現代化方案（如藍吉富的主張）；有的是從佛教的「出世」性格必須轉化為「入世」性格而契合時代精神的立場所擬構的一條佛教現代化道路（如楊惠南的提議❽）；有的是從佛教具有教義多門性和辯證開放性等思想文化傳統而可以永遠地創新和發展的立場所規畫的一幅佛教現代化藍圖（如傅偉勳的見解）。此外，還有人從為使佛教更容易而有效地傳播出去的立場來考慮佛教現代化的問題。如李亦園根據霍佛(E. Hoffer)的《群眾運動》一書所提到本土運動應該具備的幾個要素（㈠具有各種不同性格的領袖；㈡以情感為中心而號召起來的群眾；㈢較不確定但動人心弦的改進目標；㈣被鼓舞起來的熱情），而聯想到佛教也得倣效這種模式深入社會各個階層，以達到所謂佛教「現代化」的目標❾。

綜合說來，學者所設計的佛教現代化的進程（實際上當今許多僧團已有局部的相應的作為），跟中國從近代以來的現代化境況有幾分相似。也就是說，中國現代化的歷程是從器

❼ 見傅偉勳，《從創造的詮釋學到大乘佛學》（臺北，東大，一九九〇年七月），頁三八五～三八六。

❽ 另見楊惠南，《當代佛教思想展望》（臺北，東大，一九九一年九月），頁一～四四。

❾ 見注❺所引楊惠南書，頁三九～四一，訪問記錄。按：李亦園認為佛教教義沒有現代化和不現代化的問題（因為教義本身是不變的），只有在傳播的技術上、教會的組織上有所謂的現代化。這跟其他主張教理和教制雙重革新的論調，顯然有相當大的出入。

用層面開始，再到制度層面，最後到思想層面[10]；而學者所倡導的佛教現代化，也要借重現代的傳播技術，以及從事教會組織的重建和傳統教義的革新。所不同的是前者「歷有年代」，而後者想「畢其功於一役」。然而，實施現代化的前提是要把個人生活的需要充分滿足(以相應於全體人類的歷史、相應於全體人類的現實來充分滿足)，如法律、道德、政治、經濟、工業技術、商業，甚至於商業管理等等制度，都是滿足現代社會中個人生活的需要所必須考慮的因素[11]；只是實施的結果卻造成無窮多的弊病（如前所述），到現在還沒有什麼有效的對治辦法。如果佛教也正如學者所期望的那樣現代化起來，後果是否也會很「不堪設想」？這點在學者的心目中，好像還不怎麼成一個問題，但事實上已可預見那將會很不樂觀。

三、佛教現代化隱藏的難題和危機

關於這一點，我們可以從三方面來考察。首先，學者對於位居佛教現代化核心的佛學研究現代化（教義革新）一項，不但各人所見不同，而且作法也很難有什麼具體成效。像楊惠南所引勒那說現代化的第四個條件「要具有世俗的和科學的思想觀念」真要成立，那勢必得跟佛教非世俗的和非科學

---

[10] 參見殷海光，〈中國現代化的問題〉，收於金耀基等，《中國現代化的歷程》(臺北，時報，一九九〇年十一月)，頁五〇～七〇。

[11] 參見成中英，《中國哲學的現代化與世界化》(臺北，聯經，一九八九年十月)，頁六。

的成分決裂，這顯然跟藍吉富呼籲成立佛教研究機構來處理教義和時代衝突問題⓬的旨意相違背；而以上這些又跟傅偉勳專挑具有創新和發展潛能的大乘佛法來探究的用心難可並論。另外，還有些學者對這單項的看法也頗為分歧，如吳汝鈞認為佛學研究的現代化是相應於客觀的科學精神的一種表現（運用文獻學方法以尋得佛法正理）⓭；又如霍韜晦認為佛學研究的現代化是站在現有的文獻學和原典學的基礎上進一步發掘佛教的思想和智慧的源泉而與時代結合（一方面應付時代的挑戰，一方面保持佛家內部的創造力）⓮；又如鄭金德認為佛學研究的現代化是要從佛教對於現代人類所追求的切身存在和意義等方面來加以闡述（就是以西方的「存在主義」觀點來看佛教）⓯。面對這樣彼此歧異或互不相侔的主張，我們又要如何取捨？即使都承認它們的合法性（尤其

⓬　另見注❻所引藍吉富書，頁七九～九二。

⓭　見吳汝鈞，《佛學研究方法論》（臺北，學生，一九八九年九月），頁四九五～五一一。

⓮　見霍韜晦，《絕對與圓融》（臺北，東大，一九八九年十二月），頁三～一三、四二五～四三二。

⓯　見鄭金德，《現代佛學原理》（臺北，東大，一九九一年八月），頁二六一～二六二。按：原作者並沒有用「現代化」這個概念，這是本人以意加添。又原作者認為傳統佛教學派的佛學研究和現代學者以西方學術傳統（客觀的科學研究）來研究佛學都不相應，因為這些研究都很難對我們現代人類存在的特殊情境提供一套完整的說服力及令人滿意或創見性的解釋。這跟其他學者的見解有鑾大的差距。

在當今多元化的社會中根本沒有理由作任何強制性的限定），問題也還沒有得到解決。因為一切的研究（主要是有關佛教教義的詮釋），都是「權宜性的策略運作」，最終目的在於某一權力意志的實現而不關研究本身的客觀性或科學性⑯。這樣學者要藉他們所提出的研究方案來達致各自所謂「現代化」（內涵各不相同）的目標，那不過是一個空中樓閣罷了，大家又何必為它傷透腦筋？

其次，現代化中的「現代性」所含有的非理性成分，已經給人類帶來了不少禍患，佛教憑什麼可以一邊實施現代化而一邊避開隱約可見（即將再引發）的災難？我們回顧歷史，從十八世紀啟蒙運動興起以來，理性就成為哲人們至上的權威，理性也成了傳統學術領地上供奉百年的君主。然而，兩次世界大戰使人類遭受空前的慘禍，驚魂未定的哲人痛感理性的脆弱，開始懷疑啟蒙和理性的合法性和權威性。如霍克海默(Max Horkheimer)和阿多諾(Theodor W. Adorno)就合撰了《啟蒙辯證法》一書對啟蒙運動進行全面的審查和批判。他們認為「啟蒙總是致力於將人們從恐懼中拯救出來並建立他們自己的權威，然而經過啟蒙的地球無處不散發著得意洋洋的災難」。人類追求理性和進步自由，卻步入毀滅的絕境。而從更深一層來看，理性還含有兩個面相：一個是以人類精神價值的創造和確立為旨歸，力圖改變人類被奴役狀態而向理想情境邁進的「人文理性」；一個是使人陷入計算規範，以

⑯ 參見周慶華，〈當代佛教義理詮釋的走向及其問題〉，發表於佛光大學籌備處主辦「佛教現代化學術研討會」（一九九四年十月八日～十月十日）。並列為本書第五章。

度量釐定世界並馴服自然的「工具理性」。人文理性和工具理性在早期資產階級啟蒙思想家那裏和諧統一，表現為對自由、理性、社會公正和自然秩序的追求。只是工業文明的迅速發展，打破了二者的和諧統一，而導至一種以科技為主導的「科技理性」，它完全盪滌了天賦人權和自由理想，而代之以標準化、工具化、操作化和整體化，以精確性為唯一標準對「人文理性」大加撻伐，壟斷了人類生活和社會事務的各個方面，並造成技術統治的冷冰冰的非人化傾向。通過啟蒙，人的靈魂脫離了蒙昧，而卻又可悲地置身於工具理性的專制之中。更可怕的是以自由民主為旗幟的啟蒙，竟然走向反面：將大千世界乃至整個文化知識系統壓縮成數量化的共同尺度，並擯棄或割裂那不易尺度化的人文科學，從而使人類以內在精神的沈淪去換取外在物質利益的豐厚，從對民主進步的追求演變成人們對權威和暴政的溫順服從，以至高度發達的理性技術管理被用來實現最大規模最無人道的非理性目的（如納粹德國在奧斯維辛集中營中，用毒氣殺害了三百萬猶太人）。從此，理性走向自己的反面：非理性⓱。這一幕血淋淋的畫面，到現今還斷斷續續在上演著。向來主張「無我」（不要有世俗的執著）的佛教，難道也要設立一個中央級教會和籌組一所研究機構來自我展現權威而形成另一類型的「權力宰制」或留予後人一方可以相互爭奪的「利益場域」⓲？這類的後果如果不是大家所樂意見到，那為什麼還

⓱ 參見王岳川，《後現代主義文化研究》（臺北，淑馨，一九九三年二月），頁一四五～一四六引述。

⓲ 根據學者的說法，倘若能如期的實現所望，那麼佛教就可能重新

要去強調教制的現代化?

再次，在地球這個自成一封閉的有機系統中，由於資源被人類過度的開發和使用，行將逼近「能趨疲」(Entropy)的分水嶺(不可再生能量逐漸趨於飽和)，一切想法和作為都得以降低「能趨疲」為最高考量，才能免於快速自我毀滅的危機。現在佛教要實施現代化，必定會一改過去由個別信徒或小型僧團活動的低能量消耗而變為集體信徒或大型僧團活動的高能量消耗，這不但無益於「人間淨土」的營造，還可能成為破壞「人間淨土」的幫兇。如學者所舉出佛教現代化的條件之一「要有一個自力成長的經濟結構」，無非是利用企業家的經營方式，來建立一個能夠出版圖書、雜誌、電影、廣播乃至辦學校、辦醫院、辦銀行等等事業的經濟獨立體系（不再依靠信徒的捐獻)。這一旦實現了，所耗費的資源(連帶提高環境中的「能趨疲」) 定是千百倍於沒有實施現代化之前；而從舉世必然要減少資源的消耗（才有利於人類的長久生存）境況來看，顯然它（企業經營）是不會有「前途」的。又如學者所看重的利用現代傳播技術一項，雖然它可以迅速的生產資訊、傳遞資訊而有助於佛教的「發展」，但那也得先耗用大量的不可再生資源（如電腦設備、相關材料、電力及人員投入過程中所需一切）；而這也不符合（能趨疲）新

昂然鶴立於國際宗教舞臺上。然而，他們是否也想到：站在別教立場，只希望該教能昂然鶴立，而不希望佛教淩駕其上，這又怎麼說? 同時有了固定教會組織和研究機構，不免又要製造一些「可欲」的場域，吸引著眾人爭相前來「攀附」和「求榮」，那又該如何善後?

宇宙觀的能量需求，終究不是「久遠之計」。再說充分運用現代傳播技術的結果，（佛教）資訊必定大量增加，而這些資訊又往往轉變成能量的鉅量耗用，隨之而來的就是混亂的昇高，愈趨集中化和專能化，以及伴隨著「能趨疲」加速化而來的其他一切特徵⓳。既然這樣，佛教現代化豈不是自尋短路而教人無從對它有什麼「殊勝」的期待？因此，學者所指出的佛教現代化道路，無疑的要改變方向了。

四、對治現代化才是正途

佛教所以為佛教，就在它有一個「緣起宇宙觀」。這種宇宙觀從宇宙萬物「有其成住壞滅」的立場出發，而判定宇宙萬物為「眾緣和合」所成（眾緣不和合就消失）⓴，所以宇宙萬物就「無自性」（無自性就是空）。這用來解釋經驗世界是有效的㉑。而人只要不執著於宇宙萬物，就能擺脫痛苦

⓳　關於資訊增加會轉變成能量的鉅量耗用問題，參見注❸所引雷夫金書，頁二六一。

⓴　當然，佛教的緣起觀頗為複雜（計有業感緣起、賴耶緣起、真如緣起、法界緣起、六大緣起等多套講法），並不如本章這裏所說的這麼簡單，但就「共法」來說，緣起觀可以概括一切。有關緣起觀部分，參見于凌波，《簡明佛學概論》（臺北，東大，一九九三年八月），頁三二九～三五九；蔣維喬，《佛學概論》（高雄，佛光，一九九三年八月），頁三〇～三九；方立天，《佛教哲學》（臺北，洪葉，一九九四年七月），頁一八五～二五五。

㉑　參見周慶華，《文學圖繪》（臺北，東大，一九九六年三月），頁一

煩惱，而達到最高的涅槃寂靜境界。我們從人生畢竟要有所解脫的角度來看，佛教的緣起宇宙觀確實具有相當強的說服力。尤其在今日人類仍然沈溺於戡天役物的迷夢中而卻又活得不安心的時刻，佛教的緣起宇宙觀不啻是極佳的「渡筏」。因此，以佛教來對治現代化，應該是它最有利的走向，也是它在當代社會中可以獨顯價值的一面。而為了彰明這層意義，不妨就把直接促成現代科技文明的「機械宇宙觀」取來對照。

大體上，機械宇宙觀在十八世紀就出現了。它以適當、速度和精確為最高價值。其間經培根 (F. Bacon)、笛卡兒 (R. Descartes)、牛頓(I. Newton)等人的大力推闡，如今已席捲了全世界的人心。機器儼然佔有了人類生活的全部，而人類的宇宙觀念也因為機器而結合為一。大家把宇宙看成是永世法則，由一位至高無上的技師（神）所推動的一部龐大無比的機器。由於這部機器設計得極為精巧，以至它可以絲毫不差地「運作自如」；而它運動的精確度，可小到N度來核計。人類對自己在宇宙裏所看到的精確性深感神迷，進而冀圖在地球上模仿它的風采。因此，歷史就是工程上的一種不斷地實習。地球就像一個龐大的「硬體庫」，它由各色各類的零件所構成，而人類必須將這些零件裝配成一種功能性的系統，並且有永遠做不完的工作。這樣歷史已被視為由混亂而困惑的狀態，邁向井然有序且全然可測的狀態的一種進步旅程；而中世紀追求後世救贖的目標，也成了過時之物。現今取而代之的是追求今世完美的新理念。在這種機械宇宙觀的啟示下，人類也紛紛展開探索這些普遍法則和社會運作之間關係的工

七九～一八二。

作。如洛克(J. Locke)試圖將政府和社會的運作配合於世界機械模型；史密斯 (A. Smith) 試圖在經濟領域裏進行類似的工作；而斯賓塞 (H. Spencer) 及所謂社會達爾文主義者 (Social Darwinists) 更試圖把自然淘汰的概念轉變成適者生存的概念，來強化機械宇宙觀（自利將促進物質福分的增加），從而促成更高的秩序。而事實上，機械時代的特質可以後者這種進步概念來概括（達爾文的理論變成機械宇宙觀基本假設的一種徹底反芻）。將它化約為最簡單的抽象物，進步可視為是人類控制了較無秩序的自然世界，用以創造出一個較為秩序化的物質環境。或者換另一種方式來說，進步就是從自然世界裏創造出較其原始狀態時的更大價值。根據這一點，科學等於人們學習了自然方式並將它化約為前後一貫的原理或規則的一種方法學，而技術便是將這些原理或規則應用出來（目的是為求將自然過程的一部分，轉變成較其原始狀態具有更高價值、結構和秩序的可行形式）㉒。這種宇宙觀用來解釋經驗世界雖然也是有效的(沒有人能提出有力的否證；而它跟佛教的緣起觀可以併列為對經驗世界的可能性說明)，但它已經開始喪失原先的活力了。因為滋養這種宇宙觀的資源環境本身正在瀕臨枯竭和死亡，不得不仰賴別的宇宙觀來補救。而在所有既存而可採用的宇宙觀中（包括源生於中國本土而略近於緣起宇宙觀的氣化宇宙觀和西方新神學家的宇宙觀㉓），佛教的緣起宇宙觀可說最容易見效（因為它

㉒ 參見注❸所引雷夫金書，頁四九～六五。

㉓ 後者一改往昔為迎合上帝旨意而要致力於「支配萬物」的信念(傳統基督教這種對待自然的方式，也是助長生態破壞的一個重要因

最不耗費資源)，理當優先以它來對勘或代替，才可望能作比較長遠而平穩的人生規畫。

佛教的緣起宇宙觀具體實踐後，不但能和緩資源環境的利用而有益於人類社會的長治久安，還可以進一步化解現代化社會中因表象文化充斥所引發的一些弊端。我們知道所謂表象(representation)，指的是「再現」的意思。在近代世界形成的時候，人們發現自己是主體，而外在世界是客體，主體和客體之間無法溝通，所以主體只好透過種種表象的建構，來認知或是控制客觀的世界。也就是透過主體觀察的「印象」，對它形成「概念」甚至「理論」(這些都是「表象」，都是一種「再現」)，而藉此就可以認識這個世界，並且還可以控制它。因此，說穿了，整個「現代世界」所追求的東西，不過是一種表象的文化。而這種表象的文化具體顯現在科學理論的建立(如牛頓物理學的三大定律：質量不滅定律、慣性定律、反作用定律)、政治結構的調整(如以「代議士」制度來主導整個社會的事件和權利的運作)及藝術型態的轉變(如「為藝術而藝術」而不再「為人生而藝術」，並且設立博物館來收藏藝術品)等等。但在從事整體表象文化的追逐中，那主體「我」永遠是價值的根源和權利的象徵，一定會現出「工具理性」和「權力宰制」的雙面性(即使後者有代議制度可以避免單向政治權力的過度行使，但它卻無法阻止各人因此得以遂行「權力宰制」的意志泛濫開來)，而導至本章

素；同時過度強調「天國」，往往會導至人們對今世物質世界的罔顧或無度的榨取)為代上帝「保存或管理萬物」(同上，頁三五七～三六二)。

第三節所提及的那些「惡果」。這一切都可以藉由佛教的緣起觀來加以矯治或改向，從而締造自然和人性、個人和社會以及個人和個人之間相互依存而和諧融通的美好境界。

五、對治現代化的附帶條件

由此可見，以佛教思想來對治現代化是必要而有效的，同時它也可以聯合當今一些新興的思想（如「能趨疲宇宙觀」、「批判理論」、「解構主義」）「共謀」未來的發展。然而，這只是可期待的「理想」，未必就能實現。換句話說，如果大家沒有意願接受這套思想或接受這套思想而不能持續具現在現實生活中，那麼一切都將是蜃影幻夢。因此，在本章最後不免要對佛教界和世人有些期盼：

首先，佛教界長期以來「開示」給信徒的某些方便法門，如口頭誦修（外加捻數念珠、誦經、禮拜佛像、放生、祈求長壽和永生等）、授戒出家、靜坐禪修和神祕修持等等㉔，固然能為信徒指引一條精神出路而有安定人心的作用，但這樣做卻無法保證信徒不在其他時刻耗費資源或避免參與耗費資源的活動（或工作），終究沒有把佛教的功能發揮到極至。這是相當可惜而必須力謀改進的。

其次，佛教界內部現有的資源（包含人力資源、物力資

㉔ 有人認為這些方便法門，不是流於純粹形式而不再有精神價值，就是只能給人些微心理慰藉而缺乏建設性的宗教力量。見陳榮捷，《現代中國的宗教趨勢》（廖世德譯，臺北，文殊，一九八七年十一月），頁八三～九八。

源和財力資源）應該加以整合而作更妥適的運用，不宜再讓以往越南留學僧德念曾經批判過的那些事繼續存在：「中國的出家人似乎未曾出『家』；出家人既已辭親割愛，卻又老把寺廟當做一個家庭，收幾個徒弟，把他們當兒子般地看待，無法分出絲毫愛心去照顧別人的徒弟，這在心態上和在家又有什麼區別！所以我奉勸中國的長老大德們，應該在其有生之年，領導這一代的青年華僧打破自私自利的門戶之見，彼此溝通、團結，以其既有的影響力，為佛教慧命著想。譬如就興辦佛學院來說，臺灣的佛學院雖像雨後春筍一樣的蓬勃，卻各自為政，各辦各的，其中沒有上軌道的制度，更談不出什麼獨特的成果。這些佛學院，老師與學生的素質都有待加強，這樣的佛學院不能發生什麼作用！我衷心地祈請諸山長老們合作起來，捐除己見，興辦一兩個像樣的佛學院，聘請專家學者執教。」㉕事實上，各僧團「取」自社會的資源，也常有重疊浪費的情況，而釀至佛教可以用來對治現代化的「本錢」越來越少（它也在不斷耗用不可再生能量）。這是很令人擔心而必須速予補救的。

再次，為了比較有效減少資源的浪費，有關佛學的研究和弘法人才的培養，可由學術界和學校教育來擔負，而佛教界本身就專門致力於持修情境或場所的營造和維護，彼此相輔相成，遠比各自「發展」要來得有遠景。但在作這樣的「分工」前，應當設法將佛教納入正規教育的教學內容（其他宗教也當享有同等「待遇」），讓它真正有機會普遍深入人心而成為改變人們生活方式的一個重要參據。這就得運用各種管

㉕ 見注❺所引楊惠南書，頁一二〇，訪問記錄。

道（初期由佛教界和關心佛教前途的人士發動），喚起學界、企業界、政治界來協同行動，不合再由佛教界「獨撐大局」仍難見成效。這是最要緊事而必須戮力以赴的。

此外，還得盡出餘力聯繫世界各地的佛教團體，在各國內部倡導或推行上述的工作，才能確保人類免於自己大意所種下的危機及苦難的恐懼和威脅。說實在的，整個地球已經「千瘡百孔」，而人心也已經「漫無所歸」，能彌補和挽回一點就算一點。而這在本人仔細評估後確定可以有所期待於佛教的，大家何妨「放手一搏」（今起身體力行及廣為傳揚）。至於在推行佛教終極信念的過程中，是否需要「輔助設備」或「造勢活動」，那只要謹守「逆現代化」而行的信條，想必都不成問題。

第二章 風險與禍害遞減率

——觀音思想給予現代管理的啟示

一、世紀末宗教熱的省思

本世紀末有一個從啟蒙運動以來所罕見的現象，就是宗教的復甦。過去一、二百年，由於科學理性當道，宗教不是遭到貶抑而難以生存，便是退居幕後而另謀出路；現在不但原先的宗教重新在一些先進國家掀起熱潮，還有為數眾多的新興宗教也在世界各地蓬勃發展❶。所以會出現這種現象，有人推測它跟西元二○○○年即將到來和科技再也不是一劑萬靈丹有關：前者是緣於《舊約聖經》的〈但以理書〉和《新約》中的〈啟示錄〉都曾提到帶來至福的千禧年，造成人們的期待心理的再現；後者是緣於科學理性的極限日益明顯和科技的負面作用遽趨劇烈，迫使人們轉向尋求精神寄託❷。

❶ 參見托佛勒(Alvin Toffler),《大未來》(吳迎春譯，臺北，時報，一九九一年十一月)，頁四四九～四五二；亨利(Paget Henry),〈本土宗教與邊陲社會的轉型〉， 收於林本炫編譯，《宗教與社會變遷》(臺北，巨流，一九九三年十一月)，頁六五～九六。

不論怎樣，作為一個可以提供「人生意義」的宗教❸，又在世人眼前大展它的「魅力」，確是不可否認的事實。

在這番宗教熱中，有一件事相當引人注視。它起於基督教新神學的興起，而終於「新能趨疲時代的宗教」的建立，其中東方宗教（尤其是佛教）扮演了一個「啟導」的重要的角色。原來基督教的傳統教示，塵世的歷史是有其確切的起始和結束的，真正有價值的東西，僅存於上帝所在的天國。這種強調「他世」（指超脫人間現世而進入天國極樂境地）的說法，往往導至人們對今世物質世界的罔顧或甚至無度的榨取，而助長生態的破壞和物質的消耗。基督教學說的其他缺點，就是有關「支配萬物」的概念，它一直被人們利用來作為殘酷地操縱及榨取自然的理據。然而，當今基督教學說的「再型構」已開始要成形了；基督教學者紛紛在重新界定「支配萬物」的意義，他們主張任何剝削或殘害上帝創物之舉都是有罪的，而且也是叛逆上帝意旨的一種褻瀆行動，同樣的，任何破壞上帝所賦予自然世界的固定意旨和秩序，也

---

❷ 參見奈思比(John Naisbitt)、奧伯汀(Patricia Aburdene),《二〇〇〇年大趨勢》(尹萍譯，臺北，天下文化，一九九二年四月)，頁二七八～二八一；安東尼(Dick Anthony)等，〈關於當今「新興宗教」的理論與研究〉，收於注❶所引林本炫編譯書，頁一一～四一。

❸ 宗教最基本的功能，就是提供人們一套有系統的宇宙概念，為人和四周環境建立起相互的關係，以及啟示人生一個努力的目標。參見宋光宇編譯，《人類學導論》（臺北，桂冠，一九九〇年二月），頁三九八～四〇一；史美舍(Neil J. Smelser)，《社會學》(陳光中等譯，臺北，桂冠，一九九一年七月)，頁四八四～四八五。

是一種罪行和叛逆。因此，許多新宗教學者指出，所謂「支配萬物」並不意味著人類有權剝削大自然，它的真意乃是指管理大自然。有人認為當這種新的管理教義及熱力學定律跟更為正統的神學結合之後，它便能為一種新的、再型構的基督教義和誓約奠定了健全的基礎，使其配合於能趨疲世界觀的「生態急務」，而這老早就在講究修練冥想、瑜伽術及其他心身冶鍊的東方宗教中獲得了實踐（把消耗能量降到最低限度），無形中增強了我們尋求一種新的宗教融合以順應正行邁入的新時代的信心❹。

不知上述的新神學觀是否也被西方人引入有關的管理中❺，但從它的旨趣來看，如果用於管理上，勢必會影響今後的管理策略（符應能趨疲法則）。而這種儘量降低能量消耗的作法，佛教早已開啟，還有一些相關的觀念（如去執、除欲、慈悲等）在當今也成了世人普遍認可的解除生命悲劇和診療社會病理的良方❻。因此，現在談管理能連上佛教一

---

❹ 參見雷夫金(Jeremy Rifkin)，《能趨疲：新世界觀——二十一世紀人類文明的新曙光》（蔡伸章譯，臺北，志文，一九八八年九月），頁三五五～三六一。

❺ 當代西方的企業管理，已經凜於生態環境破壞所帶來的危機，而積極於未雨綢繆，試圖建構一套「生態經濟學」，以便適應未來的變化（參見梅納德(Herman Bryant Maynard, Jr.)、瑪特恩斯(Susan E. Mehrtens)，《第四波——二十一世紀企業大趨勢》（蔡伸章譯，臺北，牛頓，一九九四年九月），頁一三八～一五一）。這未必是受到新神學的啟發（而是長久以來生存困難的經驗所致）。

併考量，結果想必大有可觀。而菩薩道是一般人修行佛道的前階❼，以它來經營管理、規畫人生，應當更加切實而容易致效。這是本章的一個基本的前提。但為了能方便對照或對治現代管理所出現或所隱含的弊病，本章還要進一步從眾多菩薩思想中選擇觀音菩薩思想作為切入點，以便為現代管理提供一點評言。

二、現代管理的危機與後遺症

一般所說的「管理」，有廣狹二義：廣義是指指導人們完成意願、達成目的行動，如個人設定目標及解決達成目標等各種程序，都涉及管理的範圍❽；狹義是指企業管理或工商管理，它旨在對人、地、事、物、財、時等作有效的支配❾。本章所論由於牽涉人際及事物等範疇，以至所用管理一詞自

---

❻ 參見鄭金德，《現代佛學原理》（臺北，東大，一九九一年八月），頁一九五～二三九。

❼ 菩薩，是佛陀候補者的名稱，是從求菩提（般若智）的人而得其名的。而菩薩所以為菩薩，全在於為他致己而行萬善。這相較於菩提所代表的一切智，畢竟只是局部智（或說達於一切智的準備）；而它也正是薄地凡夫先要修學的對象。參見太虛大師等著，《菩薩行》（臺北，世界佛教，一九九四年八月），頁六～三六。

❽ 參見王國書，《現代管理學概論》（臺北，黎明，一九七四年三月），頁二。

❾ 參見林安弘，《行為管理論》（臺北，三民，一九九一年十一月），頁三六。

然偏在狹義部分；不過，後面的論點如果可信的話，理當也適用於廣義的管理。至於在管理前又加上「現代」一個限制詞，究竟是指什麼，這就得稍作辨別和說明。

倘若從管理演進的過程來看，不論學者把它「細分」為「傳統管理」(一九〇〇年以前)、「科學管理」(一九〇三年～一九三〇年)、「組織管理」(一九三〇年～一九四〇年)、「目標管理」(一九四〇年～一九五〇年)、「管理科學」(一九四〇年～一九六五年) 和「現代管理」(一九六五年以後) ❿，或概略分為「文化管理」(特點是講求倫理性和整體性，以中國古代諸子百家的「治國治人之道」為代表)、「科學管理」(特點是講求理性和分析性，以二十世紀以來的現代西方科學管理模式為代表) 和「哲學管理」(特點是要綜合文化管理和科學管理的長處，把倫理和管理、文化和科學、感性和理性、整體和分析通通結合起來，這是論者所要談的「C理論」的管理模式) ⓫，這時所謂「現代管理」中的「現代」，主要就是一個時間概念 (而「現代管理」就是統稱目前存在的管理)。但倘若不從管理演進的過程而從相對的立場來看，「現代」一詞可能就帶有相當濃厚的價值意味，這時它是「現代化」的簡稱，而「現代管理」就是專指有別於傳統管理的科學管理；只是它已逐漸要落伍了，一個嶄新的「後現代管理」或「超現代管理」或「管理的後科學」(也就是「哲學管理」) 即將取代它的地位⓬。無疑的，這在本章中要

---

❿ 同上，頁四四～四七。

⓫ 見成中英，《C理論──易經管理哲學》(臺北，東大，一九九五年七月)，頁四～五。

有所限定才能論述下去。因為本章目的是要藉由觀音思想提供一些有益於管理的評言，所希望作用的場域自不在過去，而在當下或未來，這樣本章所指的「現代管理」就是目前存在的管理的統稱（包括論者所提出的「哲學管理」）。這也許有些含混，但基於論旨重在「對評」而不在「導論」，所以只能暫時這樣處理。

通觀現代管理，所觸及的知識領域，不外有下列四個層次：第一是管理哲學，它是源於對「人性」的不同看法，因而產生各種的管理理論和管理型態；第二是管理過程和決策過程，前者有所謂三分法（計畫、執行、考核）、四分法(計畫、組織、推行、管制）、五分法（計畫、組織、用人、指導、控制）、六分法（計畫、組織、任用、指導、協調、控制）、七分法（計畫、組織、用人、指導、配合、報告、預算或結構、制度、策略、技術、風格、人員、最高目標）等等，後者也有所謂五分法（發現問題、確定問題的因素、可能解決問題的途徑、評價每一途徑、主觀的判斷和決定)、六分法（認定問題、發展可行方案、評估這些方案、選擇可行方案、施行決策、評估及控制）等等；第三是企業的作業管理，可分生產管理、銷售管理、財務管理和人事管理等等；第四是管理的各種技術，這是由管理的機能中發展出來的，如作業研究是一種決策的技術、計畫評核術是計畫和控制時間的一種技術、工作分析和簡化是動作研究的一種技術（而動作研究也是生產管理的一種技術）⓭。這當中又以管理哲

⓬ 同上，頁五～七。

⓭ 參見注❾所引林安弘書，頁五二一～五二二；注⓫所引成中英書，

學這一層次最具關鍵，可以說是其他三個層次的「最高指導方針」。因此，這一層次也成了本章所能考量（或方便考量）的對象。

不管那一種管理類型，都免不了要講究效率，以及講究應變的能力⓮。前者是為了提高競爭能力，後者是為了確保本身的生存，合而構成最先行或最優先的理念。就以現代較為知名的「系統管理」和「權變管理」為例，系統管理運用了系統的理論去管理組織的所有環境系統、競爭系統和內在系統，由於它提供了所謂「輸入——轉換——輸出」的一般化模式，從而確保了物質、能源和情報的流通及均衡，這時它不僅致力於目標的有效達成，並且還強調於綜合性的整體設計（具備「目標取向」、「整體系統取向」、「權責取向」及「員工取向」等四種特質）⓯，可以充分應付環境的變遷；權變管理依據底下五個觀念而產生所謂「超目標管理」及「現代管理」：

㈠每個人都有許多需求和不同的能力，人不但是複雜的，而且變動性很大。

㈡一個人透過組織生活，可以學得新的需求。

㈢人在不同的組織或同一組織中的不同部門，其動機可

頁四七～四八；榮泰生，《管理學》（臺北，五南，一九九四年十一月），頁四三九～四四〇。

⓮ 參見郭崑謨，《管理中國化導論——「管理外管理」導向》（臺北，華泰，一九九〇年一月），頁四八～五一。

⓯ 參見彭文賢，《系統研究法的組織理論之分析》（臺北，聯經，一九九〇年十月），頁八六～八七。

能不同，獲得社會性及自我實現的需求之滿足也不同。

㈣一個人是否肯獻身於組織，決定於他本身的動機構造及跟組織之間的交互關係、工作的性質、執行工作的能力和同事之間的相處狀況。

㈤人可以依自己的需求、能力，而對不同的管理方式做不同的反應，所以沒有一套能適合於任何時代、任何人的萬能管理方法⓰。

這在提高效率和適應環境變遷上，自然也不會有什麼大困難。

雖然如此，現代管理為了使企業永續生存和發展，絕對少不了要耗用物質和能源，而問題也就出在這裏。我們知道人類歷史最近的數百年來，可說是物質科技文明快速進展的時代。從文藝復興，工業革命，一直到當代所謂「後工業社會」的「超級工業」甚至已經開始的「第三波」或其他未來學書中所描述的「資訊控制」或「模控社會」，無不讓人感到物質科技文明的日新月異和驚人成果。而整個時代的進展，可說是環繞著牛頓機械論而形成的一種剛性的科學決定論世界。這種機械論及決定論的世界觀不但操縱著科技，同時也支配著政治、經濟、社會、文化等各方面。它雖然為西方及大半世界帶來科技上的突飛猛進，經濟的單方向的空前發達，給大半人類帶來從未享有過的福利，但也帶來或伏下許多人類過去從未經驗過的災難和危機。更有甚者，急性的核子恐怖、慢性的生態危機，正在讓全體人類面臨絕滅的邊緣⓱。

⓰ 參見注❾所引林安弘書，頁四九；注⓭所引榮泰生書，頁一三～一四。

所以會造成這種後果，除了整個工業社會是由機械論和決定論所建構的，還有就是支持整個工業社會的信念另本於質能不滅、過程可逆及物質和能源取用不盡等三種基本假設上。這明顯存有兩大弊端：

第一，它漠視了能趨疲法則的警世意義——現代科技固然可以開發出鉅大的能量，但卻消耗了鉅量的能源（不可逆）；科技文明固然造就了空前的富裕生活，但也相對造成了空前的高能趨疲社會。

第二，機械論所探討的是一個無機物的世界，但人類廁身其間的卻是有生命的世界。

這種物理和生物的矛盾，一方面造成人和自然的對立，另一方面則導至物質文明本身的嚴重危機——現代質能基礎的衰微和生態的破壞。有人已經憂心忡忡的在為大家勾繪這幅難堪的前景：隨著科技引擎的加速化前進，我們的工業社會益形往上升級，而相對的我們的工業產品、製造流程、食品生產、農業耕作、運輸系統、都市結構、軍事複體、育樂環境、醫療保健，乃至於我們的社會構造、政治系統、經濟模式……等等也益趨於精密和複雜，在這種高度複雜化的工業社會環境裏，人類生活必須仰賴輸入大量的物質和能源，才得以維持下去；一旦社會的質能基礎發生動搖、質能的供應後勁不繼時，整個社會生活便會出現混亂、甚至癱瘓⓲。

⓱ 參見任覺民，〈人類文明思想的新方向〉，收於注❹所引雷夫金書，附錄二，頁四二二。

⓲ 詳見注❹所引雷夫金書，頁一八八～二八三。並參見譯序，頁二三～二四。

一向講究效率、應變能力的現代管理，正是主宰或帶領了整個社會對物質和能源的鉅量耗用，如今整個社會面臨這種危機狀況，豈不等同於現代管理所要應付的？

且看論者對未來企業的預測：「未來的企業，尤其是大企業，必然是資訊導向的企業。從人口統計資料來看，體力及文書人員將被知識勞動者（動腦的人）所取代，而知識勞動者不再接受一百年前企業模仿軍隊時的指揮控制組織型態。從社會資源運用的角度來看，社會將會要求大型企業承擔更多的創新與創業的功能，而資訊技術的發展，更導引著企業走向資訊導向組織的新時代」⑲、「歐美人都相信即使是所謂的國內市場，企業也應當體認：企業發展的前途可能要依賴沙烏地阿拉伯首都利亞德的一項決策，也可能依賴（不能妄自菲薄）臺北的某一項決策。那麼所謂以國際市場為經營對象的企業更不用說了。因此，所有企業所雇請的經濟專家都必須有一個正確的世界觀，進而去分析所有非經濟的變數。譬如所謂的尖端工業，除了科技方面的問題之外，我們也應當根據其他國家的尖端工業去建立一個長遠的發展策略；又譬如所謂的上游工業，生產的都是次一級工業的『原料』，不只是要把世界的競爭者列入考慮，也要把國際的顧客列入考慮才可以制訂一個長期發展策略」⑳，這不能說有違「時情」或悖逆「潮流」，但照這樣走下去，依舊要輸入不可計數的物質和能源（持續消耗且不可逆），不過是將目

⑲ 見注⑬所引榮泰生書，頁一五～一六。

⑳ 見賴金男，《未來學續論》（臺北，淡江大學，一九八九年五月），頁一二〇～一二一。

前的危機深化而已。試問現代管理能放棄對物質和能源的耗用而還可以使企業保持競爭的優勢嗎？答案顯然是辦不到。那麼論者所預測的未來企業，就含有高度風險（無從確保質能的來源），以及將繼續產生後遺症（製造高能趨疲的生活環境）。可見只從企業本身的利益來考量，現代管理勢必走不出一條新路，而人類的前途連帶也要蒙上黯淡的色彩。到底有什麼良策可以改善這種情況？在這裏個人想到了觀音思想。

三、觀音思想可以救勝

觀音，是觀世音菩薩（梵語 Avalokitêsvara）的簡稱，又有觀自在、觀世自在、光世音等名。在佛經中，以觀自在和觀世音（觀音）較為常見。所以稱為觀自在，主要是在彰顯他的內在覺性，《般若波羅蜜多心經》說：「觀自在菩薩，行深般若波羅蜜多時，照見五蘊皆空，度一切苦厄。」㉑而所以稱為觀世音，則在示現他以大悲救度的德行，《妙法蓮華經》第二十五品〈觀世音菩薩普門品〉說：「若有無量百千萬億眾生受諸苦惱，聞是觀世音菩薩，一心稱名，觀世音菩薩即時觀其音聲，皆得解脫。」㉒

觀世音菩薩早已成正覺，佛號「正法明如來」。在他成佛時，釋迦牟尼佛反過來屈居他座下作苦行弟子（以示佛法的平等相），《千光眼觀自在菩薩祕密法經》說：「我念往昔

㉑ 《大正新脩大藏經》（以下簡稱《大正藏》）（臺北，佛陀教育基金會，一九九〇年三月）卷八，頁八四八下。

㉒ 《大正藏》卷九，頁五六下。

時，觀自在菩薩於我前成佛，號曰正法明，十號具足。我於彼時，為彼佛下，作苦行弟子，蒙其教化，今得成佛。十方如來皆由觀自在菩薩教化力故，於妙國土得無上道，轉妙法輪。是故汝等勿生疑惑，常應供養。」㉓但他為了濟度十方眾佛國（尤其是娑婆世界的釋迦牟尼佛國的苦難眾生），不得不權為倒駕慈航，現菩薩相，以便度脫眾生，《千手千眼觀世音菩薩廣大圓滿無礙大悲心陀羅尼經》說：「觀世音菩薩，不可思議威神之力。已於過去無量劫中，已作佛竟，號正法明如來。大悲願力，為欲發起一切菩薩，安樂成熟諸眾生故，現作菩薩。」㉔從此觀世音菩薩成為釋迦牟尼佛脇侍，輔佐釋迦牟尼佛教化眾生㉕。

根據《妙法蓮華經》第二十五品〈觀世音菩薩普門品〉所載，凡是一心稱念「觀世音菩薩」名號的人，就能得到觀世音菩薩的救七難（火難、水難、黑風難、刀杖難、羅剎難、枷械難、怨賊難）、離三毒（貪毒、瞋毒、痴毒）、成二願(得男、得女)；還有供養、禮拜、稱念觀世音菩薩，也能獲得無量的福報㉖。此外，還提及觀世音菩薩能現三十二身說法：

㉓ 《大正藏》卷二〇，頁一二一上。

㉔ 《大正藏》卷二〇，頁一一〇上。

㉕ 《悲華經》記載，將來釋迦牟尼佛涅槃之後，觀世音菩薩將補佛處，名為「一切光明功德山如來」。所在淨土名為「眾寶」，比起現在釋迦牟尼佛的極樂世界更為莊嚴微妙（《大正藏》卷三，頁一八六）。

㉖ 《大正藏》卷九，頁五六下～五七上。

若有國土眾生，應以佛身得度者，觀世音菩薩即現佛身而為說法；應以辟支佛身得度者，即現辟支佛身而為說法；應以聲聞身得度者，即現聲聞身而為說法；應以梵王身得度者，即現梵王身而為說法；應以帝釋身得度者，即現帝釋身而為說法；應以自在天身得度者，即現自在天身而為說法；應以大自在天身得度者，即現大自在天身而為說法；應以天大將軍身得度者，即現天大將軍身而為說法；應以毘沙門身得度者，即現毘沙門身而為說法；應以小王身得度者，即現小王身而為說法；應以長者身得度者，即現長者身而為說法；應以居士身得度者，即現居士身而為說法；應以宰官身得度者，即現宰官身而為說法；應以婆羅門身得度者，即現婆羅門身而為說法；應以比丘、比丘尼、優婆塞、優婆夷身得度者，即現比丘、比丘尼、優婆塞、優婆夷身而為說法；應以長者、居士、宰官、婆羅門、婦女身得度者，即現婦女身而為說法；應以童男、童女身得度者，即現童男、童女身而為說法；應以天、龍、夜叉、乾闥婆、阿修羅、迦樓羅、緊那羅、摩睺羅伽、人非人等身得度者，即皆現之而為說法；應以執金剛身得度者，即現執金剛身而為說法㉗。

可見觀世音菩薩特能集自在神力和悲願救度於一身。所成就的功德，也早已深入人心，由感念、仰慕到奉侍、禮敬，信徒遍及半個亞洲㉘，俗話所謂「家家彌陀佛，戶戶觀世音」

㉗　《大正藏》卷九，頁五七上、中。

並不誇張。

然而，一般人所以信仰觀世音菩薩，往往只是期望獲得救度而忽略法門的究極義。依照《法華義記》第二十四品〈觀世音品〉所載，觀世音能觀世間音聲、觀眾生身業和觀眾生意業等（其中娑婆世界以音聲為佛事，所以只稱觀世音）㉙，最終還在於啟示眾生：人人都有內在覺性，觀世音菩薩不是來觀你的音，而是讓每一個人觀自己的音；如果自己能察覺到內在覺性時，自己就是觀世音菩薩㉚。這也就是《六祖法寶壇經》第三品〈疑問品〉所說的「自性迷即是眾生，自性覺即是佛，慈悲即是觀音」㉛的意思所在。換句話說，觀世音菩薩的用心，正在於要人人都能像他一樣「觀自在」。而所謂觀自在，總說為行般若智，分說則有《般若波羅蜜多心

㉘ 觀世音信仰從印度、西域開始，擴及中國（指古漢人所在地）、西藏、南海、日本等（參見聖印法師，《普門戶戶有觀音——觀音救世法門》（臺北，圓明，一九九三年一月），頁二三～一一七；洪啟嵩，《佛菩薩修行法門（中）》（臺北，時報，一九九三年九月），頁一四〇～一四五）。而在奉侍方面，以臺灣為例，供奉觀世音為主神的寺廟就有五百五十多所（參見飛雲居士，《細說臺灣民間信仰》（臺北，益群，一九九三年四月），頁五四）。美國歷史學者亞當斯(Henry Adams)，曾稱觀世音為「全人類的慈悲保護者」（見鄭僧一，《觀音——半個亞洲的信仰》（鄭振煌譯，臺北，慧炬，一九九三年十一月），序，頁七引）。可見觀世音菩薩受人景仰之一斑。

㉙ 《大正藏》卷三三，頁六七八上。

㉚ 參見注㉘所引洪啟嵩書，頁一五七。

㉛ 《大正藏》卷四八，頁三五二中。

經幽贊》卷上所說的十自在：

> 觀者，照義，了空有慧。自在者，縱任義，所得勝果。昔行六度，今得果圓，慧觀為先，成十自在：一、壽自在，能延促命；二、心自在，生死無染；三、財自在，能隨樂現，由施所得；四、業自在，唯作善事，及勸他為；五、生自在，隨欲能往，由戒所得；六、勝解自在，能隨欲變，由忍所得；七、願自在，隨觀所樂成，由精進所得；八、神力自在，起最勝通，由定所得；九、智自在，隨言音慧；十、法自在，於契經等，由慧所得。位階補處，道成等覺，無幽不燭，名觀自在㉜。

因此，俗稱「救苦救難觀世音菩薩」中的「救苦救難」，意思其實是示人以觀世音法身如此，進而倣效他，並不是純粹等待救度。從這個角度出發，來看現代管理，應當有一些對策可以提供參考。

這先要說明一點，現代管理在相當程度上還是為了創造財富或累積財富，但就佛教來說，一切俗世財富都是空（無自性）的，不值得追求；即使要追求，也要追求「信財」、「精進財」、「聞思財」、「慚財」、「戒財」、「捨財」和「定慧財」等七聖財㉝。而觀世音菩薩也是行般若智（觀空），才得以大自在。兩者對比，顯然有所衝突。在這種情況下，如果硬要以觀音思想來制約或格量現代管理（迫其放棄追求財富），必

㉜　《大正藏》卷三三，頁五二四中、下。

㉝　參見注㉘所引聖印法師書，頁一四三～一四四。

定不能令人信服；而所要提出的評言，可能也會得到反效果。因此，這裏不可能也不必要取觀音思想來反對現代管理或以觀音思想作為反對現代管理的前提。像《千手千眼觀世音菩薩廣大圓滿無礙大悲心陀羅尼經》所載觀世音菩薩回答梵天所問陀羅尼的特徵一段話：

> 大慈悲心是，平等心是，無為心是，無染著心是，空觀心是，恭敬心是，卑下心是，無雜亂心無見取心是，無上菩提心是㉞。

這就不可能據為反對現代管理（但不妨相互對諍），否則現代管理中的層級組織、進取觀念和管制策略等等，都將全面「崩潰」（沒有存在的必要性）。到了這個地步，則只見觀音思想而不見現代管理，本論題自然就是多餘的了。

那麼在不反對現代管理的前提下，觀音思想究竟能提供什麼對策給現代管理（以便應付所面臨的危機）？這可分兩點來說：

第一，從上面的敘述可知，觀音思想的重心在於「救苦救難」；而它的出發點是眾生還察覺不到自己的內在覺性，無法「照見五蘊皆空」，以至遭受「一切苦厄」，而有待救援。以這點來看現代管理對事物的管理方式，不難預見將有甚多苦厄要產生，而最後恐怕連觀世音菩薩都解救不了。因為現代管理為了提升企業的競爭能力，需要不斷輸入物質和能源，而顯現出對物質和能源以及競爭致勝的執著，整個過程一定

㉞ 《大正藏》卷二〇，頁一〇八上。

倍嘗艱辛，面對未來也未必有十足的信心。這時如果能體會觀世音菩薩的苦難意識，自度度人，一方面減少對物質和能源的依賴（不發展非急務的企業，不生產非必須的產品，自然會降低對物質和能源的耗費㉟），一方面把企業間的相互競爭改為相互提攜（同類型的企業也可以考慮合併，避免資源的浪費），即使將來仍免不了有某些苦厄要嘗受，也比較能坦然面對。

第二，觀世音菩薩為了救度眾生，經常要變身說法，這對現代管理來說也饒有意義。現代管理的決策階層在面對人事問題時，通常都採取「管理內管理」，很少會想到「管理外管理」㊱，以至造成管理者和被管理者之間的疏離。倘若

㉟ 當今各種企業都在使用電腦或研發新電腦，來搜集、分類、儲存及利用更大量的資訊，以轉化系統更多的可用能量，但很少人會看到「此種資訊的大量增加，往往轉變成能量的鉅量耗用。而隨之而來的乃是混亂的昇高，愈趨集中化與專能化，以及伴隨著能趨疲加速化而來的其他一切特徵。有目共睹的資訊與通訊機構——不管是私人部門或是公共部門——正轉變成龐大的『官僚采邑』，對每一美國人施加影響力。資訊的搜集、交換與棄絕，正以無以倫比的速度增殖著。所謂『資訊革命』的日增能量之流，目前正沿著社會的能量流通管道，造成大量的混亂，而在同時，它亦需要更多的能量移用於維持資訊與傳播與機能所需不斷增高的費用」（見注❹所引雷夫金書，頁二六一），這樣持續下去，絕非人類之福。

㊱ 「管理外管理」一詞，採自注⓮所引郭崑謨書，用意是在容納非正式目標，滿足成員的成就感，以提升工作的效率。郭氏說：「管理外管理的管制，強調員工的向心力。如果主管人員在時間外、

說現代管理有效果不彰的地方，那類似的「人謀不臧」大略就是主要原因。因此，觀世音菩薩的現三十二身一事，豈不是可以給予當今的管理階層一點啟發?

由以上兩點可知，觀音思想所能提供給現代管理應付危機的策略，無非就是「降低再降低對物質和能源的耗用」(寧可放棄部分企業，也不剝奪人類及萬物永續或長久在地球生存的權利)， 以及「將心比心、和諧人事，維持共存共榮局面」。

四、現代管理的遠景有賴觀音思想的摶成

如果現代管理真能參酌採納觀音思想，改變競爭求勝的策略為圖謀長久的生存機會，以及扭轉員工的疏離傾向而共同致力於企業的經營，那麼可以預見企業所要冒的質能供應不及而危及企業本身的生存和不免競爭惡化而導至企業發展

組織外去用心了解員工問題，協助解決，加強溝通，必能增進員工之『向心力』。 管理外管理之控制強調自然而和諧之員工間之自我控制。管理外管理之控制並不僅針對產品的管理，也針對目標的管理及制度的管理。所以我們重視精神上的『自然控制』以及員工時間外的安排；同時在時間內培植員工之『權威感』。主管人員要培植員工『在職權威感』， 在他『職位功能上的權威性』，以及解決他們個人的問題。如能解決員工個人問題，必定能使員工達成八小時上班外，其餘十六個鐘頭也『上班』——關心組織之發展。管理外管理不過分強調管人，而強調『事分』， 管到事物，管到目標，如此就可把管制的層面擴大」(上引書，頁六〇)。

空間的縮小等風險將可以降到最低，還有它這個原為高能趨疲社會的最大幫兇所直接間接帶給人類禍害的情況也將可以緩和下來。

當今有不少人在為現代管理把脈，開立藥方，但總有一些環節照顧不到。如有人想把禪的智慧引入現代管理：

> 現代的管理知識，注重如何將有限資源，做最好的運用，以提升組織的生產力及達到個人滿足。並不斷地將各種管理方法推陳出新，解決現代人在組織中面臨的問題。如企業方面，從生產導向演進成行銷導向，再變成財務導向，現在則注重人力資源導向。而禪就是強調「天上天下，唯『我』獨尊」，肯定每一個人都是獨一無二，非常尊貴的個體。般若智慧是任何人本來具有的，正如《道德經》所說：「為學日益，為道日損」，只要將貪瞋痴慢疑等不良的習慣領域，逐步轉化消除，就能以智慧提升生活的素質，進而任運自在，而在利他的過程中達到自我實現㊲。

但這仍是以管理為主，以禪的智慧為輔，對於企業將繼續耗用物質和能源而致使危機加深，並不能提供有效的評言。

又如有人想以「生態智慧」來主導現代管理：

> 具有遠見的企業人士目前已經了解，環境挑戰的長久性

㊲ 見蕭武桐，《禪的智慧 VS 現代管理》（高雄，佛光，一九九三年十一月），自序（未列頁碼）。

> 質，將使全球企業的方向重新定位，而使我們捨棄會造成嚴重污染或消耗有限資源的工業。取代它們的將是以「生態智慧」為基礎的「四個 R」：「再整修」(repair)、「再調整」(recondition)、「再使用」(reuse)、以及「再製造」(recycle)。可以預見的是，以「四個 R」為基礎的工業將會大為興盛。舉例來說，我們將可看到未來二十一世紀，企業界將致力於污染控制、再製造與資源替代、能源效率，以及適合生態的能量供應。這些工業(以及資訊技術與生物技術)， 已被稱為「日昇七大新興工業」(Sunrise Seven)。所有這些工業都具有明顯的「創造財富」潛力：它們具有長期的「生存力」(viability)；它們符合生態學的自然定律；而且，它們更適合耐久的經濟制度，而這些將使我們邁入「第四波」世界❸❽。

這能顧及生態環境，可說是個好現象，但它仍植基於「利用厚生」的前提（轉利用替代性質能或再利用舊有質能的耗餘部分）， 對於減緩地球趨於死寂（能趨疲達到臨界點）並沒有實質的貢獻。

又如有人想用「哲學管理」領航來開拓新路：

> 今天我們所說的哲學管理，是結合文化管理與科學管理的超現代管理，結合倫理管理與經濟管理的綜合管理，再加上對整個社會與國家的目標做長遠考慮的這樣一種管理……我們要發展出那些不破壞生態環境的企

---

❸❽ 見注❺所引梅納德、瑪特恩斯書，頁一四八。

> 業、保護生態環境的企業、節省能源的企業、推進生活發展的企業，既能維護生態平衡，又能促進人類生活的逐步改善。維護生態平衡方面，企業要考慮資源的再生和利用，它所排出的廢料、廢氣、廢水，不至於把我們生活的環境變成一個「垃圾場」。企業在促進生活的改善方面，其正面的作用要大於負面的作用㊴。

這要使企業既不破壞生態、又能改善生活品質的作法，恐怕最後也難免陷於「魚與熊掌」無法兼取的困境中。畢竟當今生活品質不良不在於物質建設不夠，而在於企業所帶領的過度耗用物質和能源以至能趨疲增加所造成的。解決之道，只有不斷降低對物質和能源的消耗，亟思「樸素」而不奢求的生活。這樣所有企業的經營才不會競相為「改善人類生活品質」的理想，而再度誤蹈高度耗用物質和能源的行列。

依此看來，觀音思想給予現代管理的評言，自有特別值得參考處。表面上它雖然不及其他想法能促使現代管理有一番「積極的作為」，但實質上它才足夠讓現代管理有「遠景」可以期待。企業中人何妨勉力一試！

㊴　見注⑪所引成中英書，頁七～八。

第三章　佛教和其他宗教對話的途徑

一、宗教對話的必要性

就像其他宗教一樣，佛教也會遭到質疑、批判，甚至無情的詆譭。尤其後面這一不友善的舉措，常使佛教陷於要自我辯解或不要自我辯解的兩難困境中。因此，佛教要贏得世人的贊譽，就不只是推銷自己的教義而已，還得針對外界的質疑、批判等等有所回應。而這種回應，在當下比較有效的是透過「對話」方式來完成。

雖然如此，對話還可分「消極的對話」和「積極的對話」。前者是當佛教還處於「低潮」時為求發展而必要有的作為，後者是當佛教已邁向「高潮」時為開新猷而不可少的作為。現在佛教已是舉世矚目的宗教，信徒遍布五大洲，自然無需再從事「消極的對話」，而可以朝「積極的對話」方向去思考。

所謂「積極的對話」，無疑是跟佛教同級次的其他宗教來進行❶，它的目的在於聯合其他宗教一起創造新的機運或

---

❶ 這通常是指猶太教、基督教（含天主教、東正教和新教）、回教（伊斯蘭教）、印度教、錫克教、道教等等同具有神話、教義、儀式和典禮等組構成分的對象，而不包括心理分析學所指出的某

協同指引人類的前途。在這種情況下，佛教就大可不必理會類似底下這一站在有神論宗教立場所作的評論：「假若我們採取牛津字典給宗教所下的定義:『是人類對一種不可見的超人力量的承認，這力量控制著人類的命運，人類對他服從、敬畏與崇拜。』那麼，佛教就不能稱為宗教，只能說是一種說明痛苦的原因，及解脫痛苦之方法的人生哲學，這與其他哲學、社會學學說並無兩樣。」❷並且也不需急著解釋種種可能的外來詰難或負面評價，如「佛教——從積極地反抗儀式、臆測、恩典、神祕，和神的人格化開始，最後又規模宏大地恢復這些原素——是一個具有若干表面矛盾的宗教」❸、「佛教的基本教義適合於各種剝削階級的利益，因而得到不同國家的歷代統治者的支持。佛教關於無明作業、業報輪迴的教義，對於歷史上一切剝削階級、統治階級都是有利的。因為

些世俗的神權宗教（把「領袖」、「人民之父」、「政權」、「民族」、「社會主義者的祖國」等當作敬仰崇拜的對象）。後者，參見弗羅門(Erich Fromm),《心理分析與宗教》(林錦譯，臺北，慧炬，一九九二年五月)，頁三九。

❷ 見曾仰如,《宗教哲學》（臺北，商務，一九九三年四月），頁一五一～一五二。按：論者還有下文：「但佛教在某種意義上，也可以說是一種宗教，因為旨在領人自求解脫，使人超越現世的生命，並有明確的規律可以遵循以達到目的。」（同上，頁一五二）不過，在「也可以說是一種宗教」一語的限定下，論者仍是偏重在有神論立場看待宗教的。

❸ 見史密斯(Huston Smith),《人類的宗教——佛學篇》（舒吉譯，臺北，慧炬，一九九一年三月），頁一二〇。

它把現實世界統治階級的特權歸因於前世善行的福報，而把苦難人民的苦難說成是前生作惡的苦果，這就使佛教有可能成為維護一切剝削制度的上層建築」❹之類。畢竟這可以仁智互見，解說得再多也無濟於事；何況佛教本身已茁壯到難以搖撼的地步，更不必顧慮這些無關緊要的小挑戰！但對於未來是否還能保有在現實中作為一個宗教的優勢，以及給自己投下某些可以期待遠景的變數，卻無論如何也不能掉以輕心。因此，積極的跟其他宗教展開對話，也就勢在必行。

從整個趨勢來看，宗教間的對話，已行之有年❺，而且會越來越頻繁❻。但這一向都是其他宗教在「主導」，佛教總是缺少那麼一點「主動性」❼。如果比較國內外的情況，佛

---

❹ 見呂大吉主編，《宗教學通論》(臺北，博遠，一九九三年四月)，頁六五六。

❺ 參見夏普(Eric J. Sharpe)，《比較宗教學——一個歷史的考察》(呂大吉等譯，臺北，久大、桂冠，一九九一年十二月)，頁三三三～三五〇；黃伯和，《宗教與自決——臺灣本土宣教初探》(臺北，稻鄉，一九九〇年十一月)，頁一八九～一九一。

❻ 參見鈕則誠，〈宗教學與科學學及女性學：兩種西方科際學科間的對話〉，佛光山文教基金會、佛光大學宗教文化研究中心主辦「第一屆宗教文化國際學術會議」論文（一九九六年一月二十六日～二十九日)。

❼ 所謂「主動性」，並不意味著「主導權」，而是重在開風氣。如果這類對話能上「軌道」，也可協商由其他宗教輪流主辦。以國內來說，目前已有中華信義神學院所屬「傳統信仰與新興宗教研究中心」，正在籌辦長期性的對傳統信仰與新興宗教進行研究和對話工作，佛教團體不妨就近相互援引，可以避免資源的浪費。

教跟其他宗教的對話在國外（如歐美日本等國）已屢見不鮮❽，只是不知道是否由佛教界來主導；而在國內才剛剛要起步：一九九五年七月三十一日～八月四日，由梵蒂崗教廷出面和出資邀請佛教和天主教代表，在佛光山舉辦「第一屆天主教與佛教國際交談會議」，可以說是個開端。先前靈鷲山般若文教基金會、國際佛學研究中心於一九九一年～一九九四年所主辦的四屆「宗教與文化學術研討會」，研討「宗教與成人教育」、「宗教與生命禮俗」等等課題；佛光山文教基金會、佛光大學宗教文化研究中心於一九九六年一月所主辦的「第一屆宗教文化國際學術會議」，研討「宗教信仰與現代社會」的關係，也有邀請各宗教來相互對話的意味。但這仍是隨機性的，比起有計畫而持續性的對話還有一段距離。

宗教所以要相互對話，是因為宗教屬於人類文化的一個系統❾，而人類文化又是一個對話性結構（各系統以相互或

---

❽ 參見傅偉勳，《佛教思想的現代探索——哲學與宗教五集》（臺北，東大，一九九五年三月），頁一八～一九。

❾ 一般文化的界說，有所謂三分法和五分法。前者把文化的內涵分為三個層次：器物、制度和理念（參見傅佩榮，〈當前文化的病徵與出路〉，刊於《哲學雜誌》創刊號（一九九二年五月），頁七七）；後者把文化的內涵分成五個部分：終極信仰、觀念系統、規範系統、表現系統和行動系統（參見沈清松，《解除世界魔咒——科技對文化的衝擊與展望》（臺北，時報，一九八六年十月），頁二一～二九）。不論怎麼分，宗教都可以在文化的次次系統中給它找個位置（也就是屬三分法中的理念層部分或五分法中的終極信仰部分）。

顯或隱的對話文本存在）❿，不經由面對面的溝通過程就無法更清楚的「知己知彼」。換句話說，所有宗教並不是各自獨立的，而是相互指涉或相互對諍的。如基督教所預設的唯一神（上帝）為宇宙萬物的第一因，佛教所預設的緣起法為宇宙萬物的由來，道教所預設的道（氣化）為宇宙萬物的成因，各各都隱含著和對方對話（對諍）的態勢；倘若抽離了對方的預設，本身的預設也不需要了。而宗教間的對話所以期待於佛教界來主導，主要是佛教在這混亂、不安、衰頹的世紀末是一股清流，以及低度使用資源可為「群倫表率」（轉而延緩地球邁向能趨疲的臨界點）而相當被看好⓫，不妨趁勢再作一件大功德。本論述的構想，就是基於這個前提而來的，希望佛教在未來所要主導的宗教對話中，能夠避免既有的其

❿ 有人說藝術作品或文學作品在本質上是一個對話結構（參見曼紐什(Herbert Mainusch)，《懷疑論美學》（古城里譯，臺北，商鼎，一九九二年十月），頁三八；葉維廉，《歷史、傳釋與美學》（臺北，東大，一九八八年三月），頁四五～五〇）。其實，整體文化也是。

⓫ 如倡導新能趨疲世界觀的雷夫金 (Jeremy Rifkin)，就曾這樣贊譽佛教：「東方宗教的信徒——特別是佛教徒——早已瞭解到極少降低能量流通的價值。冥想的修練首在減緩能量的無謂浪費。當個人將其消耗的能量減至支持他肉身生存之需的最低極限時，他便可達到『涅槃』或『天理』的境地。東方的宗教早已悟出，個人能量的不必要消散，徒然會增加世界的迷惑與混亂而已。」（見雷夫金，《能趨疲：新世界觀——二十一世紀人類文明的新曙光》（蔡伸章譯，臺北，志文，一九八八年九月），頁三五六）言下之意，佛教足堪稱為新能趨疲時代宗教的代表。

他宗教所主導的宗教對話所顯現的負面效應，儘快樹立一些可以信賴的軌範，而有助於人類社會合理而和諧的發展。

二、宗教對話所存在的變數

過去由其他宗教所主導的宗教對話，效果並不是很好。理由正如一位神學研究者所說的:「向來宗教對話的工作所秉持的一個最高的原則是『尊重人們虔心的信仰』。因此，自宗教對話工作推行以來，大部分有關宗教對話之神學反省，都對巴特(K. Barth)及克雷瑪(H. Kraemer)之把宗教（尤其是基督教之外的諸宗教）視為人之文化產物的觀點多加撻伐、批評。尤其是克雷瑪之名著《非基督教世界中的基督教信息》(*Christian Message in The non-Christian World*)的論點更是成為眾矢之的。對話神學家這種一改過去宣教師式唯我獨尊的態度，確實贏得對話對象的好評與回饋。然而卻也引起傳統神學擁護者的強烈質疑。在對『對話神學』的批評中，最為值得一提的，同時也是對話神學所需面對與克服的最大困難，乃是『相對主義』(relativism)及『混合主義』(syncreticism)的兩難與雙重危險。一方面如果因尊重對方而主張各宗教有不同真理與救贖，有其獨特性(uniqueness)，則真理的普遍性乃受挑戰，基督教宣教、見證的動機與理由乃面對質疑。另一方面如果因尊重對方是因為假設每個宗教都具有相同的真理與救贖，則不免陷於混和主義、斷章取義，既誤解他人也妥協自己，而致扭曲了各宗教之特性與內容。」⓬如果說這是既

⓬ 見注❺所引黃伯和書，頁一九六～一九七。

有的宗教對話所帶來的負面效應的話，那它的癥結點可能就在於對「對話」一事的定位尚未明確或出現了偏頗。

既有的宗教對話，「不是把宗教視為客觀的學科研究，就是把對話工作專注於教義異同的辨證。這種把宗教從人的心靈拉開的神學導向，實是宗教神學的致命傷」⓭。可見過去的對話方式和內容還要再持續下去，準會陷於膠著狀態而難以進展。倘若佛教今後想要改善這種情況，也許得先打破舊有的框框，而設法作點前瞻性的對話規畫才行。換句話說，從認知層面來瞭解其他的宗教或讓其他宗教來瞭解本教，可由其他途徑獲得（利用影視、圖書、繪畫、建築、音樂……等等傳媒或就近相互觀摩），不必利用對話機會來交換這些「容易」獲得的訊息，而可以考慮一些比較有效的方案。那麼到底要對話些什麼？這可能得從對話本身說起。

一般提到對話，多少都要追溯到古希臘時代的蘇格拉底(Socrates)和柏拉圖(Plato)。正是他們二人開啟了為某些真理或課題反覆論辯的「辯證式」對話傳統⓮，使得後世的種種對話設計都可以在這裏找到源頭活水。雖然如此，後人在重拾這個話題時，也不盡遵循著他們二人所創設的規範，而是有意無意的重新樹立了一個對話的小傳統。如巴赫汀(Mikhail Bakhtin)的「眾聲喧嘩(raznorechie, heteroglossia)式」對話：

⓭ 同上，頁一九七。

⓮ 詳見柏拉圖(Plato)，《柏拉圖理想國》（侯健譯，臺北，聯經，一九八九年五月）；《柏臘圖文藝對話集》（朱光潛選譯，臺北，蒲公英，一九八六年）二書。

> 這是巴赫汀獨創的一個俄文詞，用來描述文化的基本特徵，即社會語言的多樣化、多元化現象。眾聲喧嘩存在於社會交流、價值交換和傳播的過程中，凝聚於個別言談的生動活潑、千姿百態的音調、語氣之內。眾聲喧嘩是文化的基本型態……換言之，眾聲喧嘩是各種社會利益、價值體系的話語所形成的離心力量，向語言單一的中心神話、中心意識型態的向心力量提出強有力的挑戰。在這樣眾聲喧嘩、百家爭鳴的局面中，文化呈現著勃勃生機和創造性。這是因為，只有在眾聲喧嘩的局面中，各種話語才最深刻地意識到了其自我的價值和他者的價值，把中心話語霸權所掩飾的文化衝突與緊張的本質予以還原。在話語與話語的相互對話、交流中，化解矛盾與衝突⓯。

這種多元並存或各說各話的對話格局，顯然不是早期那種預設一元真理的對話格局所能比擬。又如托多洛夫 (Tzvetan Todorov)的「探索真理式」對話：

> 然而批評是對話，是關係平等的作家與批評家兩種聲音的相匯。公開承認這一點是很有益處的。不過，許多流派的批評家在拒絕承認對話批評上不謀而合。教條論批評家、「印象主義」評論家以及主觀主義的信徒們都只讓人聽到一種聲音——即他們自己的聲音；而歷史批評

⓯ 見劉康，《對話的喧聲——巴赫汀文化理論述評》（臺北，麥田，一九九五年五月），頁一四～一六。

> 家又只讓人聽到作家本人的聲音，根本看不到批評家自己的影子；「內在論」批評中的認同批評把與作家融為一體直到以作家的名義講話奉為理想，而結構主義批評又以客觀描述作品為金科玉律。殊不知，這樣禁止與作品對話、拒絕評判作品所闡述的真理無異於削弱了作品的主旨所在：探索真理⓰。

這把它轉移到一般的對話上（也就是不限於文學批評），也可以看出跟早期那種「辯論真理」的對話略有不同（托氏著重在「探索真理」——不只關心對方說了什麼，也關心對方說得對嗎）。又如曼紐什(Herbert Mainusch)的「懷疑論式」對話：

> 在藝術中，與「熱情」和「系統」相對抗的東西乃是「對話」。系統之所以稱為系統，意味著它是「正確的」，同時也是受限制的。系統可以教，也可以學。它把種種確定性的東西傳導給一個信奉它的接受者。但對話或對話式的結構就不同了。它不是強迫人（讀者）去接受它，而是邀請人積極地參與它，對之作出自己的貢獻。讀者總是被視為一個真正的伙伴，而不是一個受惠者。在對話中，人可以隨心所欲，引導它走向新的彼岸，或者使它的新的形式出現，卻不能無故中斷⓱。

⓰ 見托多洛夫(Tzvetan Todorov)，《批評的批評——教育小說》（王東亮、王晨陽譯，臺北，久大、桂冠，一九九〇年一月），頁一八四～一八五。

同樣的這也把它轉移到一般的對話上（也就是不限於藝術作品的結構方式），多少也顯示出跟早期那種隱然導向終極真理的對話稍為異趣⓲。

以上這些主張，都以「對話」為名，卻有不同的內涵。試問現在佛教要跟其他宗教對話（或其他宗教要跟佛教對話或相互對話），究竟要怎麼對話？如果是像蘇格拉底和柏拉圖那種為導向終極真理的「辯證式」對話，那就要問到底導向誰的終極真理？是佛教的？還是其他宗教的？或是另外的？如果是像巴赫汀那種開放的「眾聲喧嘩式」對話，那也要問如何持續下去且不會浪費力氣或虛擲力氣？如果是像托多洛夫那種執著的「探索真理式」對話或像曼紐什那種相互解構的「懷疑論式」對話，那更得問怎麼可能或怎樣才不致引起後遺症？顯然佛教要來主導宗教對話，還有很多變數存在。

三、佛教主導宗教對話先行要解決的課題

倘若暫時撇開上述各種對話類型的區分問題，而從當今一些比較籠統而流行的對話觀點來說，參與對話的人必須將「整個身心融進去」，在對話後「如同得到一次脫胎換骨的變化」。這種對話「使人與人之間很快達成協調，相互擴大眼

⓱ 見注❿所引曼紐什書，頁三六。

⓲ 雖然曼氏在書中也提到「柏拉圖式對話」或「蘇格拉底式對話」，但他所主張的對話是對現實的批判（對表面熟悉的事物的檢討和質問，從而得到新的發現和新的選擇），卻跟前人的主張「貌似神離」。

界，精神生活進入一個新的和更高的層次」。「對話是一種平等、開放、自由、民主、協調、富有情趣和美感、時時激發出新意和遐想的交談」。更重要的是，參與對話的人「首先不是忙於闡明和說出自己的偏見，而是使自己的偏見暴露出來，處於危險狀態中。這種暴露不僅是對他人而言——在它暴露給別人的同時，也暴露給了說話者自己，使自己處於一種對自己的懷疑中」。而相互比較之下，「種種非對話式的交談則充滿了教訓與受教、灌輸與接收、強迫與服從、施與和拒絕、激情與冷酷等對立、摩擦和互不相容。在這種交談中，偏見不僅得不到制止和暴露，反而得到肆無忌憚的發洩」[19]。這是蠻不錯的對話構想[20]，如果由佛教來主導宗教對話，個人相信佛教也能勉力去除類似的偏見而成為一個稱職或合格的對話者。但我們無法保證其他宗教個個都有同樣的見識和態度；而且在這個環節上佛教也沒有充足的理由要求其他宗教必須如此回應。

根據一些學者的考察，歷來佛教或佛教研究者並不乏透過各種可能的管道，或隱或顯的以類似上述的方式跟其他宗教對話而取得「可用」的資源。如佛教傳入中國以後，就不斷地吸收道教的儀軌（如道教的講經制度、壇場及壇儀禁忌等等）、習俗禁忌（如道教的星斗崇拜、符籙印、時日吉凶

---

[19] 參見滕守堯，《對話理論》（臺北，揚智，一九九五年二月），頁二二～二三。

[20] 所以說它是一種對話構想，主要是在實際的對話場合，也跟其他說話場合一樣充滿著「權力」的較量和「利益」的競爭（以或明或暗的方式在進行），論者的講法是理想化了一點。

信仰、宅葬信仰、靈籤信仰及避穀、食氣、藥餌、冶鍊等方術和節慶習俗等等)、哲理(如道教的道體論、太極圖等等)和鍊養術法(如房中術)等等㉑。這雖然無法進一步掌握實際的對話過程(可能泰半都經由隱式的對話——也就是「暗中」吸收道教的某些成分,而不是公開的面對面進行對話),但也不難看出佛教特能「與時推移」或「入境隨俗」。又如從第二次世界大戰以來,日本佛教跟西方基督教經過許多次創造性的對談交流而彼此衝擊、相互激盪之後,已經造成世界宗教發展的新局面,也讓佛教、基督教雙方傳統各別吸納對方的優點,當作繼續充實本身的外在資源;其中日本佛教所吸納於基督教神學的地方特別多,包括基督教神學所強調的宗教時間性、社會倫理、歷史理念等等㉒。這也可見佛教特別具有「進取精神」和「包容心態」,可以成為其他宗教選擇對話伙伴時的優先考量。然而,任何對話的實現而不預設某些「利益」目的(可以讓參與對話的成員分沾物質性或精神性的好處),恐怕只是一個烏托邦,不太可能在人間看到(即使偶有這類對話,也難能持續)。這又顯示了佛教今後勢必無法片面邀約其他宗教對話而沒有某些必要的權益共享或共創承諾。

假使以上的判斷沒有錯誤的話,大家將會發現使得對話可能或對話不可能的關鍵,就在該「必要的權益共享或共創承諾」的有無。而先前所提到的對話方式不定或在實際對話

㉑ 參見蕭登福,《道教與佛教》(臺北,東大,一九九五年十月),頁一~一二六。

㉒ 參見注❽所引傅偉勳書,頁一七~一八。

時會產生負面效應等問題，反而變成次要的了。換句話說，對話方式不定或在實際對話時會產生負面效應等問題，都可以在技術上加以克服（何況各宗教倘若真要相互瞭解，已經有許多管道可以利用——如前面所提及的影視、圖書、繪畫、建築、音樂……等等傳媒或就近相互觀摩都是），但對於該「必要的權益共享或共創承諾」卻不能不在理念上先予以貞定。因此，不論所選擇的權益內涵是由主辦者設定或共同協商確立，都無妨它將是未來任何對話中一個無可取代的變數。佛教如果有意主導宗教對話，當然也得妥為解決這個課題。

四、佛教主導宗教對話的可能模式

雖然宗教對話也不能免俗的要預設某些「利益」目的，而可能轉為有心人假藉名義以謀取私利，但這種機率（或機會）大概不會很高。畢竟宗教還是保有強烈的懷世溫情或救世意識，應該能夠「自我調節」而不致演出走樣（主事者不能「因噎廢食」，旁人也不必以「異樣眼光」看待）。在這個前提下，佛教要來主導宗教對話，個人認為除了附帶效益均沾的預估外，不妨集中力氣於規畫對內可使各宗教自我約束或自我成長而對外可使人類社會（甚至自然世界）合理進取或安詳存在的對話方案。因此，每一次的對話，可以就某一議題或某一事件或某一現象或某一理想來進行（必要的話還可以邀請有關的公私機構或團體參與對話），總歸是不要流於形式而白費心力。

如果還要進一步追問是否有些急迫要對話的課題，底下有段一位學者所說的話也許可以藉來回答：佛教緣起思想的「相依相資相關義理可以聯貫到共業觀念，對於我們應付生態環保、死刑廢除、世界和平、民主人權、男女平等、經濟互助、國際合作等等現代世俗問題，足以提供不少思維靈感與理論資糧」㉓。所謂生態環保、死刑廢除、世界和平、民主人權、男女平等、經濟互助、國際合作等等問題，這也同樣是其他宗教所能（也是必要）提供思維靈感和理論資糧的，而可以經由對話謀求有效、適當的解決（不必讓佛教自己「獨挑大樑」而仍是「難收宏效」）。

當今有人站在西方神學的立場而發出這樣的期待：

> 神學——無論是天主教的、新教的，還是正教的——都處於這樣一種面臨重大任務的局面。通過對拉丁美洲、非洲和亞洲的解放神學、美國的道德神學和性倫理學以及歐洲的教義信仰問題（永無謬誤、職務結構、基督學）的討論情況，下面這點變得更為公開而明確：在今天的社會現實條件下，對《聖經》和基督教傳統的討論絕對不是無害的智慧沙堡遊戲，而是具有高度實際成果的反思。我深信，神學只有擺脫自宗教改革時期以來一直盛行的「古典衝突」（A部分），才能在理論上和實踐上發展「前景」（B部分），並且從基督教的普世出發「開闢世界宗教的神學」（C部分）㉔。

㉓ 同上，頁九〇。

㉔ 見昆（原名未詳），〈神學：走向「後現代」之路〉，收於王岳川、尚水編，《後現代主義文化與美學》（北京，北京大學，一九九三

姑且不說這類期待是否可能實現，就說這類期待所透露的「垂直思考」模式㉕，也許正是宗教無法在現代社會發揮更大影響力的主要因素。佛教所要主導的宗教對話，自然也得再盡一分將既有思考模式扭轉為「水平思考」模式，以便能跟其他宗教齊力開創一些新氣象。

個人非常心儀於早期一些宗教會議所標榜的「試圖使所有各種宗教『深信，為了世界範圍的道德水平的提高，有一項偉大的工作要它們一起去做』」㉖口號。汰除其中所隱含的「唯一神教」預設成分，倒頗能形容本章的這番構想或印證本章這番構想的必要性，接著就看佛教界人士或其他宗教界人士是否有智慧或有意願來將它具體實踐了。

年十月)，頁一六六～一六七。

㉕ 「垂直思考」，指的是朝著一定的路線，上上下下，以求前進。跟它相對的是離開固定方向的規範而向別的若干不同的規範去移動探索的「水平思考」(參見黎波諾(Edward de Bono)，《水平思考法》(余阿勳譯，臺北，水牛，一九八九年四月)，頁八～九)。宗教界這種但求建立「普世神學」而不顧現實社會多方「仰賴」於宗教(可供宗教盡情「馳騁」)，顯然還停留在「垂直思考」階段。

㉖ 見注❺所引夏普書，頁三三六。

第四章　佛教的財富矛盾問題及其化解途徑

一、財富矛盾是宗教中普遍的現象

從現代心理分析學開始流行以來，人類無形中又增多了一些自我省察的機會。其中像有人引用西藏白教岡布巴大師在《寶鬘集》中所列舉的十大箴言❶來跟心理分析學相印證而指出心理治療的一些方向，這又是一個善於類比而可以遵循的特例。其實，自我省察能力的培養，不應只限於個人，各種各樣的團體或社會整體都有這個需要。現在所要談的佛

❶ 這十條箴言是：一、慾念可能被誤認為信仰。二、戀著(Attachment)可能被錯認為慈悲。三、無思無慮可能被誤認為是無邊際的涅槃心——宗教的最高境界。四、感官知覺（或現象）可能被誤認為真實的剎那見道。五、一閃的見道可能被誤認為全體的證悟。六、假道學可能被誤認為真行者。七、心為形役的瑜伽師可能被誤認為是解脫了戒縛的大自在者。八、利己之行可能被誤認為利他之行。九、欺詐手法可能被誤認為審慎。十、騙子可能被誤認為聖者。論者認為切記這些箴言，有助於人從自己的虛偽中識別真實。見弗羅門(Erich Fromm)，《心理分析與宗教》（林錦譯，臺北，慧炬，一九九二年五月），頁八一～八二。

教，在當代是個顯教，似乎更應該進行深刻的自我反省，才有助於確保在未來能繼續保有目前的優勢。

本章特別拈出一個財富矛盾問題作為引子，並嘗試提供一點可能的反省的方案，以表示一個佛學愛好者對佛教前景的關懷之意。我們知道：不只佛教有財富矛盾問題，其他宗教也有財富矛盾問題❷；但從來沒有一個宗教像佛教這樣一面正視財富的虛幻性，一面又緊緊依賴著財富（為自我生存和用來施捨）。如果承認依賴財富是一種不得已的權宜作法，那原來的教義顯然有缺陷（不能預防矛盾的產生）；如果肯定原來的教義確實無誤，那又顯示信徒所作所為並未遵守教義。這樣的矛盾現象，佛教中人心裏可有合理而有效的解決辦法？如果沒有，那這就是亟待省視檢討的對象。而個人現在以專章來探討這個課題，多少有一點「護教」的意味，期望佛教從此能卸下或免除財富矛盾的包袱或指控。

為了達到上述的目的，底下的討論將從三方面來進行：

第一，先就理想面和現實面的衝突，窺探財富矛盾的直接原因；第二，再就佛教對財富的需求略作一點深層次的檢討，以間接證成佛教在俗世中生存必然要有財富為前提；第三，最後試著提出一些化解財富矛盾困境的途徑，以供佛教界參考。由於這是偏重在理論層面的論述，結果可以跟實際層面相互印證，但本章並不打算「繁為舉例」（當今佛教在實際層面的作為，大家已經有目共睹），以免出現為文蕪雜的

❷ 參見徐佩明，〈宗教與財富：兩者矛盾關係之探討〉，收於黃紹倫編，《中國宗教倫理與現代化》（臺北，商務，一九九二年七月），頁二四二～二五〇。

現象或遭受一些無謂的詰難（如「選擇性舉例的用意何在?」、「暴露某些僧團的作為是否別有用心?」之類)。

二、佛教財富矛盾的直接原因

佛教以緣起法看待一切事物❸，斷定一切事物都是虛幻不實。世俗人有所執著，必生痛苦煩惱，而得經由八正道(正見、正思維、正語、正業、正命、正精進、正念及正定）來自我解脫。其中財富一項，可說是引發世俗人痛苦煩惱的一大根源，在佛教來說更是要勸人放下執著，但佛教卻也不能免俗的看重起財富來。所謂「山中揭鳥，尾有長毛；毛有所著，便不敢復去，愛之恐拔罷；為獵者所得，身坐分散，而為一毛故。人散意念，恩愛財產，不得脫苦，用貪婬故」❹、「何法名為苦？所謂貧窮是。何苦最為重？所謂貧窮苦。死苦與貧苦，二苦等無異。寧當受死苦，不用貧窮生」❺，一方面既說「恩愛財產，不得脫苦」，一方面又說「寧當受死

---

❸ 這是就通義上說，並不涉及佛教在演變過程中所衍生出來的各種緣起論（如業感緣起、阿賴耶緣起、如來藏緣起、法界緣起、六大緣起等等)。後者雖然各有不同的條件限制，但論起「緣起」卻是一致的。有關緣起法的異說部分，參見蔣維喬，《佛學概論》（高雄，佛光，一九九三年八月），頁三〇～三九；方立天，《佛教哲學》(臺北，洪業，一九九四年七月)，頁一八五～二五五。

❹ 見《三慧經》，《大正新脩大藏經》(以下簡稱《大正藏》)（臺北，佛陀教育基金會，一九九〇年三月）卷一七，頁七〇三下。

❺ 見《金色王經》，《大正藏》卷三，頁三八九下。

苦，不用貧窮生」，儼然有要像世俗般的走向營利孳息的路途上去了。

如果說捨棄對財富的執著，才有助於登上涅槃極境，是佛教所許下或預見的理想世界的話，那麼無法忍受因貧窮而導至「偷生苟活」的尷尬局面，就是佛教所要面對的真切的現實處境。因此，「寧當受死苦，不用貧窮生」就不只是對一般人為真，對佛教中人也同樣為真。這就構成了一個理想面和現實面矛盾衝突的問題。換句話說，在具體情境中沒有財富，就難以維持生存，也無從獲得應有或起碼的尊嚴（一個老是瀕臨饑餓邊緣或等待施捨的人，怎會受到別人的客氣對待呢）；這一謀生困難和遭人冷落的苦楚，正是佛教理想世界無法立刻「成就」的直接原因。

雖然如此，佛教並沒有去正視這個矛盾衝突，反而很「巧妙」的把它避開了。也就是只專門討論財富的支用問題，而掩去了財富本身所構成的跟教義相牴觸的弔詭現象。如「始學功巧業，方便集財物。得彼財物已，當應作四分：一分自食用，二分營生業，餘一分藏密，以擬於貧乏」❻、「大國有一長者，其家豪富，財寶無量。於多劫中，父子因緣，相襲不斷。修諸善行，名稱遠聞。是大長者，所有財寶，皆分為四：一分財寶，常求息利，以贍家業；一分財寶，以充隨日，供給所需；一分財寶，惠施孤獨，以修當福；一分財寶，拯濟宗親，往來賓旅。如是四分，曾無斷絕。父子相承，為世家業」❼、「爾時波斯匿王，說是偈已，白佛言：『世尊！我

❻ 見《雜阿含經》卷四八，《大正藏》卷二，頁三五三上、中。

❼ 見《心地觀經》卷四，《大正藏》卷三，頁三一〇上。

於今者，發於無上大菩提心。願於眾生安樂，解脫生死繫縛。我今願以財物庫藏金銀之屬，分為三分：一分奉施如來世尊，及比丘眾；一分施於舍衛城中貧窮苦惱，無依怙者；一分財物，留資國用。凡我所有園池花果，悉願奉施最勝如來，並比丘眾。惟願世尊垂哀納受！』爾時憍薩羅國五百長者，覩斯事已，皆發無上大菩提心」❽等等，這固然表明了佛教有「與人分享財富」的雅量，也透露了佛教無意於獨攬財富或壟斷財富的信息，但用來「營生業」或「布施（包含奉施和分施）」的前提是要擁有或攢有相當的財富。這跟佛教的基本教義並不相容，而卻實際的發生了❾。

此外，佛教還有一些相關的論說，也同樣顯示佛教有意無意的在「避重就輕」。如「（佛告善生言）求財物者，當知有六非道。云何為六？一曰種種戲求財物者為非道；二曰非時行求財物者為非道；三曰飲酒放逸求財物者為非道；四曰親近惡知識求財物者為非道；五曰常喜妓樂求財物者為非道；六曰懶惰求財物者為非道」❿、「又居士子！有六患消財入惡道，當識知。何為六？一為嗜酒遊逸；二為不時入他房；三

---

❽ 見《大寶積經》卷九十五，《大正藏》卷一一，頁五三九上、中。

❾ 以中國為例，歷來佛教僧團很少不積極於籌措經費，甚至還不惜「設庫融資」以兼營孳息。參見南懷瑾，《禪宗叢林制度與中國社會》（臺北，藝文，一九六四年五月），頁三一～三三；丁敏，〈方外的世界──佛教的宗教與社會活動〉，收於藍吉富、劉增貴主編，《中國文化新論──宗教禮俗篇》（臺北，聯經，一九九三年十二月），頁一七二～一七三。

❿ 見《中阿含經》卷三三，《大正藏》卷一，頁六三九中。

為博戲遊逸；四為大好伎樂；五為惡友；六為怠惰」⓫、「財有八危，損而無益。何謂為八？一者為官所沒；二者盜賊劫奪；三者火起不覺；四者水所沒溺；五者怨家債主橫見奪取；六者田農不修；七者賈作不知便利；八者惡子博掩，用度無道。如是八事，至危難保。八禍當至，非力所制」⓬等等，這縱然極力在示人不求「非分之財」和如何「避免財禍」，表現出十足的熱衷「世道」，卻將基本教義及上述的弔詭現象一起擱置了（或存而不論）。這又是什麼緣故？

其實，這也不難理解。世俗中人無法短少財富這種「維生的媒介」，佛教中人也一樣不能免俗，以至可以容許教義所不及的攢財或分財一類的行為。否則，難免就得遭受因「乏財」而引發的種種不便和痛苦。因此，當我們看到佛教不時像世俗般的暢論去取之道⓭時，也就毋需感到訝異，畢竟佛

⓫ 見《善生子經》，《大正藏》卷一，頁二五二下。

⓬ 見《中本起經》卷下，《大正藏》卷四，頁一六二下。

⓭ 如「人治生，譬如蜂作蜜。採取眾華，勤苦積日；已成，人便攻取持去，亦不得自食，適自疲極。人東走西走，求是作是，合聚財寶，勤苦不可言。已命盡，他人得其財，身反得重罪，受苦不可量」（見《三慧經》，《大正藏》卷一七，頁七〇三下）、「為護一家，寧捨一人。為護一村，寧捨一家。為護一國，寧捨一村。為護身命，寧捨國財」（見《因緣僧護經》，《大正藏》卷一七，頁五六六中）、「佛言：人於世間，不取他人財物，道中不拾遺　，心不貪利，從是得五善。何等五？一者財物日增；二者不亡遺；三者無所畏；四者得生天，天上多珍寶；五者從天上來，下生世間，保守其財產，縣官盜賊不敢侵犯取其財。今現有保財至老者，皆

教也是不離世間的！

三、佛教財富矛盾的深層原因

佛教為了自我的生存而去追求財富，還受到一個「較進一層」的因素的制約，就是轉布施。「善男子！菩薩若見持戒、破戒，乃至果報，終不能施；若不布施，則不具足檀波羅蜜。若不具足檀波羅蜜，則不能成阿耨多羅三藐三菩提」⓮。在佛教來說，有三種布施：法施、財施、無畏施⓯。其中以法施和財施較常被提起，已被認定為成就阿耨多羅三藐三菩提(無上正等覺)的基本條件。於是佛教也就可以以布施(財施)為藉口而去開闢財源，沒有人會對它多所訾議。所謂「以財物惠施，獲八功德。云何為八？一者隨時惠施，非為非時；二者鮮潔惠施，非為穢濁；三者手自斟酌，不使他人；四者誓願惠施，無憍恣心；五者解脫惠施，不望其報；六者惠施求滅，不求生天；七者施求良田，不施荒地；八者

故世宿命不敢取他人財物所致也。亡無多少，令人憂惱。亡遺不如保在。如是分明，慎莫取他人財物」（見《分別善惡所起經》，《大正藏》卷一七，頁五一七上）等等，這實在看不出來跟世俗所有的論調有什麼差異。

⓮ 見《大般涅槃經》卷一五，《大正藏》卷一二，頁四五四下。

⓯ 《解深蜜經》卷四說：「佛告觀自在菩薩曰：『善男子！各有三種施。三種者：一者法施；二者財施；三者無畏施。』」（《大正藏》卷一六，頁七〇五下）此外，還有所謂食施、淨施、義施等等「不同」的名目（也就是可以歸入前三種布施的總名下）。

然持此功德，惠施眾生，不自為己」⑯，布施既然是在「利他」，那麼攢積財富來布施又有何不可？

站在同情的理解的立場，對於上述那樣的財富觀，應該給予相當的肯定，只是裏頭還有一些問題存在，可能需要進一步加以分辨。首先，佛教自己還提出一個法施勝於財施的觀點：

> 善男子！假使有人，以三千大千世界，滿中七寶，供養如來。若復有人，勸請如來，轉大法輪，所得功德，其福勝彼。何以故？彼是財施，此是法施。善男子！且置三千大千世界七寶布施。若人以滿恆河沙數大千世界七寶，供養一切諸佛，勸請功德，亦勝於彼。由其法施，有五勝利。云何為五？一者法施兼利自他，財施不爾；二者法施能令　眾生出於三界，財施之福不出欲界；三者法施能淨法身，財施但唯增長於色；四者法施無窮，財施有盡；五者法施能斷無明，財施唯伏貪愛。是故善男子，勸請功德，無量無邊，難可譬喻⑰。

這樣如果逕任財施發用，是否會延誤或抹煞了那無上正等覺的究極指引⑱？

---

⑯ 見《增壹阿含經》卷三七，《大正藏》卷二，頁七五五中。

⑰ 見《金光明最勝王經》卷三，《大正藏》卷一六，頁四一五中、下。

⑱ 相傳菩提達摩到中土後，被梁武帝迎請到金陵，兩人曾經有這麼一段對話：「帝問曰：『朕即位已來，造寺寫經度僧不可勝紀，有

其次，財富是會引發相互搶奪的對象，這點佛教自己也明白，所謂「寶物歸無常，善法增智慧；世間物破壞，善法常堅固。若有順法行，隨人百千世；雖種種寶物，不能至後世。種種財寶物，則可強劫奪；王賊及水火，不能拔法財」⑲，說的正是財富的「不安全」性。但佛教有沒有想到轉布施的財富，卻得透過各種可能的手段跟人（或其他宗教、團體）競爭得來，這種「暗裏來明裏去」的財施作為，究竟能維繫多久、甚至更根本的是否必要？

再次，在理想上佛教固然可以標榜智慧和布施雙修：「常樂修智慧，而不行布施；所生常聰哲，貧窶無財產。唯樂行布施，而不修智慧；所生得大財，愚闇無知見。施慧二俱修，所生具財智；二俱不修者，長夜處貧闇」⑳，但在實際上智慧和布施雙修的結果，卻是自我牴觸。因為佛教所講的智慧（般若智）是要透視緣起法的，如何能夠一邊透視緣起法一邊攢積財富來布施？因此，財施一項，佛教縱使為它辯說萬千，終究不能沒有疑問，這又該怎麼辦？

挑毛病歸挑毛病，我們看佛教還不是一路順順當當的走

何功德?』師曰:『並無功德。』帝曰:『何以無功德?』師曰:『此但人天小果有漏之因，如影隨形，雖有非實。』帝曰:『如何是真功德?』答曰:『淨智妙圓，體自空寂。如是功德，不以世求。』」（見《景德傳燈錄》卷三，《大正藏》卷五一，頁二一九上）梁武帝所作的都偏於財施方面，在達摩看來並無功德可言，這也可以印證本章所拈出的這一點。

⑲ 見《正法念處經》卷三四，《大正藏》卷一七，頁二〇二中、下。

⑳ 見《分別業報略經》，《大正藏》卷一七，頁四四九上。

過來了㉑，它又何嘗曾被財富矛盾問題困折過？這樣說來，是不是表示個人對佛教有所誤解（才導至本章這般的論述）？ 這也不然！財富這種東西要別為看待，不必跟佛教教義「牽扯」在一起（正如在其他宗教也不必跟它們的教義「牽扯」在一起一樣）。理由是：財富除了是生存必須的（交易）媒介外，最重要的是它能使人連帶的獲得名譽、榮耀、地位、權力等等好處㉒。而在俗世中，財富就等同於名譽、榮耀、地位、權力；財富越多越能顯示這些抽象的東西，所以追求財富是無止盡的。宗教既然也要在人間生存，又如何能避免對財富的需求㉓？現在佛教也要面對現實社會，要跟其他宗

㉑ 佛教一向相當積極於擴充寺產，並且用於經營文化、教育、醫療、救濟、娛樂、社會福利等等事業，絲毫不覺得有什麼「違異」處（或所作所為如何跟政府或其他團體的所作所為有一明顯的「區分」）。有關佛教的事業方面，參見邢福泉，《臺灣的佛教與佛寺》（臺北，商務，一九九二年七月）， 頁一五～二七；吳永猛，〈現代寺院經濟之探討〉，佛光大學籌備處主辦「佛教現代化國際學術研討會」論文（一九九四年十月八～十日）；丁敏，〈聖嚴法師佛教事業的經營形態〉， 佛光大學籌備處主辦「佛教現代化國際學術研討會」論文；丁仁傑，〈現代社會中佛教組織的組織轉型與組織制度化有關問題之探討：以臺灣佛教慈濟功德會的發展為例〉， 佛光大學宗教研究中心主辦「第一屆宗教文化國際學術會議」論文（一九九六年一月二十六～二十九日）。

㉒ 參見注❷所引徐佩明文，頁二五〇～二五三。

㉓ 過去曾有韋伯(Max Weber)解釋近代資本主義（累積財富）的興起，是得力於新教（喀爾文教派）的禁慾主義。韋伯認為新教肯定一個人的得救與否，完全繫於上帝的意旨，個人無力改變這個

教、團體競爭㉔，要因應來自政治有形無形的（管制）壓力，沒有財富作為後盾，試問佛教能憑什麼在現世中立足？也許這才是佛教不得不「暫擱」教義而競逐起世俗財富的關鍵所在（如果只是圖謀內部教徒的溫飽，根本不必那麼費事的來擴充或壯大教團的規模）。

四、化解財富矛盾的途徑

當今有些宗教學者，想不通大部分的新興宗教（包括佛教的復振）為何所在的寺廟「在數量上不斷增加，而祭儀也愈來愈龐大豪華」㉕，而其訴求「表面上是與功利主義相反

預選命運。而為了緩和這個嚴苛的教理所帶來的憂慮，教徒找尋一些能夠預告將來命運的象徵，他們以為世事的成功是預選的先兆。於是新教徒不惜一切努力使自己所做的世事成功，而世事成功最好以財富多寡來衡量。因此，世上才有無限制地儲蓄財富的現象發生，同時也刺激了資本主義精神的誕生（見韋伯，《新教倫理與資本主義精神》（于曉等譯，臺北，谷風，一九八八年九月），頁一二七～一五一）。這不能說毫無道理，但世人所以要去追求可以滿足慾望所需的財富之外的財富（以至造成巨額的盈餘），最主要的原因恐怕還在於為了爭取財富所象徵的價值（也就是名譽、榮耀、地位、權力等等）。

㉔ 這既競爭社會資源，也競爭信徒、地位等等。參見宋光宇，〈試論四十年來臺灣宗教的發展〉，收於宋光宇編，《臺灣經驗㈡——社會文化篇》（臺北，東大，一九九四年七月），頁一八三～一九一。

㉕ 見瞿海源，〈臺灣與中國大陸宗教變遷的比較研究〉，收於林本炫編譯，《宗教與社會變遷》（臺北，巨流，一九九三年十一月），頁

的道德復振運動，但是這些道德復振教派所採的手段卻是十足的形式主義，因此在其不同的儀式下所表現卻反而是滿足現實需求的種種行動，包括積極服務、刻苦經營，發揮相互支援的企業精神，從事各種連鎖性企業的積極經營等等」㉖。現在根據上述的觀點，應該都可以給予「合理」的解釋。

佛教向來被認為是一種「神祕型宗教」㉗，所講究的修行（坐禪、冥想等身心冶鍊）較少耗費能量㉘，對財富自然也無所貪求。但在演變的過程中，卻越來越耗費能量（佛教徒要擔負甚多工作，食衣住行育樂方面的耗費跟常人無異），越來越離不開財富（據為擴大勢力和從事社會福利、教育、醫療、救濟等慈善、文化事業）；而「佛教寺院產業因為沒有分遺產這件事，所以資產日積雄厚，可以用作資本龐大的生產事業，例如建造油壓機、碾磑等等（按：這是指早期的事）。這些都是賺錢的事業，所以寺院日趨富有。後來寺院錢財有直接用來作買賣的。矛盾的關係站在這一點上：一個由棄世者組成的團體，竟然變成了資本主義誕生的溫床」㉙，

三九九。

㉖ 見李亦園，〈臺灣民間宗教的現代趨勢——對彼得柏格教授東亞發展文化因素論的回應〉，收於注❷所引黃紹倫編書，頁一二六～一二七。

㉗ 參見秦家懿(Julia Ching)、孔漢思(Hans Küng)，《中國宗教與西方神學》（吳華主譯，臺北，聯經，一九九三年三月），頁一一〇。

㉘ 參見雷夫金(Jeremy Rifkin)，《能趨疲：新世界觀——二十一世紀人類文明的新曙光》（蔡伸章譯，臺北，志文，一九八八年九月），頁三五五～三五七。

這是始料所不及的。雖然經由本章的分辨可以看出佛教追求財富是一種不得已的作法，但基於佛教所以為佛教還是要靠它的教義來支持，總不能繼續深化內在的矛盾而仍然可望獲得外在信仰者的無條件事奉。換句話說，佛教有必要來化解這個潛在的危機。

這首先要改變一個觀念：就是以勸募或經營事業而得到的財富用來布施、行善，固然是一件不容易才有的功德（這裏暫時撇開「財施」和「法施」的兩難問題），但不如協尋受施者的困境所在，共謀解決辦法，而不是一味持救濟態度而增長受施者等待救濟的僥倖心和惰性（正如上面所引佛經說的「財施但唯增長於色」、「財施唯伏貪愛」）。因為受施者所以需要救濟，可能是政治或社會因素造成的，也可能是自己缺乏謀生能力或不肯自謀生計，佛教在布施前應該先理解究竟是什麼原因造成，才不致形成「濫施」局面而浪費社會資源。

其次，多集中力氣於「強壯」自己（包括教義教理的精研和教團或叢林制度的精實，並提供現代人修鍊的「優質」場所），以此獲取應有的尊榮、地位、權力（可以不必強調它），才不會淪於世俗企業般「貪得無厭」的聚集財富的末路。

以上是顧及佛教教義的優質性，實在不能同流俗一樣不去理會財富的「致礙」性（一旦涉及言說表述，就會立顯扞格）而設想出來的可能的化解途徑，佛教中人或關心佛教的人，何妨勉力試一試！

㉙ 見注❷所引徐佩明文，頁二四四。

第五章　當代佛教義理詮釋的走向及其問題

一、一個詮釋方法論的反省

佛教義理普遍被認為繁夥難解。因為這不只要考慮從原始佛教到部派佛教（小乘佛教）、大乘佛教及其衍生宗派的流變，還得顧及各種語文版本（如梵文、巴利文、藏文、漢文、日文、英文等版本）的差異，任誰窮一生精力也尋繹不盡。但許多人又孜孜不倦的在作詮釋的工作，同時也有不少人撰文在討論詮釋該當如何的問題，看來佛教義理又並不如想像中的那樣難有「歸宿」。這中間究竟是怎樣得到「聯結」的？而這種「聯結」又有什麼問題存在？顯然對這類課題的反省，要比直接面對（詮釋）佛教義理來得具有優先性和迫切性。也就是說，今人是否必要在既有的詮釋案例外再添一個詮釋案例，那就得先有詮釋方法論的自覺。

當然，這並不是說前人都欠缺這種自覺。如佛陀寂滅後的佛教分裂為各種部派，根本原因就是在於彼此對教義的詮釋不同❶；而爾後所出現大小乘的對立以及各宗派的流布，

---

❶ 參見呂澂，《印度佛教史略》（臺北，新文豐，一九八三年一月），頁二四～四六。

也是基於同一個緣故。又如近代以來中國某些佛教思想家(如歐陽漸、呂澂、印順等)對傳統中國佛學的否定(而主張回歸印度佛學)❷,還有外國(如日本、英國、德國、法國、美國等)某些佛學學者不約而同的專取文獻學方法❸,所標示的也是「各有各的」詮釋方案。我們無法一概抹煞他們在從事詮釋工作前或多或少存在的反省工夫。只是他們所作的反省可能「還差一間」。因為他們約略只想到怎樣才能恢復佛教的真義或怎樣才能擴大解釋佛教的義理,而尚未進一步檢討恢復佛教真義或擴大解釋佛教義理如何可能,以及恢復佛教真義或擴大解釋佛教義理到底有什麼意義(價值),以至遲滯了相關方法論的建構。

我所以這樣說,基本上有兩個學術系統可以藉來對照,而凸顯既有佛教義理詮釋的「素朴性」:一個是西方從傳統詮釋學到哲學詮釋學以及方法詮釋學和批判詮釋學所模塑的詮釋學深度和廣度❹,佛學界還沒有人(或很少有人)嘗試將它應驗在教義的詮釋上;另一個是西方當代繼結構主義後興起的解構主義對「邏各斯中心主義」的顛覆所帶給詮釋學的重大打擊❺,佛學界更沒有人因此而懷有相對的「危機意識」,

---

❷ 參見藍吉富,《二十世紀的中日佛教》(臺北,新文豐,一九九一年十月),頁一～一八。

❸ 參見吳汝鈞,《佛學研究方法論》(臺北,學生,一九八九年九月),頁三～三五。

❹ 參見沈清松,〈解釋、理解、批判——詮釋學方法的原理及其應用〉,收於臺大哲學系主編,《當代西方哲學與方法論》(臺北,東大,一九八八年三月),頁二一～二七。

進而改變或調整舊有的詮釋策略。面對這樣的情勢，有誰敢說不需（積極的）加入方法論的反省，就可以使佛教義理詮釋得到有效的開展？可見本章選定這個課題來討論，有它特殊的時代意義。換句話說，今後有關的詮釋工作，也得跟其他學科（如哲學、歷史、文學、藝術、社會等）的詮釋工作一樣，要植基在方法論的礎石上，才能保證它當下的必要性和未來發展的無礙性。而為了避免流於枝蔓，本章就從當代佛教義理詮釋的走向切入，並指出它的問題所在，然後試著給予一些暫定的解答，或許有助於大家改變（不合時宜的）觀念。

二、當代詮釋理論的發展概況

在實際整理、審視當代佛教義理詮釋的走向及其問題前，理當先將當代的詮釋學狀況概略的作一鋪展，以便後面的論述有所「依據」。雖然詮釋學發展到今天已經面臨一些內在的瓶頸（無法自圓其說）和外在的困境（來自解構主義的威脅）❻，但它所提供給人有關詮釋方面的訊息仍然很多；而如果說我們有辦法突破或化解詮釋學所遇到的瓶頸和困境，那自然也就解決了佛教義理詮釋的出路問題，所以這裏有必要專列一節加以討論。

❺ 參見王岳川，《後現代主義文化研究》（臺北，淑馨，一九九三年二月），頁六三～六八。

❻ 詳見本書導論〈詮釋的新向度──從既有的詮釋理論談起〉，對這些問題有專門的討論。

當今所見詮釋學所討論的對象，主要有三部分：第一是詮釋的本身是什麼；第二是詮釋的對象有那些；第三是詮釋的實踐如何可能。第一部分，向來有兩種不同的主張：一種是把詮釋當作解說某一對象時的智力操作，本身具有認識論和方法論上的意義；一種是把詮釋當作彰顯存有的方式，本身具有本體論上的意義。前者從古希臘人的解說神諭到中古時期人的注釋《聖經》到近代狄爾泰 (Wilhem Christian Ludwig Dilthey) 確立為人文科學特殊的方法等所謂傳統詮釋學，都這樣看待或實際體現著；後者從當代海德格 (Martin Heidegger)受到胡塞爾(Edmund Husserl)現象學的啟示而肯定它為人存在的方式到伽達瑪(Hangs-Geog Gadamer)繼承海德格說法而強調它的普遍性等所謂哲學詮釋學，也一致的深信不疑並有意取代前說❼。然而，這兩種主張並不如一般人所認為的足以構成相互的對立。因為它們真正的差別在於詮釋所要瞭解或獲得的對象（詳下），而不在於一個是人文科學的一般方法而另一個是彰顯存有的方式❽。

---

❼ 參見帕瑪(Richard E. Palmer)，《詮釋學》（嚴平譯，臺北，桂冠，一九九二年五月），頁一三～八二。

❽ 這從哲學詮釋學另一個代表人物呂格爾 (Panl Ricoeur) 試圖把兩種詮釋理論結合在一起（將認識論上和方法論上意義的詮釋嫁接在本體論上意義的詮釋上，從而藉由語言表面意義的解析以達到對語言深層意蘊的把握）（參見張汝倫，《意義的探究——當代西方釋義學》（臺北，谷風，一九八八年五月），頁一六二～一九五），就可以看出一斑（因為不論是語言的表面意義，還是語言的深層意蘊，都可以構成詮釋的對象）。

第二部分，理當可以再分成詮釋所要實踐或作用的對象和詮釋所要瞭解或獲得的對象兩部分。前者有所謂語言性符號和非語言性符號的區別，而通常都專指語言性符號；正是它建構了人文科學、社會科學和自然科學等精神和物質的世界。後者就是揭示自語言性符號所擁有或所蘊涵的「意義」，這一部分最多爭論：如在語言哲學上，就有「指涉論的」(把語言性符號的意義看作是它所指涉的東西)、「意念論的」(把語言性符號的意義看作是使用它的人的意念) 和「行為論的」（把語言性符號的意義看作是接受它的人的反應）等不同的取向❾；但這都還沒有涉及體現在語言性符號中有關存有者（人）的存在活動（世界觀和存在處境）和存有者所不自覺的個人潛意識（慾望和信念）及集體潛意識（社會的價值觀和社會關係）等，它們經由哲學詮釋學和批判詮釋學的發露後❿，也應該一起併入「意義」的行列。以上這些雖然不足以充作詮釋所要瞭解或獲得的對象全部⓫，但一般詮釋者所

---

❾ 參見艾斯敦(William P. Alston),《語言的哲學》(何秀煌譯，臺北，三民，一九八七年三月)，頁一五～四六。

❿ 參見注❹所引沈清松文，頁二九～三一；周慶華，《秩序的探索——當代文學論述的省察》（臺北，東大，一九九四年十一月)，頁二二五～二二九。

⓫ 據說皮爾斯(Charles Sanders Peirce)曾經統計過「意義」將近有五萬種，後來減縮為六十多種（參見葉維廉，《歷史、傳釋與美學》（臺北，東大，一九八八年三月)，頁三〇)。這不論有沒有盡包含本章這裏所列的這些「意義」，都顯示詮釋所要瞭解或獲得的對象「無可限定」(會不斷的衍生或增長)。

關注或在意的幾乎都在這裏了。因此，我們一方面固然要承認詮釋所要瞭解或獲得的對象不可窮盡，另一方面也得接受以上這些在詮釋所要瞭解或獲得的對象中所具有的「優先地位」。

第三部分，關係到詮釋者所據以為從事詮釋工作的資源或智能問題。這在過去有兩種「詮釋循環」說：一種是就語言性符號被詮釋時的現象來說，個別詞語的意義必須在瞭解或獲得文本整體的意義後才能瞭解或獲得，而在瞭解或獲得文本整體的意義前又必須從個別詞語開始，這同時還要受到詮釋者個人所擁有的知識和經驗的制約⓬；一種是就詮釋作為存有的本體論特徵之一來說，文本的意義結構全緣於詮釋者由「前有」(包含具歷史縱深和存在廣面的前有)、「前見」和「前設」等所構成的前結構⓭。前者由傳統詮釋學所提出，後者由哲學詮釋學所提出，大體上都滿符合「事實」的。但我們不必將這兩種詮釋循環說視為彼此對立，反而要把它們合併來作為詮釋所以可能的理論基礎（可以用來解釋針對不同對象而進行的詮釋活動)。

以上三部分，如果我們不合著看，也許不會再發現什麼問題，可是一旦合著看，那就有個「重大」的問題要出現了。當一個詮釋者想去詮釋某一對象時，他正好也意識到該對象不過是前結構中的東西（而不關語言性符號是否含有它或使用語言性符號的人是否構設它)，這豈不是一大「悖論」? 詮釋學家們似乎還沒有看出（或不理會）這個紕漏，到現前為

⓬ 參見注❽所引張汝倫書，頁三七。

⓭ 同上，頁一〇五～一一〇、一二二～一三〇。

止它仍得算作詮釋理論的一個盲點。本來個人也沒有辦法消除這樣的悖論，但想到詮釋者從事詮釋工作多少是為了遂行權力意志（藉詮釋結果來樹立權威或獲取利益或行使教化）而不只是單純的「要」瞭解或獲得某一對象，於是任何有關（詮釋對象）的宣稱，都不妨把它歸為權力意志下的「策略運作」，從而將該悖論「化解」或「存而不論」。

此外，現有的詮釋學還得面對解構主義的挑戰或威脅。先前後結構主義所提出的「文本互涉」(intertextuality)觀念⓮，已經帶給詮釋學某種程度的「難堪」；接著解構主義更以「延異」(différance)觀念⓯，直接「瓦解」了詮釋學的各種預設。換句話說，如果照解構主義的講法，文本只是一「歧異的網絡」，其中的「意符」無限地指涉到異於自身的其他意符，而造成終極「意指」（意義）的出現不斷地延後，使得詮釋學所假定的種種詮釋對象及其相關的論說都會變成「不可能」。這的確是詮釋學的「生死關頭」，不是憑著「意氣之爭」就可以挽救（而必須有理論相說服）。然而，解構主義在解構他者的同時也在自我解構，這樣它的效力就不是十分足夠；況且大家對於語言性符號還無法「接受」它只是個物質存在而不關聯到跟人牽涉的各種精神意涵（如上面所述那些）。因此，兩相權衡的結果，只有以「權宜性」概念作為重新思考類似問題的起點⓰，而往後的所有詮釋活動就可以在宣稱或

⓮ 參見廖炳惠，《解構批評論集》（臺北，東大，一九八五年九月），頁二七二。

⓯ 同上，頁二。

⓰ 參見注❿所引周慶華書，頁一三～一五。

標示「權宜性的策略運作」下繼續進行。同樣的，今後有關佛教義理詮釋的討論，也得通過這類的反省，才能確定未來發展的方向。

三、當代佛教義理詮釋的兩條進路

從佛教本身作為一個「宗教」來看，所有關涉義理詮釋的課題，很可能會被接上個體的信仰或某些神祕的體驗，而降低了加以（學術）分析的可能性。如果是這樣，任何的言說（尤其是後設性的言說）自然是多餘或必須終止。但相對的來說，不能分析的東西是否存在或是否能被人掌握，卻也是個問題。與其浪費時間在無益的爭辯上，不如實際一點直就詮釋現象給予討論。有了這個前提（或聲明），我們就可以比較沒有「顧忌」的來爬梳當代佛教義理詮釋的走向。

大體上，在這裏沒有必要把一些通常性的「作為」（如概論佛教義理、譯述佛教義理等）也納進來描繪。縱然這些作為不無涉及詮釋問題而有待反省和評估⓱，但它幾乎是歷代都有（不足以顯示就本論題來說的當代特殊性），所以只好暫時擱置不談。不過，這也並不表示除了這些通常性的作為，其餘都是這裏所要或必須加以陳述的。畢竟我們沒有能耐觀遍所有非通常性的作為（更何況所謂「非通常性的行為」

⓱ 詮釋一詞，在古代的用法中本有三個基本意義取向：一是說話（陳述），二是說明（推理或斷言），三是翻譯（語言轉換）（參見注❼所引帕瑪書，頁一五）。因此，有關佛教義理的概論或譯述，自然也是詮釋的一種形式，而可以由詮釋學的理論來加以檢驗。

的定義很難做得精密），到頭來只有約略的選擇一些「相對重要」的進行考察。

由這個立場出發，我們不難發現佛教義理詮釋在當代有兩條明顯的進路：一條是基於「維護」佛教義理而設，一條是基於「創新」佛教義理而設。前者又可以分出三種情況：第一是根據所見佛教文獻，從事佛教義理的條理說明工作（如唐君毅、牟宗三、方東美等人的作法），取徑略仿於天臺宗、華嚴宗的「判教」而更形精密；第二是專取可以代表純正佛教義理的文獻加以論析（如印順的作法），有意標榜佛法的本來精神（面貌）；第三是運用文獻學（主要是目錄學和語言學）方法來對佛教義理進行真確的解釋（如歐美日一些佛學學者），試圖樹立客觀研究的典範。後者也可以分出三種情況：第一是將「原」佛教義理「導向」不同的層面（如熊十力提出「新唯識論」以對治「舊唯識論」）；第二是將「原」佛教義理加以全面性的「改造」（如吳汝鈞對唯識宗「轉識成智」理論困難的揭露和消解）；第三是在「原」佛教義理的基礎上尋求新的「開展」（如傅偉勳對大乘佛教義理所作「創造性」的詮釋）。這兩條詮釋路向，跟古來由部派佛教及大乘佛教所開啟為恢復佛教真義和擴大解釋佛教義理兩種詮釋方案⓲，並沒有本質上的差別；但學者們所作的越來越趨向「理論化」（可供客觀的檢驗）及廣結其他學科的資源（特別是研究方法），所展現的形態已大為不同。因此，無妨它

⓲ 有關這兩種詮釋方案的概況，參見鄭金德，《現代佛學原理》（臺北，東大，一九九一年八月），頁五八～六七；方立天，《佛教哲學》（臺北，洪業，一九九四年七月），頁二〇～二八。

們可以獨佔在這個時代才有的「特殊性」。而為了進一步瞭解這兩個詮釋路數的內涵，底下就分別將該詮釋運作的實際情況略加鋪展：

首先看走「維護」佛教義理的詮釋路數。這在上舉那些代表人物唐君毅、牟宗三、方東美、印順和歐美日一些學者⑲的作法又互有差異：其中唐君毅有《中國哲學原論（原道篇）》卷三、牟宗三有《佛性與般若》、方東美有《華嚴宗哲學》和《中國大乘佛學》等書專論中國佛學，都是直就中國佛教文獻進行尋繹條陳（偶而雜有西方哲學的「對諍」），於佛教義理的流變及其終極歸趨的辨析著力特多；而印順一向主張回歸印度佛教，所著《印度佛教思想史》、《印度之佛教》、《空之探究》及《妙雲集》各書（甚至《中國禪宗史》辯達摩禪如何的中國化），都體現了一貫的「佛法應只此一號」的詮釋旨趣；至於歐美日一些學者普遍通曉梵、藏、巴利文，對於佛教原典（梵文）、後期大乘佛教文獻（藏譯）和南傳佛教文獻（巴利文）等，都能詳加比對而給各學派作一個「還其本來面目」的描述。雖然學者的作法不盡相同（內容當然也互有歧異），但彼此為使「佛教義理如其佛教義理」的用意卻是一致的⑳。這也就是本章要把它們同歸為「維護」佛

⑲ 參見注❸所引吳汝鈞書，頁九七～一〇二。

⑳ 牟宗三《佛性與般若》書中有段話頗能揭示這一點：「近人常說中國佛教如何如何，印度佛教如何如何，好像有兩個佛教似的。其實只是一個佛教之繼續發展。這一發展是中國和尚解除了印度社會歷史習氣之制約，全憑經論義理而立言。彼等雖處在中國社會中，因而有所謂中國化，然而從義理上說，他們仍然是純粹的

教義理的詮釋路數的原因[21]。

其次看走「創新」佛教義理的詮釋路數。嚴格說來，這個路數不能只從詮釋的角度去看它。因為它所作的（到了最後階段），已經兼及評價。換句話說，當學者在說「佛教義理該如何如何」時，顯然是越過了詮釋層次（而在進行價值判斷了）。這在上舉那些代表人物熊十力、吳汝鈞和傅偉勳的作法也各有懷抱：其中熊十力認為無著、世親所建立的唯識學把本體（真如）視為寂靜而無生滅變化是一種錯誤（他對《般若經》和龍樹等印度論師所建立的空宗思想和證入的本體也批判它偏於空寂），因而極力主張重立類似《周易》、《老子》（有一能起生滅變化的本體）那樣的「新唯識論」，他所著《新唯識論》（有文言、語體兩種文本）一書最終就是要把「舊唯識論」轉個方向；而吳汝鈞對於唯識宗的成佛理論（轉識成智）中的「無漏種子經驗本有和待外緣而現起」說頗不以為然，而以「無漏種子超越本有和自緣而現起」說

佛教，中國的傳統文化生命與智慧之方向對于他們並無多大的影響，他們亦並不契解，他們亦不想會通，亦不取而判釋其同異，他們只是站在宗教底立場上，爾為爾，我為我……我非佛教徒。然如講中國哲學史，依學術的立場，則不能不客觀……。」（見牟宗三，《佛性與般若》（臺北，學生，一九八四年九月），序，頁四～五）其他人自然也可以倣效這段話，為自己所作的作點辯白。

[21] 本章所說的「維護」，只標示「還其如實的存在」，並不含有「只有佛教義理才是最好」的意思。如有人站在護教立場作這樣的宣判（佛教義理最好），那已經牽涉（跟其他宗教比較）價值問題（而不只是詮釋問題），另當別論。

來消解它理論上的困難，這樣就不只是在為舊義理修正觀念或加入新的觀念，而是在為舊義理作一徹底改頭換面的工夫，他所著〈唯識宗轉識成智理論之研究〉長文（收於《佛教的概念與方法》）雖然沒有「做完」這件工作，但也明白的點出該一訊息；至於傅偉勳所作的就特別多了，他先建立一個包含「實謂」（原思想家實際上說了什麼）、「意謂」（原思想家想要表達什麼或他所說的意思到底是什麼）、「蘊謂」（原思想家可能要說什麼或原思想家所說的可能蘊涵是什麼）、「當謂」（原思想家應當說出什麼或詮釋者應當為原思想家說出什麼）以及「必謂」（原思想家現在必須說出什麼或為了解決原思想家未能完成的思想課題而詮釋者現在必須踐行什麼）等五個層次的所謂「創造的詮釋學」㉒，然後對大乘佛學進行一番從「依文解義」到「依義解文」的開展式的詮釋，具體成果已經呈現在他所著《從創造的詮釋學到大乘佛學》一書中。以上這三種作法縱使雖有相互會通的可能（各自取徑有別），但彼此卻也體現了學者想要「救活」佛教義理的願力，所以無疑的可以把它們一起歸入「創新」佛教義理的詮釋路數。只是這終究是「別體」（「混」評價為詮釋），討論前得

㉒ 根據傅偉勳自己的說法，這一「創造的詮釋學」是從現象學、辯證法、實存分析、日常語言分析、哲學詮釋學理路等等現代西方哲學中較為重要的特殊方法論之一般化過濾，以及跟我國傳統以來的考據之學和義理之學乃至大乘佛學涉及方法論的種種教理之間的融會貫通，而可以作為一般方法論（見傅偉勳，《從創造的詮釋學到大乘佛學》（臺北，東大，一九九〇年七月），頁九～一一。

先分辨清楚。

其實，如果把前一詮釋路數再加評價，也很可能演變成後一詮釋路數（而事實上走前一路數的學者也不是全不加評價，只是評價（如「判教」）並不給原作增加或減少什麼）；或者把後一詮釋路數減去評價，而自然變成前一詮釋路數，這樣本章所作的區分就沒有什麼意義了。話是這麼說，但我們最需要知道的是這類的詮釋路數到底存在什麼問題，而不是這類的詮釋路數彼此的「分合關係」。因此，這裏不妨就越過它（兩種詮釋路數的「牽扯」問題），而直探該詮釋路數所隱含的問題。

四、兩條詮釋進路所隱含的問題

站在「維護」佛教義理立場而從事詮釋工作的學者，基本上都假定有所謂佛教「真義」的存在；而站在「創新」佛教義理立場而從事詮釋工作的學者，基本上也都假定「擴大」（包括導向、改造和開展）佛教義理是可能的（當然他也得先假定佛教「真義」的存在），而問題也就在這裏。

首先，佛教「真義」要如何判定？依照學者們的作法來看，佛教「真義」是在比對分析各種佛教文獻後獲得的，那麼作為判定佛教「真義」的標準就是佛教文獻了。可是佛教文獻所以有「意義」可說（或可印證），卻必須經由人的理解和認定，這樣判定佛教「真義」的標準就不是佛教文獻而是人的智能了。現在學者斷斷爭辯佛教「真義」該當如何，豈不是白費心力？因為所謂佛教「真義」，都只是各人心中的佛教「真義」（而不關大家所「幻想」的那個客觀存在、可供檢驗的佛教「真義」)，誰能「強迫」別人接受他所意識或所肯認的佛教「真義」（連帶膨脹為具有客觀性的實體存在)？如果真要強調這佛教「真義」不是人的自由胡謅而是「確有」文獻根據，那也只能說它最多擁有「相互主觀性」（能獲得多數人的認同）㉓，而不可能擁有「絕對客觀性」。因此，任何想要恢復佛教「真義」的詮釋者，他所得面臨的是終將找不到一個客觀的判定標準。至於想要「擴大」佛教義理的詮釋者，情況也相仿；並且他不但無法獲得判定「擴大」佛教義理的客觀標準，連他立言的基礎（「原」佛教義理）也無法獲得判定它是否如實的客觀標準。

其次，語言都具有「延異性」(正如解構主義所指出的)，每一個「意指」同時又是一個「意符」，每一個「概念」同時指向其他的「概念」，而造成不斷地「自我解構」。於是學者所宣稱的佛教「真義」或「新義」，勢必也要無限地延後(以至無所謂「真義」或「新義」的存在)。如佛教所說的「涅槃」（梵語 nirvāna、巴利語 nibbāna的音譯，又音譯作泥日、泥洹、涅槃那、涅隸槃那；漢譯為滅、滅度、寂滅、不生、圓寂㉔)，不論學者把它解釋為絕對寂靜境界，還是解釋為不生不滅境界，或是解釋為諸法實相，它的指意都不可能就此固定下來。因為所謂「絕對寂靜境界」、「不生不滅境界」、「諸

㉓ 這是語言性符號「意義」判定的通例（參見何秀煌，《記號學導論》(臺北，水牛，一九八八年九月)，頁二三。

㉔ 參見吳汝鈞，《佛教的概念與方法》(臺北，商務，一九八八年九月)，頁三四九。

法實相」都還需要再解釋（又指向別的概念），類似這樣追究下去，永遠沒有窮盡。最後我們所看到的將是「涅槃」和無數的概念相互指涉，而不是像一般人所想像的必有個終極的指意㉕。又如佛教所說的「空」(梵語 śūnya或 śūnyatā),不論它是指存有論上的概念（空性），還是指方法論上的概念（空觀）㉖，我們加以追問的結果也會出現像「涅槃」那樣的情況（就以存有論上的「空」為例，它只能跟「無自性」、「無獨立實有」、「(諸法緣起，所以）沒有本質」……等等相互指涉；而每一個概念又有其他概念相互指涉，形成一個不知起點也不知終點的指意連鎖)。這麼一來，學者們所發掘的佛教「真義」或「新義」，也就禁不起大家採用這種方式輕施索問了。然而，學者們似乎還沒有感受到這個「危機」，而仍自信滿滿的繼續他們的詮釋工作或為他們的詮釋工作辯護。

除了以上兩個問題，學者們對於西方詮釋學所開發的詮釋廣度（詮釋對象的增多）和深度（詮釋層次——由語言性

㉕ 此外，還有人認為類似「涅槃」（或自性）這樣的概念，象徵或表示絕對的本體，不可言說，也不可思議（參見巴壺天，《禪骨詩心集》(臺北，東大，一九八八年九月)，頁一〇)，這也頗有問題。因為既然用「涅槃」來指涉，就已經思議和言說了，那裏還有不可思議和不可言說的東西？如果這是要說人體驗到某一境界，無以名狀，姑且以「涅槃」稱呼，那倒有可能。但這已涉及「體驗」的問題，不能再跟「言說」的問題混在一起。

㉖ 關於「空」分屬存有論上和方法論上的用法，參見陳沛然,《佛家哲理通析》(臺北，東大，一九九三年十月)，頁二一～二四。

符號的表面意義到深層意蘊——的疊厚)，也沒有什麼明顯的感應，而無法取得「同步」的發展。不過，這並不重要(因為詮釋者有權選擇詮釋對象或詮釋層次，不一定要「面面俱到」)，重要的是學者們如何面對上述的問題，而想出有效的對策，「重新」來詮釋佛教的義理。在這裏，個人雖然無法預測學者們會怎樣思考這個課題，卻願意做效野人獻曝提出一個或許有效的解決方案。

五、可能或必要的因應策略

這個方案不是別的，正是前面（第二節）所說的以「權宜性的策略運作」來宣稱或標示所作的佛教義理詮釋。由於它是一種「策略運作」，「必然」關聯詮釋者的權力意志(這權力意志可能也會帶有「集體性」)，所以該爭論的是那權力意志「恰當」或「合理」與否，而不是所詮釋的佛教義理「精確」或「妥適」與否。也由於這種「策略運作」是「權宜性」的，所以展現出來的詮釋結果就不為典要，而所隱含的權力意志也可以隨人意會（詮釋者可以為它辯白而其他人也可以為它爭議，但不要「妄想」有所謂的「是」或「非」)。如果還有可以致力的，那就是「完密」詮釋的程序（採用高度可靠的前提和進行相干且有效的推論）及「新展」詮釋的對象（不要只限於目前所見「實謂」、「意謂」、「蘊謂」等等那幾樣)。前者有助於使詮釋結果獲得更多人的肯定或贊同，而後者有益於他人的觀念受到啟迪（而自己不致落得蒙人「不過是拾人牙慧」或「了無新意」之譏)。

如果大家真能走出舊有的詮釋路數，而對本章所提供的方案稍加青睞,很可能會發現它將帶來兩個額外的「好處」：

第一，可以運用它來重新審視歷來的詮釋策略而有更深的理解（過去有些人只會責怪從部派佛教以下違離了原始教義的各種詮釋方案，而不知道那些詮釋方案背後可能隱藏著激烈的「權力衝突」呢）。

第二，可以運用它來開展新的詮釋策略而更有利於生存（不但清楚詮釋所要「影響」的對象，也瞭解如何修正或改變詮釋策略以回應該對象的「心理異動」而促成人際關係的良性發展）。

但倘若有人「動歪腦筋」，專門「尋隙」而以它來使人「蒙難」或「致災」，固然那也算是一種「求生之道」，卻很難令人信服而會自動降低它的「可愛性」。不論如何，今後的佛教義理詮釋不重新設定一個起點，恐怕就沒得對它有什麼好「指望」了！

第六章　佛教的「不可說」辨析

一、「不可說」概況

佛教以第一義諦「緣起性空」示人，又標榜「涅槃境界」或「佛國淨土」為修行的最高蘄嚮，遠非其他宗教所能想像（比擬），可說已經獨步千古，至今仍為世人所津津樂道。只是佛教所留下的經典，並沒有為「緣起性空」和「涅槃境界」或「佛國淨土」兩個範疇間作一有效的聯結，以至不免留給人有難以自圓其說的感覺❶。而這似乎到了佛教論師手裏或佛教各宗派出現後，才得著些微的補苴罅漏。所謂「大聖說空法，為離諸見故；若復見有空，諸佛所不化」❷、「觀生死即涅槃，治報障也；觀煩惱即菩提，治業障煩惱障也」❸等

❶ 如一位論者就說：「原始佛教宣揚人生『無常』，一切現象都是緣起的，互為因果的，但同時又宣稱理想中的涅槃是超越緣起的永恆存在，這就前後矛盾，難以自圓其說了」（見方立天，《佛教哲學》（臺北，洪業，一九九四年七月），頁二〇。

❷ 見《中論》卷二，《大正新脩大藏經》（以下簡稱《大正藏》）（臺北，佛陀教育基金會，一九九〇年三月）卷三〇，頁一八下。

❸ 見《法華玄義》卷九上，《大正藏》卷三三，頁七九〇上。

等，無不是在暗示人要不執著空或無住於涅槃而達到較高的真理層面❹，以便「避開」原始論說所顯現的矛盾。然而，這也只是遣離問題，並沒有解決問題。畢竟它還有「較高的真理」在（即使那「較高的真理」無限延後），依然得踻踏在語言文字的迷障中。

就實際的層面來看，最大的迷障還在於佛教常以「不可說」或「不可思議」來回應外界的質疑❺：「文殊師利法王子菩薩白佛言：『世尊，若有言語則有滯礙，若有滯礙則是魔界。若法不為一切言說所表者，乃無滯礙。何謂法不可言說？所謂第一義。其第一義中亦無文字及義。若菩薩能行第一義諦，於一切法盡無所行，是為菩薩能過魔界，無所過故』」❻、「如佛所說，四種境界不可思議：一者業境界不可思議，二者龍境界不可思議，三者禪境界不可思議，四者佛境界不可思議」❼。這不只會給旁人增添理解佛教上的困難❽，也會

---

❹ 參見楊惠南，《龍樹與中觀哲學》（臺北，東大，一九九二年十月），頁六七～八九；吳汝鈞，《佛教的概念與方法》（臺北，商務，一九八八年九月），頁六三～七三。

❺ 除了「不可說」、「不可思議」外，佛教也間用「不可數」、「不可稱」、「不可量」等語來表述。見《大方廣佛華嚴經》卷四五，《大正藏》卷一〇，頁二三七中。

❻ 見《大方等大集經》卷一八，《大正藏》卷一三，頁一二三中。

❼ 見《大寶積經》卷八六，《大正藏》卷一一，頁四九三下。

❽ 《大寶積經》卷八六載：「若如來於一切法不可言說，無名無相，無色無聲，無行無作，無文字，無戲論，無表示，離心意識，一切言語道斷寂靜照明，而以文字語言分別顯示，一切世間所不能

給佛教自己帶來「窮於彌補」的窘境❾。因此，像《大方廣佛華嚴經》中所載數百件情事或意境不可說❿之類，讓人除了嘆為觀止外，實在難以領會其中的奧妙。

一般學者在面對這個關節時，說詞往往也是「剪不斷，理還亂」，如「蓋謂可以言語文字發表者，全為現象界之事；實在者決不可得而寫象也。又實在與現象，或云同，或云異，云一，云不一，皆不得當。又謂有謂空、亦有亦空、非有非空、謂圓、謂真、為善，皆非實在之真相。是等意義，各經論皆有之。如法相宗謂廢詮談旨；三論宗謂言亡慮絕；天臺宗謂百非俱遣，四句皆離；禪宗不立文字；華嚴宗謂果分不

解。」(《大正藏》卷一一，頁四九三上）果真如此，豈不向人宣告佛教不可理解?

❾ 《維摩經玄疏》卷一說:「此經淨名默然杜口，即是《大涅槃經》明四不可說意也。四不可說者：一生生不可說，二生不生不可說，三不生生不可說，四不生不生不可說。此即是約心因緣生滅即空即假即中四句不可說也。而得有四說者，皆是悉檀因緣赴四機得有四說也。」(《大正藏》卷三八，頁五二一下）這在解釋《大般涅槃經》「四不可說」和「得有四說」(詳見該經卷一九，《大正藏》卷一二，頁七三三下～七三四上）上，似乎有意要區分「內證面」和「教法面」的不同（參見黃懺華等，《中國佛教教理詮釋》(臺北，文津，一九九〇年七月)，頁八三)，但從方法論的角度來看，這是無效的。因為內證面倘若不可說，教法又如何能保證可引人趣入內證面?佛教中人凡是嘗試要彌縫這類問題的，都得面對同樣的困窘。

❿ 詳見《大方廣佛華嚴經》卷四五，《大正藏》卷一〇，頁二三八中～二四一上。

可說；真言宗謂出過言語道；淨土宗謂不可稱，不可說，不可思議；皆知此般之消息者也」⓫、「(《大乘起信論》云)『言真如者，亦無有相；謂言說之極，因言遣言；此真如體無有可遣，以一切法悉皆真故；亦無可立，以一切法皆同如故。』由此，結論謂：『當知一切法不可說，不可念故，名為真如。』『不可說』，『不可念』即法之實相非『認知對象』之意也。以上釋『真如』非『認知對象』外，同時亦點出『理論』之作用，即『因言遣言』；一切言說雖不能真描述此『真如』，但有破除妄執作用，故亦可方便施設：此亦即《大般若經》中說『施設言說』之意也」⓬等，這不過是在作「語言替代」而已，並沒有釐清可說和不可說或可認知和不可認知之間究竟以什麼為分際，仍然深陷在佛教經論所築起的迷障而不可自拔。

我們想解開這個難題，顯然不能再順著已有的論說作思考，而必須別為尋繹和辨詰。換句話說，佛教的可說和不可說或可認知和不可認知之間，未必只是關涉一個現象（表象）和實在（實相）的問題，它還可能牽扯一個雙面性的「詭論」問題（詳後），這都需要勉力給予抽絲剝繭，才可望有助於關係佛教的認知體系的建構。

二、「不可說」的內在理路

⓫ 見蔣維喬，《佛學概論》（高雄，佛光，一九九三年八月），頁四〇～四一。

⓬ 見勞思光，《中國哲學史（第二卷）》（香港，友聯，一九八〇年十一月），頁二九九。

儘管佛教所提及「不可說」或「不可思議」的對象難可盡數，但最「不可說」或最「不可思議」的還是佛教所標榜的最高境界，以及人所具有的達到該境界的潛能。《大智度論》卷三〇說：

> 經說五事不可思議：所謂眾生多少、業果報、坐禪人力、諸龍力、諸佛力。於五不可思議中，佛力最不可思議⑬。

佛力，指的是佛陀圓滿成就十力，而它就是佛教的終極精神指標（也就是前節所說的「涅槃境界」或「佛國淨土」)。在一般人，照理也具有同樣的潛能（該潛能或稱佛性，或稱自性，或稱法身，或稱真如，或稱如來藏，或稱清靜心，或稱菩提，或稱涅槃，異名甚多），佛教的理論建構或佛陀的啟示性言談才有可能。而這一部分，向來被認為是最「不可說」或最「不可思議」的。本章就權以這一部分作為考辨的對象，其餘可以依此類推。

在實際進行考辨以前，不妨站在「同情」（同其情）的立場先將佛教「不可說」或「不可思議」的內在理路略作鋪展，以便後面的談論得有較為具體的「據點」。 這也許要從一個典故看起：

> 善男子！譬如有王告一大臣：「汝牽一象以示盲者。」爾時大臣受王敕已，多集眾盲，以象示之。時彼眾盲，各以手觸。大臣即還而白王言：「臣已示竟。」 爾時大王，

---

⑬　《大正藏》卷二五，頁二八三下。

即喚眾盲，各各問言：「汝見象耶?」眾盲各言：「我已得見。」王言：「象為何類?」其觸牙者，即言：「象形如蘆菔根。」其觸耳者言：「象如箕。」其觸頭者言：「象如石。」其觸鼻者言：「象如杵。」其觸腳者言：「象如木臼。」其觸脊者言：「象如牀。」其觸腹者言：「象如甕。」其觸尾者言：「象如繩。」善男子！如彼眾盲，不說象體，亦非不說；若是眾相，悉非象者，離是之外，更無別象。善男子！王喻如來正遍知也，臣喻方等《大涅槃經》。象喻佛性，盲喻一切無明眾生⓮。

就盲人來說，整體象是無法想像的，他所言表的只是象的局部而搆不上象的整體；以此比喻著整全的佛性（佛法）是不可說的（語言所不逮）。這也就是《自在王菩薩經》卷上所說的：「法者，即是法性義；法性者，是不生性義；不生者，是畢竟不起不作義。義者，是不可說義。何以故? 以語說法，法不在語中。是故以語示義，有所示說，皆非語非說。有所分別，有所說者，即非佛法。無分別，無所說，即是佛法。是故言：無說是佛法。」⓯所謂「無說是佛法（佛性）」，不是指「無說」本身是「佛法」，而是指「佛法」本身是「無(可)說」的（它好比整體象在盲人是說不出的）。這假定了所出示的語言（為眾生所施設使用）最多只對應著佛性的分別相，至於佛性的實相則沒有任何語言可以跟它相對應。

佛教大概就從這個假定出發，而展開一系列「不可說」

⓮ 見《大般涅槃經》卷三〇，《大正藏》卷一二，頁八〇二上。

⓯ 《大正藏》卷一三，頁九二七上、中。

或「不可思議」的自我告白。而佛教的論師或研究佛教的學者在詮解時也大體不離這條思路，如「過一切語言道，心行處滅，遍無所依，不示諸法，諸法實相無初無中無後，不盡不壞，是名第一義悉檀。如《摩訶衍義》偈中說：語言盡竟，心行亦訖，不生不滅，法如涅槃。說諸行處，名世界法；說不行處，名第一義。一切實，一切非實，及一切實亦非實，一切非實非不實，是名諸法之實相」⑯、「凡是絕對的形上體不但不可言說，而且不可思議……因為既然它是絕對的形上體，如果我來看它、言說它，那麼我便成了能看見、能言說的主體，它便成了被我看、被我言說的客體，這樣就構成了主客能所的對立。因為至少有我這個看它的人、說它的人站在它外面與它對立，它就不是絕對的了。所以佛說第一義不可說，也是同樣道理。另外佛又說第一義不可思議。我們人類除了感覺器官之外，還有心靈，心靈便是思考器官……如果我用腦筋來思考它的道理，我是能思考的主體，道是被我思考的客體，同樣也構成了主客能所的對立」⑰等，這在切入點上雖然略有差異（前者直就第一義諦的超越性來說，後者先從語意分析「第一義諦」必屬絕對的形上體），但彼此說的都是同一件事。

由此可見，佛教說佛性的實相「不可說」或「不可思議」，是指沒有語言可以對應它或無法以語言形式來思議它（只能靠直覺或逆覺體證去領悟它⑱）。不過，就「佛性」等等的提

---

⑯ 見《大智度論》卷一，《大正藏》卷二五，頁六一中。

⑰ 見巴壺天，《禪骨詩心集》（臺北，東大，一九八八年九月），頁一三六～一三七。

出來看，已經是有所說了。這在佛教的解釋是一種方便施設，所謂「眾因緣生法，我說即是無。亦為是假名，亦是中道義」⑲。假名（假借語言）為說，目的是要引導眾生⑳；而眾生卻不能反過來把它當真看待。這好比道家所說的「道」，不是「常道」的道，我們不能以「常道」的道相比擬，因為它也是一種方便施設㉑。

或許正由於言說是一種方便施設（總對應不了佛性的實相），所以佛教又更進一步發出一些形似詭論的說法，如「一切實非實，亦實亦非實，非實非非實，是名諸佛法」㉒、「僧問：『和尚為什麼說即心即佛?』師（馬祖道一）云：『為止小兒啼。』僧云：『啼止時如何?』師云：『非心非佛。』」㉓、「所以一切聲色，是佛之慧目。法不孤起，仗境方生。為物之故，有其多智。終日說，何曾說；終日聞，何曾聞。所以釋迦四十九年說，未嘗說著一字」㉔。雖然這有「以言遣言」

---

⑱ 參見陳沛然，《佛家哲理通析》（臺北，東大，一九九三年十月），頁一八七；上引巴壺天書，頁一三七。

⑲ 見《中論》卷四，《大正藏》卷三〇，頁三三中。

⑳ 參見《中論》卷四青目的註釋，《大正藏》卷三〇，頁三三中。

㉑ 相對於佛教的說法，道家的說法似乎較審慎或較缺乏「自信」。這是從底下這段話看出來的：「有物混成，先天地生。獨立而不改，周行而不殆，可以為天下母。吾不知其名，字之曰道。」（《老子》第二五章）而到現在我們還沒有發現佛教有「吾不知其名，字之曰佛」一類的自白。

㉒ 見《中論》卷三，《大正藏》卷三〇，頁二四上。

㉓ 見《景德傳燈錄》卷六，《大正藏》卷五一，頁二四六上。

或「蕩相遣執」的用意在，但因為它不免太過詭譎，已經引起許多人「盡瘁於斯」而要替它說個明白。只是這並非本章的旨趣所在，不便加以討論。

三、「不可說」隱含的問題

如果採取同情的解說，佛教有關的「不可說」或「不可思議」課題，它的前提基本上是一個後設語言命題。在語言哲學裏，這種後設語言命題是以「O相對於L為不可說（不可言傳)」的形式出現，意思是O無法藉L表達。換句話說，所有有關O的語句沒有表達什麼事實或經驗。而這裏O可指現象、經驗或物體，如：

㈠二元論者也許會認為心靈的特性相對於生理學上的謂語而言是不可表達的。

㈡Predicate calculus相對於命題邏輯而言為不可表達。

㈢$\sqrt{2}$相對於有理數而言為不可表達。

㈣$X^2=-1$相對於只有實數的數論而言為不可言傳。

㈤我們的確很容易想像地球上或其他星球上存在許多事物是我們做夢也想不到的。這些事物可以說相對於我們的語言而言是不可表達的㉕。

佛教認為佛性的實相「不可說」或「不可思議」，自然也可以作這樣的了解。但如果採取不同情的解說，它可能就

㉔ 見《宛陵錄》，《大正藏》卷四八，頁三八五下。

㉕ 參見黃宣範，《語言哲學──意義與指涉理論的研究》（臺北，文鶴，一九八三年十二月)，頁一二八～一二九。

犯了跟同類型論述一樣的弊病，也就是把「不可說」弄得太模糊不清、太具伸縮性，以及似乎有把佛性的實相不可說解為「套套絡基」（沒有說什麼）的嫌疑。因此，為了避免這些弊病，不妨作些修正，使該命題顯得正確些或更可以理解，如：

㈠ 佛性的實相無法用非隱喻式方法加以刻劃。

或㈡ 佛性的實相無法像科學一樣作非常精確的描述。

或㈢ 佛性的實相只能用很抽象的詞語加以描寫。

換句話說，佛教不宜簡單地說「某某不可說」，除非事先弄清楚什麼才算是可以說的東西或現象，或什麼樣的謂語、刻劃等是不可說論者可以容許或不可以容許的謂詞[26]。

雖然如此，本章還不能僅止於這類（語言層面）的考辨，因為這不過是在「釐清」或「補充」佛教的說法，看不出可以從中產生或形塑一些建設性的意見作為「對諍」。那麼佛教的說法究竟還有什麼問題存在？依個人所見，這裡隱藏了一個佛界中人未必會自覺的雙面性詭論。首先，這種詭論不是可以用別的辦法消解的「存有詭論」[27]。後者是當人們嘗試將所謂神祕的終極真實或全體真實等不可思議的神祕領域加以理性化，並使用人類抽象的有限性的語言加以表達，或

---

[26] 同上，頁一三六～一三七。

[27] 一般所說的詭論，除了「存有詭論」，還有「邏輯及語意性的詭論」。佛教的說法如果也涉及後面這種詭論，自然也可以提出來討論；但本章的重點不在這裡，只好暫且略過。有關「邏輯及語意性的詭論」問題，參見張建軍，《科學的難題——悖論》（臺北，淑馨，一九九四年十一月），頁七～六四。

在提昇至那玄之又玄的不可思議之境的過程時所形成的㉘。在佛教的說法方面，除了前節所引的一些例子，還有《六祖法寶壇經》第一品所載神秀語「身是菩提樹，心如明鏡臺。時時勤拂拭，勿使惹塵埃」和慧能語「菩提本無樹，明鏡亦非臺。本來無一物，何處惹塵埃」㉙也常被引為例證（「菩提」既是有又是無，形成存有詭論）。但這可以把它看作和諧對比的統一體㉚，而解消表面明顯可見的矛盾。本章所要指出的詭論卻不然。其次，這種詭論也不同於懷疑論或相對論或唯心論因不信有絕對或客觀的真理而顯現的無以自我圓說㉛。畢竟在佛教內部，對於佛性的實相部分，還少有懷疑論或相對論或唯心論的意見，這跟本章的關注點可說是兩回事。既然這樣，那佛教的「不可說」或「不可思議」所隱含的雙面性詭論又是怎樣的？

這不妨再回到盲人摸象的典故上。照佛教的說法，那整體的象比喻著整全的佛性，摸象的盲人比喻著無明的眾生；無明的眾生永遠識不得整全的佛性（一如盲人永遠識不得整

㉘ 參見楊士毅，《邏輯與人生——語言與謬誤》（臺北，書林，一九九四年三月），頁一三三～一三四。

㉙ 《大正藏》卷四八，頁三四八中～三四九上。

㉚ 這種和諧對比的統一體，可以形容成一更高層次的「真空且妙有」。有位論者曾引方東美詩「浩渺晶瑩造化新，無雲無霰亦無塵。一心璀璨花千樹，六合飄香天地春」來表達該真空妙有的意境（見注㉘所引楊士毅書，頁一三四～一三五），可以參看。

㉛ 有關懷疑論、相對論、唯心論無以自我圓說部分，參見柴熙，《認識論》（臺北，商務，一九八三年八月），頁一四五～一七○。

體的象)。 反過來說，眾生去了無明就可以識得整全的佛性(好比明眼人可以識得整體的象)。 問題是：誰能知道「全象」是什麼？每個人都會受到觀察的角度，以及其他因素(包括生理、心理、社會、歷史文化等等) 的制約，即使能「拼湊」出一幅全象，恐怕也沒有兩個人的說法是相同的，這樣誰說的才算數？顯然盲人摸象的典故中所預設的全象，實際上是不存在的或不可能的。而它所以還會被認為存在或可能，純是站在說故事者的立場姑且附和，其實沒有人有把握自己所認知的象正是說故事者所認知的象。同樣的，佛性的提出也有這個問題：第一個人所說的佛性的實相，跟第二個人、第三個人……所說的佛性的實相，依理也不會是一致的。因此，現在佛教所預設的這個絕對義上的佛性，只能存在於個別的經驗中(第一個人可以把他所經驗到的某一情境或意境，權宜的稱為佛性)， 其他人要完全理解它或掌握它，基本上是有困難的。這就透露了要把佛性「客觀化」(可以被眾人所領會或意識) 是一件難以如願的事。

以上是順著盲人摸象的典故，所作的粗淺的分辨，約略可以判定該典故有「引喻失當」的現象。但這還沒有另一個更進一層的問題引人深思：那就是佛性的存在依據，以及「不可說」或「不可思議」究竟如何可能？《莊子・天道》中有個故事說：

> 桓公讀書於堂上，輪扁斲輪於堂下，釋椎鑿而上，問桓公曰：「敢問公之所讀者何言邪？」公曰：「聖人之言也。」曰：「聖人在乎？」公曰：「已死矣。」曰：「然則君之所

> 讀者，古人之糟魄已夫!」桓公曰:「寡人讀書，輪人安得議乎! 有說則可，無說則死。」輪扁曰:「臣也以臣之事觀之: 斲輪，徐則甘而不固，疾則苦而不入。不徐不疾，得之於手而應於心，口不能言，有數存焉於其間。臣不能以喻臣之子，臣之子亦不能受之於臣，是以行年七十而老斲輪。古之人與其不可傳也死矣，然則君之所讀者，古人之糟魄已夫!」

這很可以藉來推想佛性存在的情況: 第一，當年佛陀在歷經一番修道（觀空）後，產生了一些新的經驗，但這些經驗只像輪扁「不徐不疾」的斲輪那樣心裡有數而不能言傳; 第二，正因為修道經驗是實際有的，所以稱該經驗為佛性也是有根有據的（不是憑空構設）。然而，問題的關鍵就在「心裡有數」一點上。「有數」可以是數得出，也可以是數不出: 如果是前者，就不能說佛性「不可說」或「不可思議」; 但後者又如何? 那只有一種情況，就是說有佛性的人根本理不清該佛性到底是怎麼一回事。於是這裏就出現了兩個「隱式」的詭論: 一個是實際已知佛性是怎麼一回事而卻說佛性「不可說」或「不可思議」; 一個是實際不知佛性是怎麼一回事卻再三盛稱佛性而最後又說佛性「不可說」或「不可思議」(盛稱佛性時，儼然已知佛性是怎麼一回事，卻又聲明佛性「不可說」或「不可思議」，顯然是個詭論)。可見佛教的「不可說」或「不可思議」如果成立，必然隱含上述這雙面性的詭論。由於這種詭論是「隱式」的（相對於前面所提及那些「顯式」的詭論)，比較不容易被察覺，以至如今還沒有看到佛界中人或研究佛教的學者有這方面的省悟。

四、重新面對「不可說」的方案

倘若上面的考辨可信，那以後「不可說」或「不可思議」這類話頭就不能再輕易或浮濫使用，否則所要彰顯或構設的對象很可能就會因按了「不可說」或「不可思議」而流於無謂（沒有說到什麼）。佛界中人過去沒有細審言說本身一些或顯或隱的問題，而盡力再作點調整或翻新，不能說沒有遺憾！其實，佛教要化解自家理論難以自圓其說的困境，也不是不可能：只要提倡「緣起性空」的道理，而以不執著為解脫法門，不必去強調不執著之後的「境界」（情境或意境）問題。這樣預留一個開放式的不執著結果，反而更有利於本身論說的展開（不致像過去那樣只在一個佛性的框框下討活計）。

至於一般想接近佛教的人，在面臨佛教經典中出現的「不可說」或「不可思議」的話頭時，也得警覺到它的詭論性而別為尋思，不然光一個「佛性」就會令人困惑終身，更何況還有那千頭萬緒的「入道法門」呢！說實在的，歷來的佛教論師做了不少有啟發性的事，還有待人去發掘進而倣效，如「不生亦不滅，不常亦不斷，不一亦不異，不來亦不出。能說是因緣，善滅諸戲論，我稽首禮佛，諸說中第一」[32]、「善知識，我此法門從上以來，先立無念為宗，無相為體，無住為本。無相者，於相而離相。無念者，於念而無念。無住者，

---

[32] 見《中論》卷一，《大正藏》卷三〇，頁一中。

人之本性。於世間善惡好醜，乃至寃之與親，言語觸刺欺爭之時，並將為空，不思酬害。念念之中，不思前境。若前念今念後念，念念相續不斷，名為繫縛。於諸法上念念不住，即無縛也，此是以無住為本。善知識，外離一切相，名為無相。能離於相，則法體清靜，此是以無相為體。善知識，於諸境上心不染，曰無念。於自念上常離諸境，不於境上生心。若只百物不思，念盡除卻，一念絕即死，別處受生，是為大錯，學道者思之……所以立無念為宗」㉝等，這說到了修行的可能方案（泯除「生滅」、「常斷」、「一異」、「來出（去）」的差別及奉行「無念」、「無相」、「無住」等三無），較為具體的指引人「向上一路」。我們也該從這裏得到智慧，繼續開發可以使現代人「免於沈淪」的有效方案，而不是夢想「回歸」傳統佛教（假使指得出傳統佛教的面貌）去規行矩步。不然也難保不會像早期佛教所傳遞下來的一支詭論（如上所述）那般的窮使力氣，而忘了還有更重要或更有意義的事要做。

㉝ 見《六祖法寶壇經》第四品，《大正藏》卷四八，頁三五三上。

第七章　「轉生」說的局限與突破

一、轉生說的概況

生命從那裏來，又將往那裏去，這是宗教或哲學所不免要解決的課題。在佛教，始終以一個輪迴轉生的觀念提撕引領著世人的思路，並且構設（精研）一套繁複的理論以為世人自我強化生生相續的信念。這應當有它歷史和現代的意義，而值得我們來探個究竟。

佛教所說的輪迴轉生、輪迴、轉生，都是同義語，意指有情眾生由業因而招感三界、六道的生死流轉，永無止盡，《大乘本生心地觀經》卷三說：「有情輪迴生六道，猶如車輪無始終，或為父母、為男女，世世生生互有恩。」❶《觀佛三昧海經》卷六也說：「三界眾生輪迴六趣，如旋火輪，或為父母兄弟宗親。」❷由於這是特指有情眾生的生命輪轉，所以本章只拈取「轉生」（義較相稱）一語作為論說的依據。

轉生說以「業」或「業識」為生命輪轉的牽引力，《根

---

❶ 《大正新脩大藏經》（以下簡稱《大正藏》）（臺北，佛陀教育基金會，一九九〇年三月）卷三，頁三〇二中。

❷ 《大正藏》卷一五，頁六七四中。

本說一切有部毘奈耶》卷四六說:「不思議業力,雖遠必相牽。果報成熟時,求避終難脫。」❸而所謂業,就是造作的意思❹。造作一義,統匯身、口、意三名。它以「無明」為遠因,而以「愛欲」為根本因,北本《大般涅槃經》卷三七說:「業因者,即無明、觸。因無明、觸,眾生求有。求有因緣,即是愛也。愛因緣故,造作身、口、意業。」❺《圓覺經》說:「一切眾生,從無始際,由有種種恩愛貪欲,故有輪迴。若諸世界一切種性,卵生、胎生、濕生、化生,皆因婬欲而正性命。當知輪迴,愛為根本。由有諸欲,助發愛性,是故能令生死相續。欲因愛生,命因欲有,眾生愛命,還依欲本。愛欲為因,愛命為果。」❻身、口、意三業,恆久存在於「本有」(現在身)、「中有」(死後中陰身)和「後有」(後世受

❸ 《大正藏》卷二三,頁八七九上。

❹ 《俱舍論》卷一三說:「(造作名業)思及思所作,思即是意業,所作謂身語。」(《大正藏》卷二九,頁六七中)《大毘婆沙論》卷一一三說:「問何故名業、業有何義？答:由三義故說名為業:一作用故,二持法式故,三分別果故。作用故者,謂即作用說名為業;持法式者,謂能任持七眾法式;分別果者,謂能分別愛非愛果……復有說者,由三義故說名為業,一有作用故,二有行動故,三有造作故。有作用者,即是語業,如是評論我當如是如是所作;有行動者,即是身業,雖實無動,如往餘方;有造作者,即是意業,造作前二,由此意故說名為業。」(《大正藏》卷二七,頁五八七中、下)按:總名為造作,分稱有意志活動(意業)及以言語表現其意志(口業或語業)和以行動表現其意志(身業)。

❺ 《大正藏》卷一二,頁五八五中。

❻ 《大正藏》卷一七,頁九一六中。

生身）等三有中，而以「欲界」、「色界」和「無色界」等三界❼為轉生受報所依的環境。至於轉生的方式，則有「卵生」、「胎生」、「濕生」和「化生」等四種❽；而轉生所趨向的途徑，則有「天」、「人」、「阿修羅」、「畜生」、「餓鬼」、「地獄」等六道（六趣）❾。這就是轉生說的一般情況❿。

---

❼ 《顯揚聖教論》卷一說：「界有二種：一、欲等三界；二、三千世界。欲等三界者，一、欲界，謂未離欲地雜眾煩惱諸蘊差別；二、色界，謂已離欲地雜眾煩惱諸蘊差別；三、無色界，謂離色欲地雜眾煩惱諸蘊差別……。」（《大正藏》卷三一，頁四八四下）

❽ 《俱舍論》卷八說：「謂有情類卵生、胎生、濕生、化生，是名為四……云何卵生？謂有情類生從卵殼是名卵生，如鵝、孔雀、鸚鵡、雁等。云何胎生？謂有情類生從胎藏是名胎生，如眾馬、牛、豬、羊、驢等。云何濕生？謂有情類生從濕氣是名濕生，如蟲、飛蛾、蚊、蚰蜒等。云何化生？謂有情類生無所託是名化生，如落迦天、中有等。」（《大正藏》卷二九，頁四三下～四四上

❾ 按：四生、六道中，地獄道、天道、「中陰身」和一部分餓鬼道是化生的，《俱舍論》卷八說：「一切地獄、諸天、中有皆唯化生，鬼趣唯通胎化二種。」（《大正藏》卷二九，頁四四上）而有情眾生只能在人道、阿修羅道、畜生道、餓鬼道和地獄道中輪轉(只有菩薩才能得天道)，《大智度論》卷一六說：「菩薩得天眼，觀眾生輪轉五道，迴旋其中。天中死，人中生；人中死，天中生……非有想、非無想天中死，阿鼻地獄中生。如是輾轉生五道中。」（《大正藏》卷二五，頁一七五中）。

❿ 有關三有、三界、四生、六道之間的牽連複合，可參見于凌波，《簡明佛學概論》(臺北，東大，一九九三年八月)，頁四四五～四五三。

此外，佛教對於業的存在狀態和依緣現行方面，也作了相當詳盡的分疏。前者，有所謂自體、種子等等喻稱，《中阿含經》卷四四說：「有情以業為自體，為業之相續者。以業為母胎，以業為眷屬，以業為所為者。」⓫《廣五蘊論》說：

> 從此世往他世，作用種子，任持作用，結生相續⓬。

而它就存在阿賴耶識中，所以阿賴耶識也稱作業識，《大乘起信論》說：

> 一者名為業識，謂無明力不覺心動故⓭。

《成唯識論》卷四說：

> 阿賴耶識，業風所飄，遍依諸根，恆相續轉⓮。

這些存在阿賴耶識中的業，有的是「舊有」（前世所積），有的是「新熏」（現世所生）。不論舊有或新熏，都具有「剎那滅」、「果俱有」、「恆隨轉」、「性決定」、「待眾緣」和「引自果」等六種性質⓯。後者，有所謂「六因」（能作因、俱有因、

⓫ 《大正藏》卷一，頁七〇六中。

⓬ 《大正藏》卷三一，頁八五三上。

⓭ 《大正藏》卷三二，頁五七七中。

⓮ 《大正藏》卷三一，頁二〇中。

⓯ 詳見《成唯識論》卷二，《大正藏》卷三一，頁九中。

同類因、異熟因、相應因、遍行因)、「四緣」(因緣、等無間緣、所緣緣、增上緣)和「五果」(士用果、等流果、異熟果、增上果、離繫果)等說法⓰。而當中以小乘佛教所凸出的善惡果報(同類因→等流果,或異熟因→異熟果),特別具有業報輪迴上的意義⓱,所謂「善業得樂報,不善業得苦報,不動業得不苦不樂報」⓲、「業力如風。善業風故,吹諸眾生好處受樂;惡業風故,吹諸眾生惡處受苦」⓳,不無給轉生說另添一分變數。而緣後者而來的,又有所謂共不共業(依報、正報)、定不定業、十善惡業等等區分⓴,也為轉生說衍展出一幅高度複雜的面貌。

二、轉生說所遭受的質疑

雖然佛教的轉生說從表面看來相當繁複細密,也被認為它所主張的「業報之前,眾生平等」大有超越古印度婆羅門

⓰ 參見注❿所引于凌波書,頁三四一～三五四;陳沛然,《佛家哲理通析》(臺北,東大,一九九三年十月),頁四〇～四三。

⓱ 參見傅偉勳,《佛教思想的現代探索——哲學與宗教五集》(臺北,東大,一九九五年三月),頁七二。

⓲ 見《成實論》卷八,《大正藏》卷三二,頁二九八上。

⓳ 見《大乘義章》卷七,《大正藏》卷四四,頁六〇二上。

⓴ 參見方立天,《佛教哲學》(臺北,洪業,一九九四年七月),頁一九六～二〇二;注❿所引于凌波書,頁四四二～四四四。按:十善業和十惡業的果報情況,《分別善惡報應經》有頗為詳細的說明(《大正藏》卷一,頁八九五中～九〇一中),可參看。

教教義的地方[21]，但後人仍有覺得轉生說不盡情理或暗含罅漏而紛紛在抉發論辯。這大略有兩種情況：一種是針對轉生說邏輯上的問題而發，一種是針對轉生說非邏輯上但相牽連的問題而發。

現在先看質疑轉生說的邏輯問題部分。木村泰賢《原始佛教思想論》中記載：

> 佛陀依於業所說之二重因果關係，就中較為易解者，不待言為同類因果……但其最難解者，為異類因果。何則？以其不為直接意志之創造性所誘導之物……如謂因於前世殺生，今世循此為習慣，生而為酷嗜殺人者，其根據固屬顯然。今乃以夭壽而代酷嗜殺人者，則其充分之根據何在歟？同此，謂前生惱苦眾生故，今生而為病夫；前生以摯心撫育眾生故，今世生而為福神，固所曾聞。然謂以惱惡故而病弱，撫育故而康健，此當緣何而證明其為恰當耶……此種應行辯明之問題，從來主張因果法為真理之多數佛教學者，亦咸漠視之。彼輩惟於善因惡

[21] 輪迴轉生本是古印度婆羅門教的主要教義之一，佛教加以承襲並進而給予大幅度的改變，其中最明顯的就是婆羅門教認為四大種姓及賤民在輪迴中永襲不變，而佛教則主張下等種姓今生如果修善德，來世可為上等種姓；而上等種姓今生倘若有惡行，來世則為下等種姓，乃至下地獄。參見鄭金德，《現代佛學原理》(臺北，東大，一九九一年八月)，頁一八～一九；劉衡如，〈五種姓〉，收於黃懺華等，《中國佛教教理詮釋》(臺北，文津，一九九〇年七月)，頁一四八～一五六。

> 因之道德意義，混合善惡與善惡果運命上之好惡，以之如同類因果之說明為止。雖然，吾人當弗忘佛教因果觀，真正困難之點，實在此也㉒。

這指出轉生說中的異類因果觀在邏輯上有斷裂，不免會危及轉生說的可靠性㉓。此外，還有所謂的有我或無我、前後生是否一致、變化之當體是否就是輪迴等等質疑㉔，這比較不關緊要，可以暫且不論。

再看質疑轉生說相牽連的問題部分。呂澂《中國佛學源流略講》中記載：

> 從劉宋時代起，佛教在政治上的作用越來越大……當政者的利用佛教，這在當時的辯論文章裏也可以看得很清楚。例如，何承天和宗炳辯論時就曾經這樣地說：輪迴報應確實是佛教，但這是對印度人說的。印人秉性剛強，

㉒ 見木村泰賢，《原始佛教思想論》（歐陽瀚存譯，臺北，商務，一九九三年五月），頁一五三～一五四。

㉓ 雖然論者最後另以「一生之世間，亦必作成無數之業，與來自前世者相集合，以之為根基，而造成為自己之運命」來為佛教圓說（同上，頁一五五），但我們也得知道異類因果一旦成立，同類因果可能就不存在（或說無法確立）。再說倘若轉生說要靠異類因果觀來「支撐」的話，那我們將無法追溯或想像前後生的狀況（因為有異類因果的變數在）。因此，論者所作彌補的效力仍然有限。

㉔ 同上，頁一三三～一五〇。

貪戾極重，佛為了調伏他們，才有輪迴報應之說。至於中國，文化發達，無需這樣的說法了。宗炳的答覆更直接道出了當政者宣揚佛教的目的，他說，對於貪戾的人，只要約法三章，賞罰分別就夠了，何必講法身、報應等玄妙的道理呢？恰恰是因為中國人的文化高，所以才更需要講神不滅、輪迴等等。這些話，真正說出了當時當政者的內心願望㉕。

藍吉富《二十世紀的中日佛教》中記載：

捨離精神是指捨棄三毒、捨棄邪見，而以八正道為行為準則的精神。以這種精神處諸世間，則世間之一切以物欲、私欲、邪見為據的事業及行為，佛教徒便不得介入或合作……反觀現代世界，除社會主義國家茲不及論之外，世界上幾乎都是與捨離精神相背反的資本主義式社會。此處的「資本主義」是廣義的，是指「認為追求財富是善的、人的智慧值得投資在利潤的追求上，這樣的慾望是不必譴責的」的心態……在這種心態、這種價值觀的社會下，一個「信仰與行為力求一致」的佛教徒，在謀職處世的時候，勢必會遭遇到許多扞格難入的處境……此外，佛教徒可以從事廣告公司的工作，以「儘量誇大客户優點、隱藏客户缺點」嗎？可以幫助自己公司的老板去競選縣市長或民意代表，而心目中卻又對老板

㉕ 見呂澂，《中國佛學源流略講》(臺北，里仁，一九八五年一月)，頁一六四～一六五。

> 的政治能力嗤之以鼻嗎？佛教徒最忌諱殺生，固然我們不可以開設釣具店、屠宰户，但是我們可以去任職於零售給釣具店當釣魚線的尼龍絲工廠嗎？可以任職於供應屠宰刀工廠以鋼板的鐵工廠嗎？可以任職於危及農作物及鄰居百姓的農藥工廠嗎㉖？

又記載：

> 佛教教義裏，雖然有「五性各別」與「一性皆成」的不同主張，但是都與「人類至上」、「唯有人類值得拯救(或解脫)」的觀念不同。大體而言，佛教（尤其是大乘真常系）主張眾生的生命價值在基本上是平等的……在這種平等觀念下，不害（ahimsa、不殺、不害眾生）的精神，便應是佛教徒的根本信念之一。然而，在西方基督教之只救人類的訊息、以及文藝復興以來人文主義（humanism或人本主義）風氣的襲捲之下，舉世滔滔，在理論上、實踐上、體制上、法律上，地球上的各地區，幾乎都以「人類優於其他生物」的觀念為一切措施的基本前提。因此，佛教徒在日常行為上、思想上所可能遭遇到扞格處境，便告層出不窮。譬如：如果佛教徒能夠作決定，是否該命令一切殺生業（捕魚、屠宰、打獵……）全面停止？是否不准農夫噴灑農藥？蝗蟲大舉侵食農作物時，是否應該為這些眾生之可以得食而隨喜？是否該

㉖ 見藍吉富，《二十世紀的中日佛教》(臺北，新文豐，一九九一年十月)，頁八〇～八二。

> 勸告農夫布施稻田給專門侵食稻麥的福壽螺？如果不是，那又該如何㉗？

這指出轉生說難免會被政治家當作愚民的工具（政治家可以自己前生行善而今世得福貴——相對的百姓因前生行惡而今世得貧賤——來鞏固他的政治地位），以及轉生說在現實情境中可能「有礙」於正常謀生或應世。雖然這不關轉生說本身的邏輯問題，但的確是由轉生說衍生出來的，一併值得我們加以重視。

三、既有質疑的檢討

從轉生說所隱含的問題來看，佛教要贏得世人完全的信服，（在理論上）恐怕還有一段距離㉘。不過，我們也不需過度苛求，凡是不屬於邏輯上的問題而可以用「技術」去克服的部分，都不妨暫時排除在外或不予計較。如轉生說在現實

㉗ 同上，頁八三～八四。

㉘ 這也包含佛教徒可能自己言行不一致，而抵銷轉生說的效力：「宋文帝元嘉年間，建業冶城寺有位沙門慧琳寫了一篇〈黑白論〉（又名〈均善論〉），論中假設儒（白學）佛（黑學）兩家較論優劣。作者認為佛家雖然講世間，也講幽冥，講現在，也講來生等等，但都『無徵驗』，難以相信。同時還批評了佛家教人不貪，卻又『以利欲誘人』，如要人布施、修寺廟，並用報應之說去嚇唬人等等」（見注㉕所引呂澂書，頁一六三）。類似情事的存在，確實很不利轉生說的傳播。

情境中可能「有礙」於正常謀生或應世的問題，只要我們謹守「善」的原則，不涉及物欲、私欲和邪見，也不涉及直接或間接「殺生」㉙，仍不失為道地的佛教徒；又如轉生說難免會被政治家當作愚民工具的問題，這雖然無法迫使政治家不可以這樣做，但可以「譴責」並且疏遠他們，也仍不礙於當個稱職的佛教徒。可見這些都是做和不做的問題，並沒有什麼大不了。真正困難的是，這些作為背後所依據的轉生原理確有難以彌縫的地方。

依照前引，佛教以業為輪迴轉生的引力，而業又有善惡的分別，因此，善惡果報也就成了轉生說的重心。所謂「天地之間，一由罪福；人作善惡，如影隨形；死者棄身，其行不亡。人死神去，隨行往生；如車輪轉，不得離地」㉚、「罪福響應，如影隨形。未有為善不得福，行惡不受殃者」㉛、「無生不死者，天地無不壞敗者。愚人以天地為常，佛以為虛空。天地有成敗，無不棄身者。善惡隨身，父有過惡，子不獲殃；子有過惡，父不獲殃。各自生死，善惡殃咎，各隨其身」㉜等等，無不在強調這一點。如果真是這樣，作為佛

㉙ 當今佛教徒多禁葷食，但他們所食用的素菜卻多為農人噴灑農藥殺死「害蟲」（也是殺生）的結果，形同間接的殺生。倘若仿照上述論者的說法，這也算是違背佛教教義的。然而，佛教徒可以自己種植（採用不害其他生物的方式來取得食物）或尋求他人以自然方式栽培的食物，就不致會墮入惡果中。

㉚ 見《孛經抄》，《大正藏》卷一七，頁七三五中。

㉛ 見《梅陀越國王經》，《大正藏》卷一四，頁七九二中。

㉜ 見《佛般泥洹經》卷下，《大正藏》卷一，頁一六九上。

教的信徒，理當無條件行善去惡，以求得來世的好果報。但問題是任何人的今生和前生以及今生和來生，都隔著一個中陰身以及要隔著一個中陰身，而這是人所無從掌握的。既然人無從掌握中陰身，他也就不知道自己的前生，也不可能預知自己的來生，那麼所謂的善惡果報，也就變成只能信仰而不能理測了。這要如何教人相信修善業就可以在來生享受好果報？還有有人當生行善卻遭夭厄，而有人當生行惡卻得壽考[33]，這又遵循了什麼樣的果報原則？因此，佛教的善惡果報說，毋寧多為教化上的意義，就像《天尊說阿育王譬喻經》所記載的這個故事一樣：

> 昔有人，在道上行，見道有一死人，鬼神以杖鞭之。行人問言：「此人已死，何故鞭之?」鬼神言：「是我故身，在生之日，不孝父母，事君不忠，不敬三尊，不隨師父

[33] 《史記・伯夷列傳》記載：「或曰：『天道無親，常與善人。』若伯夷、叔齊，可謂善人者非邪？積仁絜行如此而餓死！且七十子之徒，仲尼獨薦顏淵為好學。然回也屢空，糟糠不厭，而卒蚤夭。天之報施善人，其何如哉？盜蹠日殺不辜，肝人之肉，暴戾恣睢，聚黨數千人橫行天下，竟以壽終。是遵何德哉?」撇開「天之報施」問題不說（在佛教只講業報自招），就說像伯夷、叔齊、顏淵這類人，他們又如何知道自己的夭厄是根源於前生的為惡(同樣的，他們又如何知道自己今生的積仁絜行等等是為贖前罪且為來生討好報)？而像盜蹠這類人，他們又如何知道自己的壽考是來自前生的為善（同樣的，他們又如何知道自己今生的逞暴殺人等等是為減前福且為來生留惡報)？

> 之教；令我墮罪，苦痛難言，悉我故身，故來鞭耳。」稍稍前行，復見一死人，天神來下，散華於死人屍上，以手摩挱之。行人問言：「觀君似是天，何故摩挱是死屍?」答曰：「是我故身，生時之日，孝順父母，忠信事君，奉敬三尊，承受師父之教；令我神得生天，皆是故身之恩，是以來報之耳。」行人一日，見此二種，便還家，奉持五戒，修行十善，孝順父母，忠信事君，示語後世人：「罪福追人，久而不置，不可不慎。」[34]

這很明顯是「取譬」以「喻人」，並沒有多少理則上的意義(不堪輕施像前面那樣的質問)。而這正是上節所提異類因果說難以圓融的一大癥結所在。佛教的提倡者假使還要以轉生說示（服）人，可能得先正視這個局限才行。

四、突破局限的途徑

我們知道，轉生說的理論基礎是十二因緣說[35]。而十二

---

[34] 《大正藏》卷五〇，頁一七一下。

[35] 《長阿含經》卷一說：「生死從何緣而有? 即以智慧觀察所由。從生有老死，生是老死緣；生從有起，有是生緣；有從取起，取是有緣；取從愛起，愛是取緣；愛從受起，受是愛緣；受從觸起，觸是受緣；觸從六入起，六入是觸緣；六入從名色起，名色是六入緣；名色從識起，識是名色緣；識從行起，行是識緣；行從痴（無明）起，痴是行緣。」（《大正藏》卷一，頁七中）這就是十二因緣說：由無明、行、識、名色、六入、觸、受、愛、取、有、

因緣當中的因果關係，是由無明（無知或昏昧的狀態）為因，而引致行（盲目的意志活動）為果；由行為因，而引致識(認知作用）為果；由識為因，而引致名色（認知對象）為果；由名色為因，而引致六入（六種認知機能：眼、耳、鼻、舌、身、意）為果；由六入為因，而引致觸（認知機能接觸認知對象）為果；由觸為因，而引致受（由接觸而起的感受）為果；由受為因，而引致愛（由感受而起的佔有欲）為果；由愛為因，而引致取（由佔有欲而起的執著不捨）為果；由取為因，而引致有（生命存在）為果；由有為因，而引致生(出生）為果；由生為因，而引致老死（老去死亡）為果。在生命形成後，於是有一流轉過程，就是每一既成為「有」的生命，由生而老死，再轉入生，再到老死，這就是所謂的輪迴轉生。

佛教以輪迴轉生來解釋世上生生相續的現象，應當比大家所能想得到的「無因說」或「偶然說」或「上帝說」要有效力。因為「無因說」(顧名思義，生命的存在是沒有原因可說的）只是避開問題，而「偶然說」（顧名思義，生命的存在是偶然間造成的）不過是簡化問題（事實上還有造成「偶然」的原因存在)，而「上帝說」(顧名思義，生命的存在是由上帝所造或所主導的）中的上帝也是一個存在者（也當有促成這一存在者的存在者)， 都不及因緣說特能將「生生相續」的道理一筆勾出。只是它以業居間牽引，卻又不免理有滯礙[36]；同時，它所賦予的過多道德的意涵，由人極力推行

生、老死，構成三世兩重的因果觀。參見黃公偉，《佛學原理通釋》(臺北，新文豐，一九八九年七月)，頁一八〇～一八四。

後，勢必會出現某些負影響（如人為了造善業，而勤於放生、布施等等，卻忘了背後有他人更勤於捉生——來賣給別人放生；而他在甲地所布施的財物，也得拚命從乙地賺來或詐來，形成一個「惡性循環」）。

這麼說來，佛教如果想突破轉生說的局限，可能要先淡化一點道德的色彩。也就是說，只要說明生命的存在取決於眾因緣（而眾因緣之前又有眾因緣，以至於無窮盡），而不必一定要強調善惡果報。倘若基於教化人心而一定要強調善惡果報，也當以行善可以獲得喜樂或可以深感安慰為「現時果報」義為重；而有餘力還可以聯合各宗教、各社群、各企業齊造「共善業」，以確保大家有一個良好的生活環境和合理的發展空間。

㊱ 更何況「行善去惡」，本來就是世道倫理所共涵，不必佛教出來才有。因此，佛教以行善去惡來為轉生觀「附麗」或「加料」，並不能顯出什麼特殊性。

第八章　佛教運用譬喻的問題探討

一、譬喻的指月功能?

傳統修辭或寫作有所謂「賦比興」三法❶。賦是直敘，比是譬喻，興是象徵❷。但象徵跟譬喻（尤其是譬喻中的隱

❶ 參見王念恩，〈賦、比、興新論〉，收於中國古典文學研究會主編，《古典文學》第十一集（臺北，學生，一九九〇年十二月），頁一～五五。按：王文中不只把賦比興視為修辭或寫作的方式，還視為美學特徵或詮釋方式。這跟本章沒有直接關係，所以暫且不談它。

❷ 鍾嶸《詩品・序》說：「文已盡而意有餘，興也；因物喻志，比也；直書其事，寓言寫物，賦也。」朱熹《詩集傳》說：「賦者，敷陳其事而直言之者也；比者，以彼物比此物也；興者，先言他物以引起所詠之辭也。」胡寅《斐然集》卷一八引李仲蒙說：「索物以託情，謂之比；觸物以起情，謂之興；敘物以言情，謂之賦。」雖然古來對賦比興的界定略有歧異，但大體上可以把賦看成直敘法（歷史上還有文體義的「賦」，另當別論），把比看成比喻法（包含明喻、隱喻、略喻和借喻），把興看成象徵法（以具體的意象表達抽象的觀念或情感）。這在今人已逐漸要形成「共識」，參見王夢鷗，《文學概論》（臺北，藝文，一九七六年五月），

喻）總有難以截然劃分的地方❸，所以提到譬喻就可以等同於概括了象徵❹。這譬喻一法，在佛教典籍中也頗為常見。它不只顯現在個別辭句的設譬明示上，也顯現在整個故事的取譬寓喻上，甚至還有以譬喻為經名的（如《法句譬喻經》、《雜譬喻經》、《百喻經》等等）❺，可說已到「猗歟盛哉」的地步。

佛教所以要用譬喻，根據佛教自己的反省是為了使「隱義明了」或「本義淨明」❻。《大乘阿毘達磨雜集論》卷十一說：「譬喻者，謂經中有比況說，為令本義得明了故，說諸譬喻。」❼《大智度論》卷九五說：「般若波羅蜜甚深微妙，

頁一〇九～一五八；黃慶萱，《修辭學》（臺北，三民，一九八三年十月），頁二二七～二五〇、三三七～三六三。

❸ 劉勰《文心雕龍・比興》說：「比顯而興隱。」孔穎達《左傳正義》說：「比之隱者謂之興，興之顯者謂之比。比之與興，深淺為異耳。」「比之隱者」，就是今人所說的隱喻，可見兩者還有得牽扯。

❹ 陸德明《毛詩音義》說：「興是譬喻之名，意有不盡，故題曰興。」孔穎達《毛詩正義・大序》說：「取譬引類，起發己心，詩文諸舉草木鳥獸以見意者，皆興辭也。」這顯然都以譬喻概括象徵。

❺ 詳見丁敏，《佛教譬喻文學研究》（臺北，東初，一九九六年三月）一書。

❻ 語見《顯揚聖教論》卷一二：「譬喻者，謂有譬喻經，由譬喻故，隱義明了。」（《大正新脩大藏經》（以下簡稱《大正藏》）（臺北，佛陀教育基金會，一九九〇年三月）卷三一，頁五三八下）及《瑜伽師地論》卷二五：「云何譬喻？謂於是中有譬喻說，由譬喻故，本義明淨。」（《大正藏》卷三〇，頁四八一下）。

❼ 《大正藏》卷三一，頁七四三下。

難解難量。不可以有量能知。諸佛聖賢憐愍眾生，故以種種語言名字譬喻為說。」❽但譬喻只是一種方便設施，有如以指示月，重在月（佛理）而不重在指（譬喻），《大涅槃經》卷六說：「善男子，不可以喻喻真解脫，為化眾生故作喻耳。」❾又說：「以是因緣我說種種方便譬喻以喻解脫，雖以無量阿僧祇喻，而實不可以喻為比或有因緣亦可喻說，或有因緣不可喻說。」❿換句話說，讀者（或佛教徒）不應該停留在對譬喻本身的欣賞或知解上，而得深入譬喻背後所比況或暗示的佛理的領會或掌握。問題是「實情」有這麼單純嗎?

我們先看牟融〈理惑論〉中所記載的一段話：

> 問曰：「夫事莫過於誠，說莫過於實。老子除華飾之辭，崇質朴之語；佛經說不指其事，徒廣取譬喻。譬喻非道之要，合異為同；非事之妙，雖辭多語博，猶玉屑一車，不以為寶矣。」牟子曰：「事嘗共見者，可說以實；一人見一人不見者，難以誠言也。昔人未見麟，問嘗見者麟何類乎？見者曰：麟如麟也。問者曰：若吾嘗見麟，則不問子矣。而云麟如麟，寧可解哉？見者曰：麟，麏身牛尾鹿蹄馬背。問者處解。孔子曰：人不知而不慍，不亦君子乎？老子云：天地之間，其猶橐籥乎？又曰：譬道於天下，猶川谷與江海。豈復華飾乎？《論語》曰：為政以德，譬如北辰。引比人也。子夏曰：譬諸草木，

❽　《大正藏》卷二五，頁七二二下。

❾　《大正藏》卷一二，頁三九六中。

❿　《大正藏》卷一二，頁三九六下。

> 區以別矣。詩之三百，牽物合類；自諸子讖緯，聖人祕要，莫不引譬取喻，子獨惡佛說經牽譬喻耶?」⓫

這裏牟融以「一人見一人不見者，難以誠言」及「詩之三百，牽物合類；自諸子讖緯，聖人祕要，莫不引譬取喻」來反駁佛教不當用譬喻的言論。前者屬於經驗推理，後者屬於類比推理。而認真追究，類比推理還是要建立在經驗推理的基礎上（也就是包括佛教在內的各家所以要用譬喻，是因為「直告之不明」⓬的緣故），所以這裏只存該經驗推理值得討論。我們知道以譬喻來補救「直告之不明」，可能發生效果，也可能不發生效果。也就是說，聽者（讀者）可能意會得到，也可能意會不到。而即使意會得到，也未必跟說者的原意相符，它很可能像底下這個寓言所說的那樣：

> 話說，從前在水底裏住著一隻青蛙和一條魚，他們常常一起泳耍，成為好友。有一天，青蛙無意中跳出水面，在陸地上遊了一整天，看到了許多新鮮的事物，如人啦，鳥啦，車啦，不一而足。他看得開心死了，便決意返回水裏，向他的好友魚報告一切。他看見了魚便說，陸地的世界精彩極了，有人，身穿衣服，頭戴帽子，手握拐杖，足履鞋子；此時，在魚的腦中便出現了一條魚，身穿衣服，頭戴帽子，翅挾手杖，鞋子則吊在下身的尾翅

⓫ 見僧祐，《弘明集》卷一，《大正藏》卷五二，頁四中。

⓬ 王符《潛夫論・釋難》說：「夫譬喻也者，生於直告之不明，故假物之然否以彰之。」這跟牟融所說所以要用譬喻的意思一樣。

上。青蛙又說，有鳥，可展翼在空中飛翔；此時，在魚的腦中便出現了一條騰空展翼而飛的魚。青蛙又說，有車，帶著四個輪子滾動前進；此時，在魚的腦中便出現了一條帶著四個圓輪子的魚……⓭。

每個人腦海裏都有某些遺傳或習成的「模子」⓮，以至在領會別人所轉告陌生的事物時，勢必要受到「模子」的限制。因此，「喻示」和「領示」之間，就不可能像佛教（或一般人）那樣樂觀的以為沒有障礙存在。從「喻示」這一端來說，使用譬喻的人是否使用得當，是一個問題；而從「領示」這一端來說，接受譬喻的人是否領會得當（或根本不能領會），也是一個問題；甚至「喻示」和「領示」之間聯結的判斷或仲裁如何可能，更是一個問題。這些問題如果沒有獲得解決，譬喻在佛教典籍中的「地位」就難以確定。

二、譬喻者的善用與否

倘若大家相信譬喻在佛教典籍中具有指月功能，那麼這裏就要指出一個變數來相「對諍」。雖然譬喻的用法及其所要遵循的原則，一如劉勰《文心雕龍・比興》所說：「夫比之

⓭ 見葉維廉，《比較詩學》（臺北，東大，一九八三年二月），頁一～二引。

⓮ 用哲學詮釋學家的話來說，就是「前結構」或「成見」，參見張汝倫，《意義的探究──當代西方釋義學》（臺北，谷風，一九八八年五月），頁一〇五～一〇八、一二二～一三〇。

為義，取類不常：或喻於聲，或方於貌，或擬於心，或譬於事……故比類雖繁，以切至為貴；若刻鵠類鶩，則無所取焉。」但實際上確有不夠「切至」或胡亂比擬的情況存在⓯。這在佛教似乎也不能避免，如《優婆塞戒經》卷一說：

> 善男子！如恆河水，三獸俱渡，兔、馬、香象。兔不至底，浮水而過；馬或至底，或不至底；象則盡底。恆河水者，即是十二因緣河也。聲聞渡時，猶如彼兔；緣覺渡時，猶如彼馬；如來渡時，猶如香象。是故如來得名為佛；聲聞、緣覺，雖斷煩惱，不斷習氣；如來能拔一切煩惱習氣根原，故名為佛⓰。

⓯ 這在我國傳統的文學批評中很是常見。姑且舉出兩個例子以見一斑：葛立方《韻語陽秋》說：「詩人贊美同志詩篇之善，多比珠璣、碧玉、錦繡、花草之類，至杜子美則豈肯作此陳腐語邪?〈寄岑參〉詩云：『意愜關飛動，篇終接混茫。』〈夜聽許十一誦詩〉云：『精微穿溟涬，飛動摧霹靂。』〈贈盧琚〉詩曰：『藻翰惟牽率，湖山合動搖。』〈贈鄭諫議〉詩云：『筆落驚風雨，詩成泣鬼神。』〈贈高適〉詩云：『毫髮無遺憾，波瀾獨老成。』〈寄李白〉詩云：『美名人不及，佳句法如何。』 皆驚人語也。視餘子其神芝之與腐菌哉!」(《歷代詩話》，頁三〇六) 陳僅《竹林問答》說：「問：『宋人《風騷句法》有「萬象入壺」、「重輪倒影」、「一氣飛灰」、「二劍凌空」、「百川歸海」、「雙龍輔日」等名，其義安在？』『此惡套也，亦絕不識其取義之所在，論詩至此，直墜入千重魔障矣。近日評文家亦有做此者，所謂寶蜣丸為蘇合也。』」(《清詩話續編，頁二二五一) 葛立方所指出的「陳腐語」、陳僅所指出的「惡套」，就是譬喻不夠切至或胡亂比擬的結果。

佛教依佛法效用的不同而區分聲聞、緣覺（辟支佛）、菩薩（佛）三乘：聲聞乘，是指親聽佛陀聲教，徹悟四諦真理，乘四諦而證聲聞四果。北本《大般涅槃經》卷一五說：「我昔與汝等，不見四真諦，是故久流轉，生死大苦海；若能見四諦，則得斷生死。」⑰所以聲聞乘以修四諦為主。緣覺乘，是指佛陀由於過去世的善根因緣，今世出家，諦觀十二緣生法，於是得以悟道；後人因緣覺而得出世證法，其所乘法就是緣覺乘。它比聲聞乘略勝一籌，《大集經》卷二八說：「緣覺所行，出過聲聞所有功德……獨住空閑、威儀庠序，出入凝重，安心靜默。簡於人事，能為眾生福田。其心翫樂，觀十二緣，常念一法，出世涅槃，數遊禪定，不從他聞，自然覺了。」⑱菩薩乘，是指佛陀初轉法輪傳道階段。它比緣覺乘又勝一籌，《大集經》卷二說：「菩薩之業，無邊無量，是故菩薩勝於一切聲聞、緣覺。」⑲現在佛教以兔、馬、香象渡河來譬喻聲聞乘、緣覺乘、菩薩乘，表面看來好像蠻貼切的，其實不然。先不要說河水有深淺不同和急緩差異等變數，而使得兔、馬、香象渡河不盡是一個「浮水而過」另二個偶而「著底而過」或全「著底而過」（也許都是「浮水而過」——當河水暴漲或波濤洶湧時），就說兔、馬、香象都是直接過河（沒有其他憑藉），而且過河速度的快慢依次可能是兔、馬、香象，這就跟聲聞乘、緣覺乘、菩薩乘有的有憑藉而有的沒

⑯《大正藏》卷二四，頁一〇三八中。

⑰《大正藏》卷一二，頁四五一下。

⑱《大正藏》卷一三，頁一九八中、下。

⑲《大正藏》卷一三，頁一一中。

有憑藉及悟道速度的快慢恰恰相反明顯不太符合[20]。又如《大乘十法經》說：

> 云何菩薩摩訶薩正觀諸法？善男子！若菩薩作如是觀：一切諸法猶如幻，迷惑凡夫故。一切諸法如夢，不實故。一切諸法如水中月，非事故。一切諸法如響，非眾生故。

---

[20] 佛教還有一個類似的譬喻：「佛言：『……婆羅門！譬如恆河，有三種人，有從此岸，至於彼岸。其初人者，以草為筏，倚之而渡；第二人者，若以皮囊，若以皮船，倚之而渡；第三人者，造作大船，乘之入河，於此船中，載百千人。其第三人，復敕長子，安置守護如此船舫，所有眾生來者，汝從此岸，渡至彼岸，為多人等作利益故。婆羅門！於意云何？夫彼岸者，有差別不？』婆羅門言：『不也，世尊！』佛復問言：『婆羅門！於汝意云何？彼乘之乘，有差別不？』婆羅門言：『所乘之乘，實有差別。』佛言：『如是如是。婆羅門！然聲聞乘、辟支佛乘、阿耨多羅三藐三菩提乘（按：就是菩薩乘），實有差別。婆羅門！如第一人，依倚草筏，從於此岸，至於彼岸，獨一無二；聲聞菩提，應如是知。第二人者，若倚皮囊，及以皮船，從於此岸，渡至彼岸；辟支佛菩提，應如是知。婆羅門！如第三人，成就大船，共多人眾，從於此岸，至於彼岸；如來菩提，應如是知。』爾時世尊，欲重宣此義，而說偈言：路及解脫無有上，諸乘皆悉有差別；智者如是應校量，當取最勝最上乘。」（見《出生菩提心經》，《大正藏》卷一七，頁八九三下）這以倚靠草筏、皮船（皮囊）、大船渡河的取徑有別譬喻聲聞乘、緣覺乘、菩薩乘在解脫發智上的差異，似乎比取兔、馬、香象過河為譬喻要順當一些，但它同樣沒有搆上頓悟／漸悟及直悟／轉悟等環節。

> 一切諸法如影，計妄想故。一切諸法如響聲，生滅壞故。一切諸法生滅壞，緣假成故。一切諸法，本不生不移，同真如體故。一切諸法不滅，本不生故。一切諸法無作，無作者故。一切諸法如虛空，不可染故。一切諸法定寂滅，性不染故。一切諸法無垢，離一切諸垢故。一切諸法性滅，離煩惱故。一切諸法非色，不可見故。一切諸法離心境界，無體性故。一切諸法不住，滅諸毒故。一切諸法不可求，滅愛憎等心故。一切諸法無著，離煩惱境界故。一切諸法如毒虵，離善巧方便故。一切諸法如芭蕉，無堅實故。一切諸法如水沫，體性弱故。善男子！菩薩如是觀，名為正觀諸法㉑。

佛教將佛法㉒二分為「有為法」（世間法）和「無為法」（出世間法），而二者都性空（無自性），《十二門論》說：「一切法皆變異，是故當知諸法無性。」㉓又說：「一切有為法空。

㉑　《大正藏》卷一一，頁一五三中。

㉒　佛法，就是佛教的義理、真理。但在應用上，「法」的意思相當廣泛：它可指一般的規則、法則，或品德、品格；在認識論，它可指本性、屬性、性質、特質；在因明學中，它是謂詞、賓詞之意；在存有論，它可泛指存在。它的意義之廣泛，可說凡意識所能及的都是法；意識自身也可以是一種法。大抵佛教的「法」一概念，集中在倫理價值義和存有論義兩面而發展。參見吳汝鈞，《佛教的概念與方法》（臺北，商務，一九八八年九月），頁三四二。

㉓　《大正藏》卷三〇，頁一六五上。

有為法空，故無為法亦空。有為無為尚空，何況我耶?」[24]現在佛教以如幻、如夢、如水中月、如響、如影、如虛空、如毒虵、如芭蕉、如水沫等等來比擬法性，似乎也沒有什麼不妥當，但也不然。這裏有「實物」（如毒虵、芭蕉、水沫等）、有「虛物」（如幻、夢、水中月、響、影、虛空等），「虛物」可取來比擬，「實物」就有困難。倘使真要取「實物」來比擬，就會像文中「一切諸法如芭蕉，無堅實故」或「一切諸法如水沫，體性弱故」跟取「虛物」來比擬的「一切諸法如夢，不實故」等等這樣發生相互牴觸的事（「無堅實」表示還有「實」在，「體性弱」也表示還有「體性」在，這跟佛教原先講「法性空」、「法不實」顯然格格不入）[25]。

從上面這些例子來看，佛教也不盡能善用譬喻（佛教中人未必會意識到這一點），以至它的指月功能就得有所保留。換句話說，當佛教有意無意的逾越譬喻的原則後，勢必會出現「所指非月」或「不明所指」的現象，這時我們就不便對它寄予「厚望」。

三、譬喻接受者的不確定反應

[24] 《大正藏》卷三〇，頁一六五下。

[25] 《金剛般若經》以如夢、如幻、如泡、如影、如露、如電來比擬佛性（《大正藏》卷八，頁七五二中）；《摩訶般若波羅蜜經》卷一以如幻、如焰、如水中月、如虛空、如響、如乾闥婆城、如夢、如影、如鏡中像、如化來比擬佛性（《大正藏》卷八，頁二一七上），這就比較少出現像《大乘十法經》那樣自我矛盾的狀況（比較不用「實物」比擬的緣故）。

佛教認為譬喻具有指月功能，這不但預設了使用譬喻的可能性，也預設了接受譬喻的可能性。只是這種預設存有一些難題，上節已經將使用譬喻的部分略為辨析過了，本節準備接著談論接受譬喻的部分。

如果說佛教使用譬喻是為了使「隱義明了」或「本義淨明」(見前)，而讀者在接受譬喻時也得作出相應的領會，是一個再理想也不過的情境，我們應當「樂觀其成」。問題是讀者對譬喻的接受，同樣存在不少的疑難。《百喻經》卷一說：

> 昔有愚人，至於他家。主人與食，嫌淡無味。主人聞已，更為益鹽。既得鹽美，便自念言：「所以美者，緣有鹽故；少有尚爾，況復多也。」愚人無智，便空食鹽。食已口爽，反為其患。譬彼外道，聞節飲食，可以得道，即便斷食，或經七日，或十五日，徒自困餓，無益於道。如彼愚人，以鹽美故，而空食之，致令口爽，此亦復爾㉖。

既然有所謂「愚人」或「外道」的存在，那麼譬喻的接受就不盡如佛教所預料的那樣一定能「因指見月」㉗。《坐禪三昧

㉖ 《大正藏》卷四，頁五四三上。

㉗ 佛教還設有不少「愚人」或「外道」不能領會佛法的故事寓言，如「昔有人，乘船渡海，失一銀釪，墮於水中。即便思念：『我今畫水作記，捨之而去，後當取之。』行經二月，到師子諸國，見一河水，便入其中，覓本失釪。諸人問言：『欲何所作?』答

經》卷下說：「汝於摩訶衍中，不能了，但著言聲。摩訶衍中諸法實相，實相不可破，無有作者。若可破可作，此非摩訶衍。如月初生，一日二日，其生時甚微細；有明眼人能見，指示不見者。此不見人，但視其指，而迷於月。明者語言：癡人！何以但視我指，指為月緣，指非彼月。汝亦如是：言音非實相，但假言表實理。汝更著言聲，闇於實相。」㉘像這

言：『我先失釪，今欲覓取。』問言：『於何處失？』答言：『初入海失。』又復問言：『失經幾時？』言：『失來二月。』問言：『失來二月，云何此覓？』答言：『我失釪時，畫水作記；本所畫水，與此無異，是故覓之。』又復問言：『水雖不別，汝昔失時，乃在於彼；今在此覓，何由可得？』爾時眾人，無不大笑。亦如外道，不修正行，相似善中，橫計苦困，以求解脫。猶如愚人，失釪於彼，而於此覓。」（見《百喻經》卷一，《大正藏》卷四，頁五四五下）「過去之世，有一山羌，偷王庫物，而遠逃走。爾時國王，遣人四出，推尋捕得，將至王邊。王即責其所得衣處。山羌答言：『我衣乃是祖父之物。』王遣著衣。實非山羌本所有故，不知著之，應在手者，著於腳上；應在腰者，反著頭上。王見賊已，集諸臣等，共詳此事，而語之言：『若是汝之祖父已來所有衣者，應當解著；云何顛倒，用上為下，以不解故；定知汝衣，必是偷得，非汝舊物。』借以為譬：王者如佛；寶藏如法；愚痴羌者，猶如外道。竊聽佛法，著己法中，以為自有；然不解故，布置佛法，迷亂上下，不知法相。如彼山羌，得王寶衣，不識次第，顛倒而著，亦復如是。」（見《百喻經》卷一，《大正藏》卷四，頁五四四上）但佛教卻沒有料到它所設的這些故事寓言，正隱含著它所使用的譬喻有被接受的不確定性存在（愚人或外道就領會不到它的真義）。

種「但視其指，而迷於月」的人，在現實中可能比比皆是。因此，接受者的不確定反應，也給佛教典籍中的譬喻的功能投下了一個變數。

其實，佛教也不是全無意識它所預設的譬喻接受者有一定的範限，《雜阿含經》卷一〇說：「今當說譬，大智慧者以譬得解。」㉙又卷三四說：「今當為汝說譬，夫智者因譬得解。」㉚《四分律》卷四四說：「我今當說譬喻，有智之人以喻自解。」㉛所謂「大智慧者」或「智者」或「有智之人」才能了解譬喻，可見佛教使用譬喻早有限定接受對象的意思(不是要讓每個人都能接受)。但它在闡述譬喻的指月功能時，似乎又是在對「眾生」說的，這就使得譬喻在佛教的使用中還沒有獲得妥善的「安置」。

四、可彌補「言不盡意」的遺憾

根據以上的分析，譬喻實在難以「擔負」化解「直告之不明」的困境的任務。這也許有人會引下列這個例子來反駁：「(梁惠王) 謂惠子曰：『願先生言事則直言耳，毋譬也。』惠子曰：『今有人於此而不知彈者，曰：彈之狀何若？應之曰：彈之狀如彈，則諭乎?』王曰：『未諭也。』『於是更應曰：彈之狀如弓而以竹為弦，則知乎?』王曰：『可知矣。』惠子曰：

㉘ 《大正藏》卷一五，頁二八四上。

㉙ 《大正藏》卷二，頁七一上。

㉚ 《大正藏》卷二，頁二四八上。

㉛ 《大正藏》卷二二，頁八九二中。

『夫說者以其所知諭所不知，而使人知之也。』」（劉向《說苑・善說》）所謂「以其所知諭所不知，而使人知之」，誰能說譬喻發揮不了上述的功能？但我們得知道：在這個例子中，那位不曾見過「彈」（彈弓）的人，當他聽到別人告訴他「彈之狀如弓而以竹為弦」時，誰曉得他所領會到的不是「彈」而是「弓」？再說並不見得每一次譬喻都能引人進入狀況(梁惠王起初勸惠施直言，正是擔心他使用譬喻多一層轉折後，意旨難明)，那還要看說者使用譬喻的技巧如何，以及聽者知解的能力如何，才能決定（見前）。

就一般經驗來說，人對於他所沒有見識過的事物，已經很難藉由別人的直接描繪得知，何況是靠那還隔著一層的譬喻？反過來看，已經見識過該事物的人，相關的譬喻，就無法在知解上給他增加什麼（也許可以在情感上給他增加一些趣味）。這點無妨藉《大品般若經》卷四所記載的一個類似因明五分法的論理形式來作印證：

(爾時須菩提白佛言：世尊，云何為菩薩句義？佛告須菩提)

無句義是菩薩句義——主張（宗）

何以故？阿耨多羅三藐三菩提無有義處，亦無我——理由（因）

以是故，無句義是菩薩句義——結論（結）

(須菩提）譬如鳥飛虛空無有跡——實例（喻）

菩薩句義無所有亦如是——適用（合）㉜

㉜ 《大正藏》卷八，頁二四一。按：句例整理，參見注❺所引丁敏

一個了解「無句義是菩薩句義」的人，「鳥飛虛空無有跡」那個譬喻對他來說顯然是多餘的；同樣的，一個不了解「無句義是菩薩句義」的人，「鳥飛虛空無有跡」那個譬喻對他來說可能也只是「鳥飛虛空無有跡」而已。

既然譬喻的使用和接受含有上述那些不確定的變數，照理佛教就不一定要使用譬喻；而它所以要使用譬喻，主要功能可能不在它所明示的「指月」上，而在它所未明示的為克服「言不盡意」的困擾上。理由是：語言屬於抽象的符號，無法表達人深刻的經驗和終極的實在㉝。《易繫辭傳》說：「書不盡言，言不盡意。」陸機〈文賦〉說：「恆患意不稱物，文不逮意。」劉勰《文心雕龍・神思》說：「夫神思方運，萬塗競萌，規矩虛位，刻鏤無形。登山則情滿於山，觀海則意溢於海，我才之多少，將與風雨而並驅矣。方其搦翰，氣倍辭前；既乎篇成，半折心始。何則？意翻空而易奇，言徵實而難巧也。」面對這種困境，作者（說者）不是像劉勰所說「至於思表纖旨，文外曲致，言所不追，筆固知止」（同上）那樣自動擱筆，就是像《易繫辭傳》所說「聖人立象以盡意，設卦以盡情偽，繫辭焉以盡其言」那樣勉為設言（「盡」字有「概略」的意思）。而譬喻的運用，就是基於後者而藉以解決（或突破）「言不盡意」的難題㉞。因此，當直敘繁說仍

書，頁九。

㉝ 參見沈清松，《現代哲學論衡》（臺北，黎明，一九八六年十月），頁七七～八一。

㉞ 參見周慶華，〈比興修辭法的心理基礎〉，刊於《中央日報》（一九九三年八月十九日），第十五版。

不能盡意時，使用譬喻就能「掩飾」困窘，並且可以繼續保有想要盡意的「企圖」(好比作《易》的人，明知言不盡意，仍要設卦立象繫辭來概括情意)。雖然佛教（佛教中人）沒有意識到譬喻和為克服「言不盡意」企圖之間的聯結，但這並不代表這一聯結不存在，它可以說是「理中合有」。

五、避免喻依和喻體的相互干擾

明白佛教典籍中譬喻所隱藏的問題後，大家應該有一些新的因應對策。首先，對於既有的佛教內部所出現的「譬喻，為莊嚴論議，令人信著故……譬如登樓，得梯則易上。復次，一切眾生著世間樂，聞道德、涅槃，則不信不樂，以是故眼見事喻所不見。譬如苦藥，服之甚難；假之以蜜，服之則易」㉟、「眾生聽受種種不同，有好義者，有好譬喻者。譬喻可以解義，因譬喻心則樂著，如人從生端政，加以嚴飾，益其光榮。此譬喻中多以譬喻明義」㊱這類反省和論斷，就得多加保留。

其次，對於佛教今後如果還要使用譬喻，也得知道譬喻不是「萬靈丹」，不能使用過濫，以免失去「彿彷」傳達佛教義理的基本功能（除掉「真切」傳達佛教義理一項功能外，譬喻當還有彷似傳達了佛教義理的功能)。鍾嶸《詩品・序》說：「若專用比興，患在意深；意深則詞躓。若但用賦體，患在意浮；意浮則文散，嬉成流移，文無止泊，有蕪漫之累

㉟ 見《大智度論》卷三五，《大正藏》卷二五，頁三二〇上。

㊱ 見《大智度論》卷四四，《大正藏》卷二五，頁二八〇下。

也。」「患在意深」，這只是一端，還有「不知所云」一端(也就是喻依和喻體相互干擾，如第二節所引例)， 也得避免。至於讀者，也要知道譬喻在傳達佛教義理上的局限，不必強作解人，應該多去注意直敘的部分，勉力參行，才是「正道」（當然，如果遇到精彩的譬喻；也無妨取為言說著文的借鏡；但這終究是第二義)。

第九章　轉悟與直悟

——禪宗的辯證方法學及其難題

一、理解禪宗的另一個面相：辯證方法學

相傳「（釋迦）世尊昔在靈山會上，拈花示眾。是時眾皆默然，惟迦葉尊者破顏微笑。世尊云：『吾有正法眼藏，涅槃妙心，實相無相，微妙法門，不立文字，教外別傳，付囑摩訶迦葉。』」（《無門關》）這一「教外別傳」，到了二十八祖達摩，轉往中土：「達摩受法天竺，躬至中華，見此方學人多未得法，唯以名數為解，事相為行。欲令知月不在指，法是我心故，但以心傳心，不立文字。」（《禪源諸詮集都序》卷一）從此開啟禪宗在中國流傳的契機。

由於這個宗派所標榜的是「以心傳心，不立文字」，有別於教內的依經持論，而跟中國傳統道家所主張的「道不可傳授」或儒家所主張的「不言而教」❶異曲同工，頗受此地

---

❶ 道家的「道不可傳授」，純是形上學上的意義，所謂「道可道，非常道。名可名，非常名。」（《老子》第一章）「知者不言，言者

學人的賞愛，終於在歷經南北朝、隋、唐後，形成一宗獨盛的局面❷。而它所顯現的弔詭性、妙有性、大地性（或此岸性）、自然性、人間性（世間性）、平常性（或日常性）、主體性（或實存性）、當下性（頓時性）、機用性以及審美性，曾對東方文化在哲理創新、宗教體驗、語言表達、文學藝術甚至日常生活方式等方面，注入了一股活力，到今天仍然斑斑

不知。」（同上第五十六章）「言無言，終身言，未嘗不言；終身不言，未嘗不言。」（《莊子・寓言》）都是環繞在同一個議題上。而儒家的「不言而教」，則有方法學上的意義：「子曰：『予欲無言。』子貢曰：『子如不言，則小子何述焉?』子曰：『天何言哉?四時行焉，百物生焉。天何言哉?』」（《論語・陽貨》）只是它在儒門中只佔「偏方」的位置（終究為「有教無類」「誨人不倦」一方所掩蓋）。

❷ 一般認為唐武宗（會昌五年）毀佛，給予禪宗宣揚「直指人心，見性成佛」宗義的大好機會，而逐漸獨霸了佛教界（見范壽康，《中國哲學史綱要》（臺北，開明，一九八二年十月），頁三五五；勞思光，《中國哲學史》（香港，友聯，一九八〇年十二月），第三卷上，頁二三）；或由於佛教內部精神上和戒律上的鬆弛，而禪宗獨能開創人文的新境界，以至成了唯一不衰的教派（見杜默林(Heinrich Dumoulin)，〈南宗禪〉，收於吳汝鈞，《佛學研究方法論》（臺北，學生，一九八九年九月），頁四七三～四七四；柳田聖山，《中國禪思想史》（吳汝鈞譯，臺北，商務，一九九二年九月），頁一六七～一七六）。但這些理由即使能成立（所以這樣說，是因為大家很少注意到來自道教的挑戰一環），也只能說是禪宗一枝獨秀的「助緣」，重點還在它跟中國傳統某些思想的「神似」處（容易激起人心的共鳴）。

可見❸。

依照小乘禪和大乘如來禪的講法，禪是成佛或悟道的方法（禪是梵語禪那的音譯，義為瞑想或靜慮），所以小乘禪和大乘如來禪也叫做修習禪。而禪宗的講法剛好相反，它以為禪就是佛教本身或佛本身。因此，其他宗派所說的禪，是指經、戒、禪三者（也就是戒、定、慧三學）相互對立的那種禪；而禪宗所說的禪，則是指包括三學（超絕三學）的那種禪。本來禪宗這種禪，無法從經論中求得，必須以心傳心（由祖師的正法眼傳遞而來），所以也叫做祖師禪。但因為學人能直接領悟禪道的少，歷代祖師難免都要學人「藉教悟宗」，而自己也常以言教傳心❹。於是禪宗就有了兩種悟道的法門：一種是究竟名相教義而悟道的，一種是直接真參實證而悟道的。前者姑且稱它為轉悟，後者也姑且稱它為直悟。

環顧佛教各宗派，轉悟是通法，只有直悟是禪宗的獨創❺。雖然如此，這兩種方法對禪宗來說是不分軒輊的。就

---

❸ 參見傅偉勳，《從創造的詮釋學到大乘佛學》（臺北，東大，一九九〇年七月），頁二四三～二六三。

❹ 禪宗的「教外別傳」，是指「不隨於言教」而直指心性本真，並沒有要否定一切經教。而事實上，禪宗的發展，一直有「藉教」之處，如早期達摩以《楞伽經》傳心，到道信又以《文殊說般若經》融合《楞伽經》；而慧能的南宗禪，除了重視《金剛經》，又以《壇經》為依。參見印順法師，《中國禪宗史》（臺北，慧日講堂，一九八九年十月），頁五四～五五；蔣義斌，〈大慧宗杲看話禪的疑與信〉，刊於《國際佛學研究年刊》創刊號，一九九一年十二月，頁五〇。

如慧能所述「吾傳佛心印，安敢違於佛經?」(《壇經・頓漸品》)「經有何過，豈障汝念?只為迷悟在人，損益由己。」(同上〈機緣品〉)「執空之人有謗經，直言不用文字。既云不用文字，人亦不合語言。只此語言，便是文字之相。」(同上〈付囑品〉) 經論如能助人悟道，又何必廢棄它或蔑視它? 可見轉悟和直悟是同樣有效而又等值的。只是禪宗發展到後期，出現了呵佛罵祖以及焚燒佛經佛像等事，使人忘了還有轉悟一法，而且更不知道他們所強調的直悟跟他們所排斥的轉悟有著辯證的關係。

現在這裏就要來檢討這兩種方法的運作以及潛在的難題。一方面它可以重新為學人辨析一些基本的理路，另一方面它也可以給仍在風靡禪道的人提供一些「前進」的激素。至於本章所用來論說的依據或理由，後面將會加以說明，這裏就不預先提出了。

二、禪宗辯證方法學的形成

禪宗原屬如來藏系，認為有一個不生不滅的清靜心。這

---

❺ 這跟向來就有的頓悟、漸悟二名不能相混。《壇經・定慧品》說:「本來正教，無有頓漸。人性自有利鈍，迷人漸修，悟人頓契。自識本心，自見本性，即無差別。所以立頓漸之假名。」 依此頓悟、慚悟只涉及時間的長短，而不關方法問題。再說漸悟在悟的當下無不是「頓」，而頓悟在未悟以前也無不是「漸」，二者根本難以分辨 (參見鈴木大拙，《禪天禪地》(徐進夫譯，臺北，志文，一九八一年九月)，頁一四一～一四八)。

個清靜心或稱自性，或稱佛性，或稱菩提，或稱涅槃（此外或稱法身，或稱真如，或稱如來藏，或稱主人翁，異名甚多），本來是人天生所具有，只因為盲目的意欲將它掩蔽了。禪宗為了重新彰顯它，就提出一個根本的主張：「見性成佛」。所謂「禪家流，欲知佛性義，當觀時節因緣，謂之教外別傳，單傳心印，直指人心，見性成佛。」（《碧巖錄》第一四則）「汝之本性，猶如虛空，了無一物可見，是名正見；無一物可知，是名真知。無有青黃長短，但見本源清靜，覺體圓明，即名見性成佛，亦名如來知見。」（《壇經・機緣品》）正點出這一要義。

在禪宗的講法，見性是見自性，成佛是見性後所達到的寂靜自在境界，兩者有互相包攝的關係。換句話說，見性和成佛是一體呈現的。這有兩種說辭：一種是「若識自性，一悟即至佛地。」（《壇經・般若品》）一種是「自心是佛……心外無別佛，佛外無別心。」（《景德傳燈錄》卷六）前者還有階次性佛的意味，後者則逕以性（心）為佛（以性為佛，自然見性就是成佛）。而這當中的關鍵，就在主體的能悟或覺（相對的就是迷）：「若開悟頓教，不執外修，但於自心常起正見，煩惱塵勞，常不能染，即是見性。」（《壇經・般若品》）因此，「自性迷，即是眾生；自性覺，即是佛。」（同上〈疑問品〉）人人都有可能在一念悟間擁有絕對（無待）的自由。

從整體來看，禪宗的「見性成佛」是不依任何經教，而由「直指人心」完成的。這是由於只有「人心」才是一切經典所從來的根源，才是使所有的教法成其為教法的真理依據。「人心」（作為釋迦世尊的自內證而最初由他所自覺到的心）

是經典的根源，是教法的依據，這點在佛教所有宗派都同樣認許，並不限於禪宗。但其他宗派以為只有透過所依的經典和世尊所說的教法，才能達到世尊所自覺到的心；而禪宗則以為我們不必通過經典和教法，就可達到跟世尊所自覺的相同的心❻：「善知識，一切修多羅及諸文字、大小二乘、十二部經，皆因人置，因智慧性，方能建立。若無世人，一切萬法本自不有。故知萬法本自人興。一切經書，因人說有。緣其人中有愚有智；愚為小人，智為大人。愚者問於智人，智者與愚人說法。愚人忽然悟解心開，即與智人無別。善知識，不悟即佛是眾生；一念悟時，眾生是佛。故知萬法盡在自心，何不從自心中頓見真如本性?《菩薩戒經》云:『我本元自性清靜，若識自心見性，皆成佛道。』」(《壇經·般若品》)這就是禪宗的獨特處。

然而，禪宗真的不依賴經教嗎？這又不然。就以慧能述《壇經》來說，所徵引的書就遍及教內共尊的重要經典（如《金剛經》、《大般涅槃經》、《維摩經》、《淨名經》、《菩薩戒經》、《法華經》、《楞伽經》等），而他當初也是聽五祖弘忍說《金剛經》到「應無所住而生其心」句才大悟的（《壇經·行由品》）。以後公案盛行，修行者「參禪須透祖師關，妙悟要窮心路絕。祖關不透，心路不絕，盡是依草附木精靈。且道如何是祖師關？只者一個無字，乃宗門一關也。」（《無門關》）這也是經教依賴（只不過形式不同罷了）。因此，要說禪宗絕棄經教，就不免罔顧事實；最多只能說禪宗重在直證

❻ 參見阿部正雄，〈禪與西方思想〉，收於注❷所引吳汝鈞書，頁四〇八。

本心，而不以經教為念而已。所謂「三世諸佛，十二部經，在人性中本自具有。不能自悟，須求善知識指示方見；若自悟者，不假外求。若一向執謂須他善知識望得解脫者，無有是處。」（《壇經・般若品》）這正做了最好的說明。

雖然禪宗強調「諸佛妙理，非關文字」（《壇經・機緣品》），但文字（經教）作為證悟妙理的憑藉所具有的「筌蹄」功能，也不容忽視；況且它還有「印可自心」、指引依行方向的作用呢：「凡稱知識，法爾須明佛語，印可自心。若不與了義一乘圓教相應，設證聖果，亦非究竟。」（《宗鏡錄》卷一）「禪宗法者，應依佛語一乘了義，契取本原心地，轉相傳授，與佛道同。」（同上）「縱依師匠，領受宗旨，若與了義教相應，即可依行；若不了義教，互不相許。」（同上）這就顯示禪宗在激發學人自識本心之餘，也為學人預設了必要時的進階憑據。而學人既可以透過經教來直證本心，也可以一空依傍去了悟自性，因而保證了轉悟和直悟兩個方法命題的成立。

理論上是這樣說，實際上這兩個悟道的法門仍難以截然劃分。原因就在如果沒有經教說解，就不知道什麼是自性以及是否已經了悟；相反的，如果沒有了悟經驗，也就無從理解經教義涵以及直證本心如何可能。倘若我們不因此就否定它們的存在意義（必要性），而把轉悟和直悟看成是一種方便設施，彼此有著相互制約（牽就）的關係，那就可以說它們構成了禪宗獨有的辯證方法學。這套方法學，是禪宗的主張得以實現的依據。換句話說，「見性成佛」要在轉悟和直悟兩種方法的交互運作中達成。而在不強分手段的差異（轉或直）情況下，我們也不妨說悟是禪宗的終始教法（有別於其他宗派以收斂意念、鍛鍊意志等戒定工夫為階次教法）。

三、禪宗辯證方法學的運作情況

根據心理學、腦科學的研究成果，可知悟發生的心理機制是：人的潛意識活動在一定範圍內得到顯意識功能的合作，經歷了一個孕育的過程，當孕育成熟時就突然溝通，湧現於意識，終於靈感頓發❼。因此，當一個主體的行動意志出現後，直到他能完全領會該行動目的為止，就一定是這種機制的不斷作用。而以禪悟來說，那個寂靜自在的佛境界，就是它的終極目標所在。每一個主體在採取行動趨向此一目標的過程中，他所需要的資源必然是能促發領悟該境界相關的潛意識和顯意識。而這種潛意識和顯意識到底如何個別形成以及相互溝通，卻有不知從何論起的困難。

這點禪宗還無力解決，但它別有一番說辭：「善知識，我此法門從上以來，先立無念為宗，無相為體，無住為本。無相者，於相而離相。無念者，於念而無念。無住者，人之本性。於世間善惡好醜，乃至冤之與親，言語觸刺欺爭之時，並將為空，不思酬害。念念之中，不思前境。若前念今念後念，念念相續不斷，名為繫縛。於諸法上念念不住，即無縛也，此是以無住為本。善知識，外離一切相，名為無相。能離於相，則法體清靜，此是以無相為體。善知識，於諸境上

❼ 參見張永聲主編，《思維方法大全》（江蘇，科學技術，一九九一年一月），頁一〇八。

心不染，曰無念。於自念上常離諸境，不於境上生心。若只百物不思，念盡除卻，一念絕即死，別處受生，是為大錯，學道者思之……所以立無念為宗。」(《壇經・定慧品》) 禪宗就以這些名相（概念）權印在個別主體的腦海，希冀它能成為個別主體領悟禪境所需的資源。而個別主體似乎也很難不藉這些名相達到領悟禪境的目的。

如果嫌這些名相過於概括（抽象）， 禪宗也有一些補救的辦法。如「師（百丈懷海）侍馬祖行次，見一群野鴨飛過，祖曰:『是什麼?』師曰:『野鴨子。』祖曰:『甚處去也?』師曰:『飛過去也。』祖遂把師鼻扭，負痛失聲。祖曰:『又道飛過去也!』師於言下有省……。」(《五燈會元》卷三)「有源律師來問:『和尚修道，還用功否?』師（大珠慧海）曰:『用功。』曰:『如何用功?』師曰:『饑來吃飯，困來即眠。』曰:『一切人總是如是，同師用功否?』師曰:『不同。』曰:『何故不同?』師曰:『他吃飯時不肯吃飯，百種須索；睡時不肯睡，千般計校，所以不同也。』律師杜口。」(《景德傳燈錄》卷六）這以（盡可能手段）較具體方式說解「無念」「無相」「無住」的道理。

又如「有沙彌道信，年始十四，來禮師（僧璨）曰:『願和尚慈悲，乞與解脫法門。』師曰:『誰縛汝?』曰:『無人縛。』曰:『何更求解脫乎?』信於言下大悟。」(《景德傳燈錄》卷三）「僧問:『如何是解脫?』師（石頭希遷）曰:『誰縛汝?』又問:『如何是淨土?』師曰:『誰垢汝?』問:『如何是涅槃?』師曰:『誰將生死與汝?』」（同上卷一四）這以反詰方式暗示「無念」、「無相」、「無住」的道理。

又如「僧問:『如何是佛法大意?』師(青原行思)曰:『廬陵米作麼價?』」(景德傳燈錄》卷五)「僧問:『如何是學人自己?』師(趙州從諗)曰:『吃粥了也未?』僧云:『吃粥也。』師云:『洗鉢去。』」(同上卷一〇)這以遣思或擬譬方式指向「無念」、「無相」、「無住」的道理。

又如「師(臨濟義玄)謂僧曰:『有時一喝如金剛王寶劍,有時一喝如踞地獅子,有時一喝如探竿影草,有時一喝不作一喝用。汝作麼生會?』僧擬議,師便喝。」(《五燈會元》卷一一)「(德山宣鑒)示眾曰:『道得也三十棒,道不得也三十棒。』臨濟聞得,謂洛浦曰:『汝去問他,道得為什麼也三十棒。待伊打汝,接住棒送一送,看伊作麼生?』浦如教而問,師便打。浦接住,送一送,師便歸方丈。浦回舉似臨濟,濟曰:『我從來疑著這漢,雖然如是,你還識德山麼?』浦擬議,濟便打。」(同上卷七)這以(棒喝)截斷執著方式凸顯「無念」、「無相」、「無住」的道理。

又如「(德山宣鑒)上堂:『我先祖見處即不然,這裏無祖無佛,達摩是老臊,釋迦老子是乾屎橛,文殊普賢是擔屎漢,等覺妙覺是破執凡夫,菩提涅槃是繫驢橛,十二分教是鬼神簿、拭瘡疣紙,四果三賢初心十地是守古塚鬼,自救不了。』」(《五燈會元》卷七)這以去除偶像方式導出「無念」、「無相」、「無住」的道理。

以上這些都是禪宗提供給學人悟道的資源。學人勤於揣摩解會,就有可能趨入實相世界,親證自性。當然,只要學人的智慧足夠,也可以不必經由這些名相(棒喝也是名相的形式之一)引導而直接契入本體(與道冥合)。但因為悟道多在個別境遇上進行，只要有新境（事物）生現，過去的解悟就必須再修證❽，以至直接體悟唯恐不足，仍得藉助名相來相互勘驗,最後演變成直悟依然要跟轉悟交疊運作的情況。而當學人有直悟的經驗後，遇到那些名相也能很快知曉而當下證道，致使每一次第的轉悟也少不了直悟的先行經過。這在已經悟道的學人身上，大概也難以分辨清楚（尚未悟道的學人就更不用說了）， 但對於底下禪宗所揭示的「心迷法華轉，心悟轉法華。誦經久不明，與義作讎家。無念念即正，有念念成邪。有無俱不計，長御白牛車」(《壇經・機緣品》)一段話，如果不從轉悟和直悟的辯證角度去看，就無法判斷它是怎麼可能的。

大體上，有關禪悟的心理機制，可說已經不可究詰；但有關禪悟的實際發生，卻能肯定是由直接體察和藉助名相交互參證的結果。因此，我們對於禪宗一邊強調自性「說似一物即不中」而只得默傳密付（以心傳心）， 一邊又喋喋不休

❽ 禪宗講修證，主要是為了淨除「現業流識」和防止再受「污染」:「時有僧問:『頓悟之人更有修否?』師（溈山靈祐）云:『若真悟得本，他自知時，修與不修，是兩頭語。如今初心雖從緣得，一念頓悟自理，猶有無始曠劫習氣未能頓淨，須教渠淨除現業流識，即是修也。』」(《景德傳燈錄》卷九)「祖（慧能）問:『什麼處來?』（南嶽懷讓）曰:『嵩山來。』祖曰:『什麼物恁麼來?』曰:『說似一物即不中。』祖曰:『還可修證否?』曰:『修證即不無，污染即不得。』祖曰:『只此不污染，諸佛之所護念，汝既如是，吾亦如是。』」（同上卷五）但這都要關聯到境來說。因為境相續不斷，前悟後還需再悟。而這才有修證的必要。

的營造那麼多語言文字（禪籍），也就不難理解了。換句話說，那個被禪宗說成是「向上一路，千聖不傳，學者勞形，如猿捉影」（《碧巖錄》第一二則）的寂靜自在境界，就在這些語言文字的擬譬形容中，等待有心人前來參酌發悟。至於結果是否能「不隨一切語言轉，脫體現成」（同上第一則）或「情盡見除，自然徹底分明」（同上第六五則），那就看各人的造化了。

四、禪宗辯證方法學的難題

平心而論，禪宗標榜如來藏系以來所標榜的清靜心，以及提出一套使該清靜心得以實現的辯證方法學，都很吸引人。前者讓人終於知道了卻（脫）煩惱塵勞（包含生死）的根據在那裏❾，後者也讓人終於明白要了卻煩惱塵勞到底如何可能。如果我們只順著禪宗的思路來看，當然會得出這樣的結果。但如果我們稍為變換一下角度，改從方法學的面相來看，恐怕就不這麼樂觀了。

首先，禪宗認為方法只是筌蹄，終究要以得道為依歸，而不能逕（僅）以知解它為滿足。有一則公案記載：「祖(慧能）告眾曰：『吾有一物，無頭無尾，無名無字，無背無面，諸人還識否?』師（神會）乃出曰：『是諸法之本源，乃神會之佛性。』祖曰：『向汝道無名字，汝便喚作本源佛性。』師禮

❾ 人如能因此證得該清靜心，照理說應該就可以免除煩憂，了脫生死。參見巴壺天，《禪骨詩心集》（臺北，東大，一九八八年九月），頁一三〇～一三五。

拜而退。祖曰：『此子向後設有把茆蓋頭也，只成得個知解宗徒。』」(《五燈會元》卷二）神會自以為認識佛性（得著成佛的方法),但在慧能看來他根本還未能在具體情境中展現得道的意態，所以只許一個不雅的「知解宗徒」名號。這就充分顯示禪宗不要人執著方法層次，而要「向上一路」契會道樞⑩。問題是人契會道樞時所感受到的自性本身又是什麼?這點在釋迦時代，就沒能說明清楚：「所以一切聲色，是佛之慧目。法不孤起，仗境方生。為物之故，有其多智。終日說，何曾說；終日聞，何曾聞。所以釋迦四十九年說，未嘗說著一字。」(《宛陵錄》）後來禪宗所作的講解，也僅止於概括性的描繪。如「自性本自清靜」「自性本不生滅」「自性本自具足」「自性本無動搖」「自性能生萬法」（並見《壇經・行由品》)「此靈覺性，無始以來，與空虛同壽。未曾生，未曾滅，未曾有，未曾無，未曾穢，未曾淨，未曾喧，未曾寂，未曾少，未曾老，無方所，無內外，無數量，無形相，無色

---

⑩ 更有甚者，連那佛境界已到也不能滯著，總要活潑潑地自在應物：「兜率悅和尚設三關問學者：『撥草參玄，只圖見性，即今上人，性在甚處? 識得自性方脫生死，眼光落時怎麼生脫? 脫得生死便知去處，四大分離向甚處去?』」(《無門關》)「石霜和尚云：『百尺竿頭如何進步?』又古德云：『百尺竿頭坐底人，雖然得入未為真，百尺竿頭須進步，十方世界現全身。』」(同上)「爾若欲得生死去住脫著自由，即今識取聽法底人。無形、無相、無根、無本、無住處，活鱍鱍地，應是萬種施設，用處只是無處。」(《臨濟錄》）不然，就會形成「枯禪」，或淪為「蛤蟆禪」、「野狐禪」、「老婆禪」。

像，無音聲，不可覓，不可求，不可以智識解，不可以言語取，不可以景物會，不可以功用到。諸佛菩薩與一切蠢動眾生同大涅槃性。性即是心，心即是佛，佛即是法。」（《傳心法要》）這樣誰還能確定自己真正證得了自性（並且也能確定別人只到「知解宗徒」地步)？同時也能相信「以心傳心」為可能（有效)？

其次，禪宗肯定自性是人人天生具足，必須自證自悟，完全假藉不得人手。「光（神光慧可）曰：『我心未寧，乞師與安。』師（達摩）曰：『將心來，與汝安。』曰：『覓心了不可得。』師曰：『我與汝安心竟。』」（《景德傳燈錄》卷三）「(僧璨）問師曰：『弟子身纏風恙，請和尚懺罪。』師（慧可）曰：『將罪來與汝懺。』居士良久云：『覓罪不可得。』師曰：『我與汝懺罪竟，宜依佛法僧住。』」(同上）這兩則公案就是最好的證明。而禪宗為了使學人能及早證得自性，也極盡能事的提出（發明）各種方便法門（見前）供學人參考。只是在自性本身的真實狀態尚未確定以前，大家要根據什麼來判斷是否證得了自性？「(道明）乃曰：『我來求法，非為衣也，願行者開示於我。』祖（慧能）曰：『不思善，不思惡，正恁麼時，阿那個是明上座本來面目?』師當下大悟。」（《景德傳燈錄》卷四）「(龐蘊）參問馬祖云：『不與萬法為侶者是什麼人?』祖（馬祖）云：『待汝一口吸盡西江水，即向汝道。』居士言下頓領玄要。」(同上卷九）「一夕侍立次，潭（龍潭崇信）曰：『更深何不下去?』師（德山宣鑒）珍重便出，卻回曰：『外面黑。』潭點紙燭度與師，師擬接，潭復吹滅，師於此大悟，便禮拜。」（《五燈會元》卷七）這幾個例子中的學道者都表示領悟了自性，他們所根據的標準到底是什麼，有誰知道？如果沒有人知道，一切的方便法門豈不是虛設？而像底下的例子：「師（臨濟義玄）應機多用喝，會下參徒亦學師喝，師曰：『汝等總學我喝，我今問汝：有一人從東堂出，一人從西堂出，兩人齊喝一聲，這裏分得賓主麼？汝且作麼生分？若分不得，已後不得學老僧喝。』」（同上卷一一）「師（興化存獎）謂眾曰：『我只聞長廊也喝，後架也喝，諸子汝莫盲喝亂喝，直饒喝得興化向半天裏住卻撲下來氣欲絕，待興化蘇息起來向汝道未在。何以故？我未曾向紫羅帳裏撒真珠與諸人，虛空裏亂喝作什麼？』」（《景德傳燈錄》卷一二）又有誰能分辨先後用喝的人，那一個真的悟得自性，那一個還未悟得自性？既然這樣，那有沒有悟道的法門，又何必在乎？禪宗方法學的難題就在這裏。

假使我們採取不同情的解說，幾乎可以宣判禪宗方法學的無效。但為了肯定禪宗在安頓（提昇）生靈方面的功能，我們反要採取同情的解說，才能認得它的意義（價值）所在。基本上，禪宗所講的寂靜自在境界，跟西方從柏拉圖以來所講的抽象理念世界，兩者在思考模式上有點類似。西方人所認定的宇宙中有個不變的事物（理念世界），其實只是一種戲設（假設）。因為事物不斷在變動，變動前不知為何（不知起源），變動後也不知為何（不知終極），主體我的推知，僅僅是一種片面之詞。由於主體我先預設了目的（理念世界），所以會把相關性的事物選出、串連，依循一些主觀的情見，作序次性的由此端推向彼端或由下層（直觀現象）推向上層（理念本體）的辯證活動。殊不知物物之間、人人之間、人物之間不僅互涉重重，而且當中並置未涉的同時仍然互為指證，這又不是序次性秩序所能表詮的⓫。禪宗所認定的人身上有個不著不染的心（人可以恆久寂靜自在），也是相近這種情況。換句話說，人心著染或不著染，根本無法辨別（誰有能耐設立一個標準來衡量著染或不著染的情況呢）。因此，那個寂靜自在境界，就只是可「信仰」的對象，而不是可「認知」的對象。明白這一點，禪宗的方法學仍然可以再予討論。

五、化解禪宗辯證方法學難題的方案

不論禪宗說出多少像「世人性本清淨，萬法從自性生。思量一切惡事，即生惡行。思量一切善事，即生善行。如是諸法在自性中，如天常清，日月常明，為浮雲蓋覆，上明下暗。忽遇風吹雲散，上下俱明，萬象皆現。」（《壇經・懺悔品》）「（大梅法常曰）若欲識本，唯了自心，此心元是一切世間出世間法根本。故心生種種法生，心滅種種法滅。心但不附一切善惡而生，萬法本自如如。」（《景德傳燈錄》卷七）這樣鼓舞學人的證道話，我們都不能否認沒有任何方法可以趨入禪宗假定的寂靜自在境界。那個境界完全是學人自己的想像契會，而學人的每一次想像契會經驗也都是個別的、獨特的（無法取代），一如輪扁的斲輪那樣「得之於手而應於心，口不能言，有數存焉。」（《莊子・天道》）⓬但這並不代

⓫ 參見葉維廉，《歷史、傳釋與美學》（臺北，東大，一九八八年三月），頁一一八～一二三。

⓬ 有人認為禪宗所講的自性是絕對的本體，不可言說，也不可思議。

表那些方法都沒有意義。那些方法仍是悟道者經驗部分的條理化（有語言相對應而可說的那部分），對初學者來說，也不失為便捷的指南。

有這點認識，我們再來看宗寶和賓客的一段對話，也就能豁然開朗了：「或曰：『達摩不立文字，直指人心，見性成佛。盧祖六葉正傳，又安用是文字哉?』余曰：『此經非文字也。達摩單傳直指之指也。南嶽、青原諸大老，嘗因是指以明其心；復以之明馬祖、石頭諸子之心。今之禪宗，流布天下，皆本是指。而今而後，豈無因是指而明心見性者耶?』」（〈壇經跋〉）宗寶不以《壇經》為文字，而認它是達摩單傳直指之指，正是朝著那是悟道經驗的方向思考，而跟常人直接從理論演繹的角度去看不同。也因為這樣，禪宗強調悟道是一個辯證性的過程（轉悟和直悟交相滲透的互動），才有意義。換句話說，循著前行悟道者化為文字的經驗軌跡，加上自己的摹擬想像，有關到達寂靜自在境界的途徑就盡在這裏，從而彰顯了方法的重要性。

不過，由於每一個別主體對寂靜自在境界的感受或體會不盡相同，彼此很少有「對話」的可能（別人無法了解非親身感受或體會的實際狀況），只有仰賴開闊（有包容性）的胸襟去「意會」別人的經驗，去「肯定」別人的經驗。過去禪宗所以能夠傳承（「以心傳心」所以可能），所憑藉的應該

因為一用言說或思議，就有主客能所的對立，它就不是絕對的了（見注❷所引范壽康書，頁二八七；注❾所引巴壺天書，頁一〇）。其實，並不是這麼一回事。自性所以不可言說，只因為每人體會到它時一陣精神怡悅，難以用語言形容而已。

就是這一點。今後禪宗（禪道）要繼續發展，相信也得憑藉這一點才行。而基於以往已有的經驗，學人除了個人努力於悟道改變人生，也無妨隨時留下「標月之指」，以享同好。畢竟當今人心的浮靡、物慾的橫流遠甚於昔日，更需要一個實相世界相導引，庶幾可望不再有危疑震撼、深陷困頓，使眼前（社會）展現一片祥和光明。這樣看來，學人們的肩負（去開發實相世界），就不是過往禪師們的肩負所可同日而語了。

第十章 「格義」學的歷史意義與現代意義

一、「格義」方法學的提出

佛教東來初期，以《般若經》最受人歡迎；僧界名流多有據以為譯述講論❶。當時有竺法雅、釋道安、釋慧遠等人，以經中事數，擬配外書，著為條例，以便曉悟徒眾，就權稱為「格義」。從方法學的角度來看，「格義」不只是一種接引的法門，也是理解外學的必經途徑。雖然在釋道安晚期非議「先舊格義，於理多違」(《高僧傳・釋僧光傳》)，及僧叡於鳩摩羅什來後申言「格義違而乖本」(〈毘摩羅詰提經義疏序〉)，爾後「格義」就廢棄不用；但是那只是表面上「自覺」的揚棄，實地裏他們仍「不自覺」的在襲用「格義」。即使跟「格義」並時分流的「六家七宗」論說，或稍後流行於南北的各家師說，或隋唐時興起的諸多宗派教義，也都不能脫離這一習套。因為「格義」所「格量」的外書❷，就是當今

❶ 參見湯用彤，《漢魏兩晉南北朝佛教史》(臺北，駱駝，一九八七年八月)，上冊，頁一五三～一八六。

❷ 格字在當時的用法，還有扞格一義，如《高僧傳・鳩摩羅什傳》說：「自大法東被，始於漢明，涉歷魏晉，經論漸多。而支、竺

詮釋學所說的「先見」(先期理解)。「先見」可以修正或擴充，卻不能拋棄；拋棄了「先見」，也就無從理解和傳說。向來文獻所載道安、羅什後，普遍認為「格義」迂闊，不再採用。那是佛教經論紛至沓來，給予大家多方的刺激，而局部改變了既有的「先見」，並不是「格義」已經完全消失了。

本章就是想要探討「格義」這一方法學的正當性和必要性。而行文的順序是，先說明「格義」學的現象及其迴響；其次就「格義」學後的發展尋繹出該方法仍被使用；最後依據詮釋學理論判斷「格義」學在現代仍具有意義。至於論題中的「現代」和「歷史」分列，只是為了方便論說，實際上並沒有可加以區別的專屬特性。換句話說，「歷史」是一個連續體，除非到了「臨界點」而自我終結，不然是無法從中劃分出一個「現代」來的。

二、「格義」方法學的現象

所謂「格義」，是指以中國書(特別是《老子》和《莊子》)中義理比附佛經中義理。《高僧傳・竺法雅傳》說：「竺法雅……少善外學，長通佛義。衣冠仕子，或附諮稟。時依雅門徒，並世典有功，未善佛理。雅乃與康法朗等，以經中事數，擬配外書，為生解之例，謂之格義。及毗浮、曇相等，亦辯格義，以訓門徒。雅風彩灑落，善於樞機。外典佛經，遞互講說。」傳中所說的「外書」「外典」，都指跟佛經相對的中國書❸。論者大多根據本傳而判斷「格義」為竺法雅所

所出，多滯文格義。」這裏只取格量義。

創。但是從慧叡《喻疑論》中提及「格義」的一段話看來，似乎又不是這樣。《喻疑論》說：

> 昔漢室中興，孝明之世……當是像法之初。自爾以來，西域名人，安侯之徒，相繼而至。大化文言漸得淵照邊俗，陶其鄙俗。漢末魏初，廣陵、彭城二相出家，並能任持大照，尋味之賢，始有講次。而恢之以格義，迂之以配說。

依照這段話，「格義」不始於竺法雅，而是漢魏以來舊習。不論如何，「格義」成為一種方法學，是佛學東傳後引起的，這一點應該沒有疑問。

至於竺法雅、康法朗、毗浮、曇相等人所行「格義」，一向缺乏傳錄，不得其詳；只有釋道安、支遁等人，還有部分可見。釋道安〈安般經注序〉說：

> 安般者，出入也。道之所寄，無往不因。德之所寓，無往不託。是故安般寄息以成守，四禪寓骸以成定也。寄息故有六階之差，寓骸故有四級之別。階差者，損之又

❸ 另有所謂「連類」一法，《高僧傳・釋慧遠傳》說：「釋慧遠……博綜六經，尤善《莊》《老》……年二十一……時沙門釋道安，立寺於太行恆山……遠遂往歸之……年二十四，便就講說，嘗有客聽講，難實相義，往復移時，彌增疑昧。遠乃引《莊子》義為連類，於是惑者曉然。」這種「連類」法，類似「格義」的擬配外書，彼此應該沒有本質上的差異。

> 損之，以至於無為。級別者，忘之又忘之，以至於無欲也。無為故無形而不因，無欲故無事而不適。無形而不因，故能開物。無事而不適，故能成務。成務者，即萬有而自彼開物者，使天下兼忘我也。彼我雙廢者，寄於唯守也。

這以《老子》的「損之又損」、《莊子》的「忘之又忘」及《周易》（傳）的「開物成務」等義，比附佛學中的坐禪息念，這就是「格義」。支遁〈大小品對比要抄序〉說：

> 夫般若波羅蜜者，眾妙之淵府，群智之玄宗，神王之所由，如來之照功。其為經也，至無空豁，廓然無物者也。無物於物，故能齊於物。無智於智，故能運於智……般若之智，生乎教跡之名。是故言之則名生，設教則智存。智存於物，實無跡也；名生於彼，理無言也。何則？至理冥壑，歸乎無名。無名無始，道之體也。無可無不可者，聖之慎也。苟慎理以應動，則不得不寄言。宜明所以寄，宜暢所以言。理冥則言廢，忘覺則智全。若存無以求寂，希智以忘心。智不足以盡無，寂不足以冥神。何則？蓋有存於所存，有無於所無。存乎存者，非其存也。希乎無者，非其無也。何則？徒知無之為無，莫知所以無。知存之為存，莫知所以存。希無以忘無，故非無之所無。寄存以忘存，故非存之所存。莫若無其所以無，忘其所以存。忘其所以存，則無存於所存。遺其所以無，則忘無於所無。忘無故妙存，妙存故盡無。盡無

> 則忘玄，忘玄故無心。然後二跡無寄，無有冥盡。是以諸佛因般若之無始，明萬物之自然。眾生之喪道，溺精神乎欲淵。悟群俗以妙道，漸積損以至無。設玄德以廣教，守谷神以存虛。齊眾首於玄同，還群靈乎本無。

這也以《老子》的「損之又損」、《莊子》的「忘之又忘」義來講佛經，自然也是「格義」。以上二則，雖然不足以概括竺法雅等人所從事的「以經中事數，擬配外書，為生解之例」❹，但也可以看出「格義」學的一般情況。

三、「格義」方法學的迴響

在流行以中國書中義理比附佛經中義理之際，也有以佛經中義理比附中國書中義理。其中大概以支遁最擅長此道。今《世說新語・文學》注中，就有一段他在當時為「諸名賢尋味之所不得」的〈逍遙論〉：

> 夫逍遙者，明至人之心也。莊生建言大道，而寄指鵬鷃。鵬以營生之路曠，故失適於體外。鷃以在近而笑遠，有矜伐於心內。至人乘天正而高興，遊無窮於放浪，物物而不物於物，則遙然不我得。玄感不為，不疾而速，則逍然靡不適，此所以為逍遙也。若夫有欲當其所足，足

❹ 竺法雅所說的「事數」，據《世說新語・文學》注說是「謂若五陰，十二入，四諦，十二因緣，五根，五力，七覺之屬」，但不知如何與外書擬配。

> 於所足，快然有似天真，猶飢者一飽，渴者一盈，豈忘烝嘗於糗糧，絕觴爵於醪醴哉？苟非至足，豈所以逍遙乎？

這以佛經的「空觀」，闡釋《莊子》的「逍遙」義，形成另一種「格義」。不過，這不關佛經義理的損益問題，僧界中人少有議論。倒是前一種「格義」，案發後就出現相反意見，直到現代仍不乏附和者，頗有值得我們注意的地方。

就現有的文獻看來，釋道安是第一個反對「格義」的人。《高僧傳・釋僧光傳》說：

> 釋僧光……為沙彌時，與道安相遇於逆旅……光受戒已後……隱於飛龍山……道安後復從之，相會欣喜，謂昔誓始從，因共披文屬思，新悟尤多。安曰：「先舊格義，於理多違。」光曰：「且當分析逍遙，何容是非先達？」安曰：「弘贊理教，宜令允愜，法鼓競鳴，何先何後？」

傳中所說「先達」，指竺法雅。釋道安和竺法雅同學於佛圖澄。竺法雅後立寺於高邑，以「格義」訓門徒。釋道安深覺不妥，才有「格義」違理云云。但從釋道安語中並議先舊「格義」推測，釋道安年輕時必定也用過「格義」；及在飛龍山，學有進步，才知道「格義」於理多違。由於「格義」方法是把佛學名相規定成為中國固有類似的概念，不免流於章句是務，而失其原先的旨趣。對於這一點，釋道安在〈道行經序〉中，有過嚴厲的批判：

> 然凡論之者，考文以徵其理者，昏其趣者也；察句以驗其義者，迷其旨者也。何則？考文則異同每為辭，尋句則觸類每為旨。為辭則喪其卒成之致，為旨則忽其始擬之義矣。

執著文句會造成迷亂，只有注意經中旨趣，才能免除此弊。「若率初以要其終，或忘文以全其質者，則大智玄通，居可知也」(同上)，就是這個道理。

釋道安稍後，僧叡撰寫〈毘摩羅詰提經義疏序〉，也曾批評過「格義」:「自慧風東扇，法言流詠已來，雖曰講肄，格義迂而乖本，六家偏而不即。」僧叡說這話時，鳩摩羅什已經來華傳教，法席昌盛，經義大明，舊有「格義」學自然不合時宜了。

這是一般的見解。而今人也都認為「格義」無當於佛教義理，應該以經解經或就經論經，才是正途。這時要看看「突出之論」，簡直就是奢想。最多只能看到類似下面這種「似褒實貶」的「擬高明」話：

> 大凡世界各民族之思想，各自闢塗徑。名辭多獨有含義，往往為他族人民所不易了解。而此族文化輸入彼邦，最初均牴牾不相入。及交通稍久，了解漸深。於是恍然於二族思想固有相同處。因乃以本國之義理，擬配外來思想。此晉初所以有格義方法之興起也。迨文化灌輸既甚久，了悟更深，於是審知外族思想，自有其源流曲折，遂瞭然其畢竟有異，此自道安、羅什以後格義之所由廢

> 棄也。況佛法為外來宗教，當其初來，難於起信，故常引本國固有義理，以申明其並不誕妄。及釋教既昌，格義自為不必要之工具矣。❺

這段話只承認「格義」的「權宜性」，而不承認「格義」的「合法性」，這等於宣判了「格義」的極刑！然而，「格義」所格量的對象（佛經），誰知道它的原旨是什麼？每一個人在譯述或闡釋它時，如果不根據自己已有的知識觀念，那譯述或闡釋又如何可能？既然大家都要根據自己已有的知識觀念去譯述或闡釋佛經，這已有的知識觀念就不能不是「格義」所藉來比附的「外書」。這樣「格義」就不是吸收外來學術(思想）的工具（手段），而是必要的門徑了。所以上文所說的「以本國之義理，擬配外來思想。此晉初所以有格義方法之興起也……及釋教既昌，格義自為不必要之工具矣」，看來好像「面面俱到」，實際卻沒有半句的當。為了說明這一點，我們不妨先來看看「格義」被運用的「實際」情形。

四、「格義」方法學的「後續」發展

學者多以為「格義」在釋道安、僧叡等人大力批駁後，就沒人再去採用了。但我們從許多跡象來看，「格義」不僅沒有消失，還一直被沿用下來。這可以分兩點來說：第一，原先以《老》、《莊》等書義理擬配佛經義理的風氣仍然存在。如由詮釋《般若經》意見不同而衍生的「六家七宗」❻，幾

❺ 同注❶，頁二三四。

乎沒有一家不用這種「格義」方法。吉藏《中觀論疏》說：

> 什法師未至長安，本有三家義。一者釋道安明本無義。謂無在萬化之前，空為眾形之始。夫人之所滯，滯在未有；若詫心本無，則異想便息……詳此意安公明本無者，一切諸法，本性空寂，故云本無……次深法師云：「本無者，未有色法，先有於無，故從無出有。即無在有先，有在無後，故稱本無。」此釋為肇公〈不真空論〉之所破；亦經論之所未明也。

本無宗所說的「無在萬化之前，空為眾形之始」「未有色法，先有於無，故從無出有」，就是《老子》「天地萬物生於有，有生於無」的意思。吉藏《中觀論疏》又說：

> 第二即色義。但即色有二家：一者關內即色義。明即色是空者。此明色無自性，故言即色是空，不言即色是本

---

❻ 六家，在僧叡〈毘摩羅詰提經義疏序〉中已經提到了，但不明其確指。今從釋曇濟《六家七宗論》說，計有本無宗（本無異宗）、即色宗、心無宗、識含宗、幻化宗、緣會宗。安澄《中論疏記》說：「梁釋寶唱作《續法論》云：『宋釋曇濟作《六家七宗論》，論有六家，分成七宗：一本無宗，二本無異宗，三即色宗，四心無宗，五識含宗，六幻化宗，七緣會宗。今此言六家者，於七宗中除本無異宗也。』有人傳云：『此言不明。今應云，於七宗中除本無宗，名六家也。』」按：本無宗、本無異宗是一家分為二宗，今除去那一宗，都無關緊要。

> 性空也……次支道林著〈即色遊玄論〉，明即色是空，故言即色遊玄論。此猶是不壞假名，而說實相，與安師本性空故無異也。

即色宗二支，一說色無自性（無實在性），一說色本性空。前者仍得根源於本性空說（由本性空說而推及色無自性說），後者全然與本無宗主張無異❼。這也是《老子》的有從無出的說法。吉藏《中觀論疏》又說：

> 第三溫法師用心無義。心無者，無心於萬物，萬物未嘗無。此釋意云：經中說諸法空者，欲令心體虛妄不執，故言無耳。不空外物，即萬物之境不空。

心無宗所強調的「無心於萬物」，就是本於《老子》的「無我」、《莊子》的「外物」「外身」，二說絲毫不差。吉藏《中觀論疏》又說：

> 此四師（道安、法深、支遁、法溫）即晉世所立矣。爰至宋大莊嚴寺曇濟法師著《七宗論》，還述前四，以為四宗。第五于法開立識含義。三界為長夜之宅，心識為大夢之主。今之所見群有，皆於夢中所見。其於大夢既覺，長夜獲曉，即倒惑識滅，三界都空。是時無所從生，而靡所不生。

❼ 這裏全就宗別說，不涉及個人。所以本無宗中有釋道安，即色宗中有支遁（支道林），也無妨前面論說中舉該二人為例。

識含宗以為一切有都是心識所生的虛幻相，如夢中見萬物，覺後都空。這表面上不涉及「無」或「空」形上觀念，而純就識變觀念立論，但實際上它已經假定了本性空，不然心識幻相就沒有「掛搭」處。所以這也是《老子》學說的引申。吉藏《中觀論疏》又說：

> 第六壹法師云：「世諦之法，皆如幻化。」是故經云：「從本以來，未始有也。」

幻化宗從一切對象為幻化來說空❽，這基本上跟識含宗的主張沒有什麼差異，也是由《老子》有從無出的說法轉化而來。吉藏《中觀論疏》又說：

> 第七于道邃明緣會故有，名為世諦。緣散故即無，稱第一義諦。

緣會宗以緣會解釋萬有皆空❾，雖然跟識含宗、幻化宗的主

---

❽ 幻化宗所說的空僅及萬有，而不涉心神。安澄《中論疏記》說：「玄義云：『第一釋道壹著《神二諦論》云：「一切諸法，皆同幻化。同幻化故，名為世諦。心神猶真不空，是第一義。若神復空，教何所施？維修道隔凡成聖，故知神不空。」』」

❾ 安澄《中論疏記》說：「玄義云：『第七于道邃著《緣會二諦論》云：「緣會故有是俗，推拆無是真。譬如土木合為舍，舍無前體，有名無實。故佛告羅陀，壞滅色相無可見。」』」緣會宗也是說萬有空而心神不空。

張稍有不同，但也不脫《老子》有從無出的旨意。顯然「六家七宗」說《般若經》，都有《老》《莊》形上學的影子⑩。

又如以僧肇為主詮釋鳩摩羅什所傳龍樹《般若》學的北方師說，也常取《老》《莊》思想來比附。僧肇〈寶藏論〉說：

> 夫本際者，即一切眾生無礙涅槃之性也。何謂忽有如是妄心及以種種顛倒者？但為一念迷也。又此念者從一而起，又此一者從不思議起，不思議者即無所起。故經云：「道始生一，一為無為。一生二，二為妄心。」以知一故，即分為二。二生陰陽，陰陽為動靜也。以陽為清，以陰為濁。故清氣內虛為心，濁氣外凝為色，即有心色二法。心應於陽，陽應於動。色應於陰，陰應於靜。靜乃與玄牝相通，天地交合。故所謂一切眾生，皆稟陰陽虛氣而生。是以由一生二，二生三，三即生萬法也。既緣無為而有心，復緣有心而有色。故經云：「種種心色。」是以心生萬慮，色起萬端，和合業因，遂成三界種子。夫所以有三界者，為以執心為本，迷真一故，即有濁辱，生其妄氣。妄氣澄清，為無色界，所謂心也。澄濁現為

---

⑩ 換句話說，「六家七宗」每從「本體義」看《般若》空義，而未彰顯其「主體性」。論者多以為這跟《般若》學並未深相契合。見勞思光，《中國哲學史》（香港，友聯，一九八〇年十一月），第二卷，頁二五四～二六一；柳田聖山原，〈初期的中國佛教〉，收於吳汝鈞，《佛學研究方法論》（臺北，學生，一九八九年九月），頁二六二～二六九。

> 色界，所謂身也。散滓穢為欲界，所謂塵境也。故經云：「三界虛妄不實，唯一妄心變化。」夫內有一生，即外有無為。內有二生，即外有有為。內有三生，即外有三界。既內外相應，遂生種種諸法及恆沙煩惱也。

《老子》中有「道生一，一生二，二生三，三生萬物。萬物負陰而抱陽，沖氣以為和」的說法，僧肇藉來講世界的起源，並進而以陰陽配身心。不僅如此，他還推演出「不真空」、「物不遷」、「般若無知」等義理。這分別見於他所撰寫的三篇文章：第一篇是〈不真空論〉：

> 然則萬物果有其所以不有，有其所以不無。有其所以不有，故雖有而非有。有其所以不無，故雖無而非無。雖無而非無，無者不絕虛。雖有而非有，有者非真有。若有不即真，無不夷跡，然則有無稱異，其致一也……所以然者，夫有若真有，有自常有，豈待緣而後有哉？譬彼真無，無自常無，豈待緣而後無也。若有不自有，待緣而後有者，故知有非真有。有非真有，雖有不可謂之有矣。不無者，夫無則湛然不動，可謂之無。萬物若無，則不應起，起則非無。以明緣起故不無也……然則萬法果有其所以不有，不可得而有。有其所以不無，不可得而無。何則？欲言其有，有非真生。欲言其無，事象既形。象形不即無，非真非實有。然則不真空義，顯於茲矣。故《放光》云：「諸法假號不真，譬如幻化人。非無幻化人，幻化人非真人也。」

現象世界中萬物，都是因緣湊合而生（稟陰陽虛氣而生），因緣不湊合就滅，所以萬物都「不真」。「不真」就是「空」（無自性）。第二篇是〈物不遷論〉：

> 夫人之所謂動者，以昔物不至今，故曰動而非靜。我之所謂靜者，亦以昔物不至今，故曰靜而非動。動而非靜，以其不來。靜而非動，以其不去……既知往物而不來，而謂今物而可往。往物既不來，今物何所往？何則？求向物於向，於向未嘗無。責向往於今，於今未嘗有。於今未嘗有，以明物不來。於向未嘗無，故知物不去。覆而求今，今亦不往。是謂昔物自在昔，不從今以至昔。今物自在今，不從昔以至今……是以言往不必往，古今常存，以其不動。稱去不必去，謂不從今至古，以其不來。不來，故不馳騁於古今。不動，故各性住於一世。

萬物既「不真空」，自然無往來變化（就是「物不遷」）。第三篇是〈般若無知論〉：

> 是以聖人虛其心而實其照，終日知而未嘗知也……然則智有窮幽之鑒而無知焉，神有應會之用而無慮焉。神無慮，故能獨王於世表。智無知，故能玄照於事外。智雖事外，未始無事。神雖世表，終日域中。所以俯仰順化，應接無窮。無幽不察，而無照功。斯則無知之所知，聖神之所會也。然其為物也，實而不有，虛而不無。存而不可論者，其唯聖智乎？何者？欲言其有，無狀無名。

> 欲言其無，聖以之靈。聖以之靈，故虛不失照。無狀無名，故照不失虛……是以聖智之用，未始暫廢。求之形相，未暫可得。故《寶積》曰：「以無心意而現行。」《放光》云：「不動等覺而建立諸法。」所以聖跡萬端，其致一而已矣。

萬物「不真空」，也無往來變化，作為能照的般若智，這時也不應有所取了（就是「般若無知」）。後者說及聖人能虛照無相（性空）⓫，特又就《莊子》「聖人之用心若鏡」義加以發揮⓬。

此外，又如吉藏的「二諦」義（有為世諦，無為真諦）、玄奘的唯識教「雙離空有」（破除我法二執）、天臺智顗的「真如」（一切諸法，都由心生，此心名為真如）、華嚴賢首的「法界觀」（觀法界全體，而此法界全體也由心所現）等，也都有跟「六家七宗」說相似的地方，不能不視為「格義」方法的「曲為引用」。

第二，除了《老》《莊》，還有以其他書義理擬配佛經義

⓫ 參見呂澂，《中國佛學源流略講》（臺北，里仁，一九八五年一月），頁一一三～一一四。

⓬ 此外，僧肇還取過《莊子》一是非義來解釋佛經。僧肇《維摩經注》說：「夫以道為道，非道為道者，則愛惡並起，垢累滋彰。何能通心妙旨，達平等之道乎？若能不以道為道，不以非道為非道者，則是非絕於心，遇物斯可乘矣。所以處是無是是之情，乘非無非非之意。故能美惡齊觀，履逆常順。和光塵勞，愈晦愈明。斯可謂通達無礙，平等佛道也。」

理，這也頗為盛行。如在南方自立涅槃宗的竺道生，就曾用儒家書來作比擬。《高僧傳・竺道生傳》說：

> 生剖析經理，洞入幽微，乃說一闡提人皆得成佛。

又宗《一乘佛性慧日鈔》引《名僧傳》說：

> 生曰：「稟氣二儀者，皆是涅槃正因。三界受生，蓋惟惑果。闡提含生之類，何得獨無佛性?」

一闡提，指不信佛教正法，沒有祈求覺悟心願的人。這在印度佛教中，是唯一缺乏佛性，而不能成佛的人⓭。竺道生卻說一闡提也有佛性，皆得成佛，顯然這是採用《孟子》「人皆可以為堯舜」、《荀子》「塗之人可以為禹」的說法。又佛教中有三世輪迴之說，謂一人今生所有修行的成就，都是來生繼續修行的根基。這樣歷劫修行，積漸才能成佛。竺道生對這點也有不同的看法。《高僧傳・竺道生傳》說：

> 生既潛思日久，徹悟言外，迺喟然歎曰：「夫象以盡意，得意則象忘。言以詮理，入理則言息。自經典東流，譯人重阻，多守滯文，鮮見圓義。若忘筌取魚，始可與言道矣。」於是校閱真俗，研思因果，迺立「善不受報」、「頓悟成佛」。

⓭ 參見吳汝鈞，《佛教的概念與方法》（臺北，商務，一九八八年九月），頁三一九。

竺道生以經典中的語言文字為筌，忘筌取魚，才可與言道。對道能有了悟，立刻可以成佛。這是從肯定「人皆可以為堯舜」、「塗之人可以為禹」等主體自由而來必有的結果⓮。換句話說，人人此生都可以成佛（猶如人人此生都可以為堯舜為禹），當下就可以成佛（猶如當下就可以為堯舜為禹），不必用漸修的工夫或等待來世才可以成佛。竺道生的「一闡提人皆得成佛」說，為後來的天臺、華嚴二宗所承襲；而「頓悟成佛」說，也成了禪宗的重要主張。

又如釋慧遠、宗炳等人所說的「神不滅」、「生死輪迴」等義，也都由講「形神分離」、「因果關係」的《易繫辭傳》、《淮南子》、桓譚《新論》等書作了先導⓯。

又如相傳為釋慧思所作的《大乘止觀法門》書中，所說佛之淨心「不為世染」也「不為寂滯」，也是藉《易象傳》「天行健，君子以自彊不息」義所作的解釋，跟原佛教中所說涅槃境界（永寂不動）略有出入⓰。

五、「格義」方法學的歷史與現代意義

⓮ 另外，竺道生所立的「善不受報」義，詳細內容不可知。論者說大概像釋慧遠〈明報應論〉中取道家「無心而應物」旨義為說之類（若無心而應物，則雖有作為而無所感召，超過輪迴，不受報）。見馮友蘭，《中國哲學史》（未著出版年月），頁六八六～六八八。

⓯ 參見注⓫所引呂澂書，頁一六一～一六三。

⓰ 參見注⓮所引馮友蘭書，頁六六二。

以上所作的比較區分，都是相對設說，實際上並沒有所謂原始的佛教義理和後來的取譬引申，一切都從主體的理解出發。離開了主體的理解，也就無所謂佛教義理，無所謂取譬引申。不然佛教從佛陀證道弘法後，就不會分裂為各種部派；而各種部派也不會分裂為大小乘。

這個道理也不難懂。我們從四阿含經（《長阿含》、《中阿含》、《雜阿含》、《增壹阿含》）中所列「三法印」（諸行無常、諸法無我、涅槃寂靜或有漏皆苦）、「四諦」（苦、集、滅、道）、「十二因緣」（無明、行、識、名色、六入、觸、受、愛、取、有、生、老死）等佛教的基本義理來說，每一個概念都極度抽象，容許多元的詮釋。而多元的詮釋所以可能，是由於各人有他的「先見」（先期理解）存在⑰。這時我們無從判斷誰的說法屬於原始佛教所有或原始佛教所無；如果我們作了其中一種判斷，也是受到自己「先見」的影響，不關對象本身的真假或對錯。

根據這一點來看過去的「格義」學，我們就很容易了解那是吸收外學不可或缺的途徑。因為佛教東來時所有的譯述講論，必然要用中國原有的概念（少數音譯，也要透過解說，

⑰ 任何的詮釋活動，詮釋者必須根據他已知的知識範疇和他對存有的體驗以及生命的體會，來決定他為詮釋對象所作的詮釋。而這一已知的知識範疇和對存有的體驗以及生命的體會，就是「先見」。參見伽達瑪(H. G. Gadamer)，《真理與方法》（吳文勇譯，臺北，南方，一九八八年四月），頁一五七～一九六；霍伊(D. C. Hoy)，《批評的循環》（陳玉蓉譯，臺北，南方，一九八八年八月），頁七五～一〇九。

才會明白)，而這些概念不論隸屬於那一家，都成了譯述講論者的一部分「先見」，再加上譯述講論者對存有的體驗以及生命的體會所形成的一部分「先見」，合而決定了譯述講論者對佛教義理所作的譯述講論。而當各種面貌互異的譯述講論紛然雜出後，又會刺激彼此的「先見」，而採取「捍衛」或「放棄」或「修正」既有的譯述講論。這也就是佛教在中國也出現了宗派林立現象的原因，實在沒有什麼好詫異的地方。

從詮釋學的立場來說，「格義」方法，既不必廢棄，也不可能廢棄。如果有人聲言他鄙視「格義」或不用「格義」，倘若那不是無知，就是有意「唱反調」。前人既有明說反對「格義」而卻又用了「格義」，後人自然也無法「免俗」。只是談詮釋，我們有義務要求詮釋者的意識範疇和詮釋對象所楬櫫的意識範疇「密切」相合，使所作的詮釋具有「相互主觀性」；或更進一步發掘詮釋對象所楬櫫意識範疇的「不足」，而給予適當的補充，以成就一種「創造的詮釋」⓲。當然，這兩種詮釋也不能不受「先見」的限制（所作的詮釋仍有濃厚的主觀色彩），無法「定於一尊」，但比起一些「素朴」的詮釋，卻顯得有意義（有價值）多了。

⓲ 前者，參見沈清松，〈解釋、理解、批判——詮釋學方法的原理及其應用〉，收於臺大哲學系主編，《當代西方哲學與方法論》（臺北，東大，一九八八年三月），頁二一～四〇。後者，參見傅偉勳，《從創造的詮釋學到大乘佛學》（臺北，東大，一九九〇年七月），頁一～四六。

附錄：後設宗教的當代性格及其問題

一、論題緣起

人類又將要度過一個世紀末了。世紀末對人類來說，彷彿是一場夢魇，揮之不去。如十八世紀末，法國大革命把古來支配歐洲的社會制度徹底顛覆了，宗教道德方面的一切權威標準也被破壞淨盡，自由批評的精神瀰漫整個歐洲，一切民心完全失去歸趨而陷於煩悶，結果普遍顯出懷疑和厭世。而到了十九世紀末，由於以自然科學為根柢的近代文明，排斥所有的理想、破壞標準道德、動搖宗教信仰更甚於往昔，愈發呈現動搖不安的情調，到處傳出厭世悲觀的聲音，普遍流露懷疑苦悶的現象❶。然而，這似乎都沒有本世紀末嚴重。

有人曾為大家勾繪這麼一幅本世紀末圖象：「世紀末的疲軟、焦慮、不安、空虛感、無力感，以及大禍臨頭感，隨處可見。屈指數數層積在普世人類頭上的烏雲，就有人口爆發，知識爆發，資訊爆發；核子大戰陰影，經濟蕭條陰影，軍備競賽陰影，祕密外交陰影，社會達爾文主義陰影；能源

❶ 參見廚川白村，《西洋近代文藝思潮》（陳曉南譯，臺北，志文，一九八七年六月），頁四〇～七六。

危機，饑饉危機，污染危機，環境生態危機，心靈疾病蔓延危機等等。我們在地球上生存和活動，空間愈來愈有限，精神也愈來愈侷促緊張……許多有趣而易記的片語，從其流行廣遠觀察，似乎是世紀末現象的閃爍與折射。如人類的困境，迷失的一代，疲弱的一代，無根的新生代；絕望的情緒，混亂的思想，生活的割據化，沒有明天的人，尋找靈魂的人；以及不安全感、疏離感、失落感、罪惡感、挫折感、空虛感、無力感；還有焦慮、憂鬱、冷漠、幻滅、絕望、失調、暴力等等，幾乎成為我們這一代的口頭禪。」❷其實不只是世紀末，人類不知從幾世紀以來，就沒有擁有過平靜的生活，不滿的情緒總會在世紀末表現得更為強烈，希望新的世紀來臨時能有所轉圜和改善，以至不由自主的要把一切醜惡和罪咎「匯聚」到世紀末來剖析一番。

可以想見，人類感慨世紀末的衰頹、混亂和虛無之餘，一定少不了會期盼所謂「救世主」或某一神祕力量的出現，以開啟解救或挽回世界即將沈淪的契機。而事實上，這在本世紀末已經有特別明顯的跡象，也就是形形色色的宗教在世界各地如火如荼的復甦起來：如戰後嬰兒潮時期出生的美國人，在七〇年代成了反宗教的一群，但同樣的這群人卻在九〇年代末採取了跟以往信念背道而馳的行動，有的攜老偕幼重回教堂，有的則接受新紀元運動思潮的洗禮；過去，改革宗猶太教徒曾大肆刪改《聖經》中缺乏科學根據的內容，如今他們卻重拾有關神蹟奇事、神話、彌賽亞的說法；日本神

❷ 見趙滋蕃，《文學原理》（臺北，東大，一九八八年三月），〈緒論〉，頁二～三。

道又開始他們的節慶活動，信徒陸續回到地方寺廟，舉行象徵輪迴的各種儀式，一位號稱是「日本奇人」的得道高僧，在日本、美國、巴西各地擁有五百萬名信徒；基督教的靈恩運動浪潮，從八〇年代以來已席捲了三億人，其中還包括幾百萬羅馬天主教徒；青年歸主協會在歐洲各地成立青少年活動中心，為青少年公益及福音事業打下良好基礎；宗教在中國及蘇聯解體後各國也風靡了不少年輕人；回教基本教義派的政治勢力早已遍布伊朗、阿富汗和整個阿拉伯世界，而這股銳不可當的宗教力量，在土耳其、埃及接受西式教育的中產階級間也有復起的趨勢❸。

不論這股宗教熱是否跟《舊約聖經》的〈但以理書〉和《新約》中的《啟示錄》所提到帶來至福的千禧年（當耶穌和眾聖者復臨並制服殘酷橫行的敵基督時，將為世界帶來千年的喜樂與和平）有關，都不可否認它或多或少直接源於不滿科技文明所引發的無窮禍害，以及科技理性無法詮釋或提供人生的意義。而從實情來衡量，如果沒有更有效的辦法為人類指引一條出路，那一向以尋求「救贖」或「解脫」為主要旨趣的宗教，仍會是人類優先考慮皈依的對象。因此，宗教在此刻就顯得格外重要，值得大家一起來關注；而後設宗教告訴人宗教的「一切」，更是迫切要加以了解（否則恐怕將難以入門）。這也就是本論題在選定上的一個因緣。此外，

❸ 參見奈思比(John Naisbitt)、奧伯汀(Patricia Aburdene)，《二〇〇〇年大趨勢》（尹萍譯，臺北，天下文化，一九九二年四月），頁二七七～二七八；林本炫編譯，《宗教與社會變遷》（臺北，巨流，一九九三年十一月），頁九九～四〇〇。

個人發現後設宗教還有可以調整方向或改變策略的餘地，以至本論題的選定另夾有再型構後設宗教的企圖，一併在這裏作個說明。

二、「後設宗教」釋義

在實地考察後設宗教的當代性格及其連帶產生的問題前，理當為「後設宗教」這個關鍵詞作一界定，底下的討論才方便進行。首先，它是由「宗教」和「後設」組成的複合概念，意義偏重在「後設」部分。雖然如此，「宗教」部分仍可以擁有相當的「獨立性」（也就是不必盡在「後設」中顯其意義），而這種「獨立性」固然會緣於大家對宗教本質的看法不同導至缺乏「本體」上的意涵，但卻不妨從大家較無異議的組構宗教體系的眾成分（包括神話、教義、儀式和典禮等等）處顯具「現象」上的意涵❹。這樣就可以暫時把某些成分較不完備的對象（如中國的儒家和道家❺）排除在「宗

❹ 有關宗教本質的言人人殊及組構宗教體系的成分較少爭議部分，可參見涂爾幹(Emile Durkheim),《宗教生活的基本形式》（芮傳明、趙學元譯，臺北，桂冠，一九九二年九月），頁二三～四九；宋光宇編譯，《人類學導論》（臺北，桂冠，一九九〇年二月），頁三六一～三七〇。

❺ 儒家和道家曾被當作宗教看待（參見韋伯(Max Weber),《中國的宗教：儒教與道教》（簡惠美譯，臺北，遠流，一九八九年一月），頁二〇七～二九一。按：韋伯所說的「道教」，包括國人所說的道家和道教，這裏特別拈出道家來說），但它們跟一般的宗教畢

教」一詞的指涉外，同時也自動跟心理分析學家所指出的「世俗的神權宗教」（把「領袖」、「人民之父」、「政權」、「民族」及「社會主義者的祖國」等等當作敬仰崇拜的對象）❻保持距離。換句話說，這裏所用的「宗教」是採較早通義上的說法，專指猶太教、基督教、回教、佛教、道教等等普世公認的對象。而「後設」部分就只是在限定它的具體內容。

其次，「後設」一詞在當今已逐漸普遍用於各學科，而有所謂「後設哲學」、「後設邏輯」、「後設倫理學」、「後設科學」、「後設修辭」及「後設小說」等等名稱，但在宗教學領域還相當罕見❼；倒是像「宗教哲學」、「宗教人類學」、「宗教心理學」、「宗教社會學」、「宗教現象學」、「宗教史學」及「比較宗教學」一些名稱仍為大家所熟知慣用。因此，現在別出一個「後設宗教」，自然要有道理可說，才能確立它的必要性（有別於「宗教哲學」、「宗教人類學」等等學科）。這得從「後設」說起：根據西方一位學者的考證，「後設」

竟有所差異（以儒家為例，它並沒有像某些宗教把意識全副貫注在客觀的天道之轉為上帝上，由此展開其教義；而在主觀方面也沒有把呼求之情變為祈禱。參見牟宗三，《中國哲學的特質》（臺北，學生，一九八七年十月），頁一〇三～一〇四），最好不要混為一談。

❻ 參見弗羅門(Erich Fromm)，《心理分析與宗教》（林錦譯，臺北，慧炬，一九九二年五月），頁二三～六六。

❼ 在中文著作中，個人只知道傅偉勳曾經用過。見傅偉勳，《批判的繼承與創造的發展——「哲學與宗教」二集》（臺北，東大，一九八六年六月），頁二五二。

(metafiction) 這個術語似乎是在美國的一位批評家和自我意識作家蓋斯 (William H. Cass) 的一篇文章裏最初出現的。然而，像「後政治」、「後修辭」和「後戲劇」這樣的術語，一直是六〇年代以來的提示物，也是對人類如何反映、建構、傳達他們在這個世界上的經驗時所遇到的難題而表現出來的一種甚為普遍的文化興趣。後設通過正當的自我探索去追尋上述這類問題，把世界當作書本去抽取傳統的隱喻，但又常常依據當代哲學、語言學或是文學理論的術語，對這種隱喻加以改造❽。照理後設宗教要成立，也得從這裏取義，特指對宗教語言和它所對應的神祕世界之間關係的探索。但這麼一來，後設宗教就跟以「研究神學中的概念、命題，以及神學家的推理，同時還研究神學所立基、所由之而生的諸般宗教經驗的現象及崇拜的活動」為主的宗教哲學❾沒有多大差別；而更嚴重的是，它跟底下這段描述後設語言和後設小說的情況也幾乎不相上下：

> 現今對於「後」(meta) 層次上的話語和經驗所加深了的認識，部分來自於一種增強了的社會與文化的自我意識。不僅如此，這也反映出對於當代語言功能文化的更廣泛的理解，懂得語言功能在構成和保持我們的日常「現實」感方面的作用。關於語言只是被動地反映一個

---

❽ 見渥厄(Patricia Waugh)，《後設小說──自我意識小說的理論與實踐》(錢競、劉雁濱譯，臺北，駱駝，一九九五年一月)，頁三。

❾ 見希克(John Hick)，《宗教哲學》(錢永祥譯，臺北，三民，一九九一年四月)，頁二。

> 清晰的、有意義的「客觀」世界的簡單觀點，再也站不住腳了。語言是一個獨立的、自我包容的系統。這個系統產生出自身的「意義」。語言和現象世界的關係極其複雜，充滿疑問，但又是約定俗成的。「後」這樣的術語，就被用於探索這具有隨意性的語言系統和與其明顯相關的現實世界的關係。在小說中，則用於探索屬於(of)虛構的世界與虛構「之外」(outside)的世界的關係❿。

此刻宗教語言所對應的那個神祕世界，就純粹是語言所構成的，而這比心理分析學家說「宗教是一種幻覺」⓫還要「徹底」。如果是這樣，又何必別立「後設宗教」的名目（就逕稱它為「後設語言」不就得了）？顯然本文不能順著上述這條理路來界定後設宗教，而必須另有考慮。基本上，這裏還是保留「後設」作為一個自我意識用語可能有的意義，只是它的對象將不限於宗教學各分支學科所會觸及的那些，也不同於後設小說所揭發的那個虛構物（或語言構設物）。換句話說，後設宗教是在探討或論述宗教所牽涉或所衍生的種種問題，可以說是一種泛宗教學或廣義宗教學。

既然後設宗教是在探討或論述宗教所牽涉或所衍生的種種問題，那就不排除它有對宗教進行規範的可能性，而使得後設宗教除了具備中性的「哲學方法論」上的意義外，還含有非中性的「規範理論」上的意義⓬。在這個前提下，本文

---

❿ 見注❽所引渥厄書，頁三～四。

⓫ 見注❻所引弗羅門書，頁一一～一五。

⓬ 有人對於後設理論不能保持價值中立，頗不以為然：「或有人說，

最後也要藉後設宗教的名義，來推測宗教在今後朝那個方向發展較為有利，合而構成一套可供比對參考的「新」後設宗教系統。

三、後設宗教的當代性格

從相對的角度來看，宗教跟其他學科或事物的不同，主要是它能帶給人一種神祕的心理體驗；而這種神祕的心理體驗可能包含著「極端的尊嚴和偉大」、「神聖的顫慄（畏懼或敬畏）」、「超常的力量」、「存在的充實」、「『能量』或個人的善的推動力」、「被創造意識」及「吸引力」等等因素⓭，可說異常複雜而難以理解。後設宗教既然是在告訴人宗教的一

後設理論如後設倫理學，亦常構成一種特定的哲學理論，難於採取思想上的中立。譬如英國後設倫理學家赫爾(Hare)就以自己的一套後設倫理學看法轉化成為一種偽似性的獨家規範倫理學說(a pseudo-normative ethical theory)，外表上似乎保持『後設』性質的價值中立，實質上乃是一種規範性質的倫理思想。我雖了解後設理論墮為規範理論的情形存在，就後設理論家的價值中立要求這一點說，後設理論基本上仍應看成一般的哲學方法論。」（見傅偉勳，《從創造的詮釋學到大乘佛學——「哲學與宗教」四集》（臺北，東大，一九九〇年七月），頁六～七）然而，後設理論也是人創設的，並沒有任何先驗的標準可以規定它的內涵，一切都得採「界定式」用法。

⓭ 參見成中英，〈論儒學與新儒學中的宗教實在與宗教認識〉，收於湯一介主編，《中國宗教：過去與現在》（臺北，淑馨，一九九四年六月），頁二八四引奧托（原名不詳）說。

切，理當也要觸及這個領域（不能因為它「異常複雜而難以理解」就不加理會或藉故逃避）；可是我們很難判斷這種神祕的心理體驗在當今是否發生大幅度的改變（而有必要或值得加以討論），以至這裏不得不採取「暫時擱置」或「存而不論」的處理方式予以因應。那麼剩下來可以談論的，就屬一些關於認知層面的問題。

大體上，底下的談論還基於一個重要的前提，就是「沒有先行的知識，就沒有信仰，如果一個人什麼都不了解，他也不可能相信上帝或某一神祕對象」⓮。其次，為了再型構後設宗教的要求，另外要從同樣涉及認知層面的眾問題中挑選具有「代表性」或「相互主觀性」的部分來談論。前者是要扣緊宗教著重信仰的本質（即使加以論析辨難，也不妨礙人從這裡尋得終極歸趨），後者是要便利新後設宗教系統的建立（從當代現有的後設宗教切入，要比其他方式更容易進行再型構的工作）。這樣個人認為後設宗教在當代的表現，至少有四點是過去（大略以二十世紀為界線）所罕見或所沒有的：

第一，嘗試建立具有周延性的理論架構。如有人提出有關宗教思考的四種哲學類型：一是指向被實存地經驗到的作為另一個人格存在的終極大全的實在，這個人格傳統上被稱為上帝；二是指向被實存地經驗到的作為自我或個人的更大的或內在的認同而存在的終極大全的實在（這類宗教經驗跟上一類型的主要區別在於該終極大全的實在並非以個人內心

⓮ 參見皮柏(Josef Pieper),《相信與信仰》（黃藿譯，臺北，聯經，一九八五年十月），頁七引聖奧古斯丁(St. Augustine)說。

認同的方式作為一個異己的對象而被經驗到）；三是從一些合理的前提推演出一套關於終極大全的某些特徵的基本信仰，或者把它們建立在理性的基礎之上，或者使其符合理性的要求；四是將第三類宗教哲學的合理性因素和第二類宗教哲學的實存之實現的結合起來⓯。這就是一個典型的例子。它所對應的無非是宗教第一層級的問題，其中又以第一類型試圖去論證上帝的存在最為著名。雖然如此，論證上帝存在本身，也得有上述架構出現，才能獲致定位。而類似這種可供「全面性」認知用的理論架構，似乎只有當代才容易看到。

第二，有意擴充「救贖」和「解脫」的範圍。如一位解放神學家對基督教傳統教義所示教會的工作僅限於屬靈的層面（世俗層面的事物則留給世俗的權威）大表難以接受，他指出歷史是一個統一而不可分割的過程，人類於其中要麼就是達成自我實現，不然就是未能自我實現；正因為歷史是這樣一種統一的過程，因此沒有社會／經濟和政治層面的解放，心靈的救贖是不可能的。所以當心靈救贖的整個概念，被建構成跟社會和政治解放的條件不可分離時，它已經是被徹底歷史化了⓰。這一重新詮釋的其中一項重要結果，是基督教的「原罪」概念也被歷史化了。這一概念不再限於指稱人之未能遵守《聖經》的律法，它還包括「起於人類不以兄弟相互對待，起於為少數人的利益，以及為剝削某些民族、種族與社會階級而設的壓迫性結構。罪是最根本性的異化，但正

⓯ 參見注⓭所引成中英文，頁二六〇～二六三。

⓰ 見亨利(Paget Henry)，〈本土宗教與邊陲社會的轉型〉，收於注❸所引林本炫編譯書，頁八六引古提雷茲(Gustavo Gutiérrez)說。

因如此，它本身無法展現出來；它只有在具體的、歷史的情境中，以特定形態的異化而發生」⓱。在這種以歷史化的方式來詮釋罪這一觀念的情況下，隨之而來的是，自罪中解脫也必然同樣是歷史性的過程。結果是「解脫」不僅須包括心靈救贖的方案，同時也須包含社會／歷史性的方案。在這一救贖方案所提出來的替代性社會秩序中，其社會結構不會系統性地割裂人和上帝，以及人和其兄弟姊妹的關係⓲。這約略就是時下流行的宗教世俗化或現世化運動⓳，它除了顯現在基督教將「神聖」和「世俗」的二元區別逐漸解消，也顯現在佛教將「出世」和「入世」的二元區別逐漸解消⓴。而這似乎也只有在當代才日漸興盛。

第三，致力於「宗教現代化」的建設。這是要使宗教適應現代社會而從理論層面探索可能的策略或方案，如有人根

⓱ 同上。

⓲ 同上，頁八六～八七。

⓳ 按：宗教的世俗化或現世化，另有一種解釋，是說「有關於超自然的信仰以及和這種信仰的實踐有關的實踐已經失去權威，而宗教的制度也失去社會影響力的過程」或「宗教已淪為一種外來的消費項目，與個人風格的裝飾品」（詳見史美舍(Neil J. Smelser)，《社會學》（陳光中等譯，臺北，桂冠，一九九一年七月），頁五〇九～五一一；安東尼(Dick Anthony)等，〈關於當今「新興宗教」的理論與研究〉，收於注❸所引林本炫編譯書，頁一一～一七）。但這跟本課題無關，姑且不論。

⓴ 參見傅偉勳，《從西方哲學到禪佛教──「哲學與宗教」一集》（臺北，東大，一九八六年六月），頁三九五～三九六。

據勒納(Daniel Lerner)所歸納「現代化」所要具備的五個條件（㈠要有一個自力成長的經濟結構；㈡要有一個公眾參與的政治體系；㈢要有一個流動的社會形態；㈣要具有世俗的和科學的思想觀念；㈤要具有能夠適應不斷變遷的人格），而想到宗教也可以利用企業家的經營方式，來建立一個能夠出版書籍、雜誌、電影、廣播，乃至辦學校、辦醫院等等文化事業的經濟獨立體，以及不妨聯合同類型的教派成立一個強而有力的教會和透過各種可能的管道促使信徒勇於開創未來（不拘泥於傳統）㉑。像這種要把宗教徹底「改頭換面」的說法，幾乎是過去所未見，也是不可思議的（雖然已經有不少宗教團體「不約而同」的在從事現代化的工作）。

第四，追求各種宗教的「統一性」。這大略是為了達到下列三個目標：㈠促使各種不同宗教傳統的信徒彼此之間有更好的了解；㈡強調「普遍存在於各種宗教中的成分」；㈢試圖使所有各種宗教「深信，為了世界範圍的道德水平的提高，有一項偉大的工作要它們一起去做」㉒。而它的前提，有一位比較宗教學者說的很清楚：宗教是一種「普遍的現象」，是「人的心靈天生就有的」，是「人性的組成部分」，在全部宗教表述後面存在著「同一個意向，同一個努力，同一個信

㉑ 參見楊惠南，《當代學人談佛教》（臺北，東大，一九九○年十月），頁二三～三一。按：楊氏主要在談佛教的現代化，但它的「適用性」卻不限於佛教，無妨這裡取為論說。

㉒ 見夏普(Eric J. Sharpe)，《比較宗教學——一個歷史的考察》（呂大吉等譯，臺北，久大文化、桂冠，一九九一年十二月），頁三三六引森德蘭(Jabez T. Sunderland)說。

仰」㉓。具體的作法，則有賴各宗教之間的「對話」。這樣的見識和努力，在過去也幾乎是不可想像的。

四、後設宗教的連帶問題

以上是從個別的後設宗教摘取或櫽括來的，一般可能會認為如果沒有一種現成的後設宗教包括上述四個範疇，而本文所作的條理就算是後設宗教的再型構了。其實不然，既有的後設宗教多少都隱含著一些難題，還有待批判而後設法加以解決；所謂的再型構，正是要在那些難題獲得解決後才完成。因此，在走向再型構的階段前，所該或還要做的一件工作，就是針對上述後設宗教的表現進行批判。

就整體來看，後設宗教的存在，背後自有一股懷世溫情或救世意識在支持著，這本是不言可喻。但值得注意的是，伴隨著這股懷世溫情或救世意識而來的，可能還有一種更深沈的危機感。這種危機感，主要是凜於宗教本身正遭遇生存上的困難或發展上的局限而亟思對策所致。我們透過上述後設宗教的種種表現，應該不難找出兩者的關聯性。問題是：提出化解宗教危機的對策是一回事，而該對策實際是否有效又是一回事，這中間不妨經由「理性」來衡量（不必盡採「情感」上認同）。根據這一點，個人要不諱言的指出當代後設宗教的表現，恐怕有「實效」上的問題：

如「嘗試建立具有周延性的理論架構」方面，它最重要的是要能引導人去認知那個「終極大全」（上帝或某一神祕

㉓ 同上，頁三四二引拉達克里希南(Sarvepalli Radhakrishnan)說。

對象）。然而，無論再怎麼努力，都無法以論證的方式（如本體論論證、第一因論證、宇宙論論證、設計論證、道德論證及某些根據特殊事件的論證等等）來證明該「終極大全」的必然存在㉔，這樣所建立的理論架構又有什麼價值可言㉕？雖然該「終極大全」是屬於一種「超驗上的可能」㉖，而且我們也無法從反面去論證它的不存在㉗，但這種超驗上的可

㉔ 參見注❾所引希克書，頁二七～五一。按：希氏所談的只限於上帝存在的證明而不及其他。但擴大來看，像佛教所說的「佛」境界或道教所說的「道」境界，論真要去證明，也會遭到同樣的困難（一般論者通常都以「不可說」為由輕易帶過），所以就以它為代表。

㉕ 到頭來是不是還得暗示人做效一下巴斯噶(Pascal)「賭」的作法呢：神存在的問題是一團謎，我們對這個謎，最好先算計一下所冒的險，然後再決定採取什麼立場。假如我們用我們的生命賭上帝存在，那麼如果我們猜對了，我們就贏得了永恆拯救，而如果我們猜錯了，又會輸掉什麼呢？但是如果我們用我們的生命賭上帝不存在，那麼即使我們猜對了，我們仍然毫無所獲，而如果猜錯了的話，我們就輸掉了永恆的幸福。「讓我們來考慮一下賭上帝存在時的得與失吧。讓我們估量一下這兩種機會。如果你贏，你贏得了一切，如果你輸，你輸不掉任何東西。那麼，毫不遲疑地賭祂存在吧！」（同上，頁一一四～一一五引述）

㉖ 參見沈清松，《現代哲學論衡》（臺北，黎明，一九八六年十月），頁七二。

㉗ 參見注❾所引希克書，頁五七～八二。按：如果我們不相信這一點，至少要承認下列三個不合理結論：一、人的智力是無限的、萬能的，可洞悉所有事理，上天下地沒有人的智力不能達到的領

能只具有「個別性」，不具有「普遍性」（也就是並非人人都能體驗得到）。就認知層面來看，該理論架構的建立，難免給人有「白費」或「無謂」的疑慮。

又如「有意擴充『救贖』和『解脫』的範圍」方面，它所要對治的是人和人的疏離（異化），以及人和人的相互剝削、壓迫等等人間慘劇，出發點絕無問題，但結果又如何？我們知道人類所以不能和睦相處，關鍵在於「利益」和「權力」的衝突（而有所謂「經濟戰爭」、「軍事戰爭」甚至「宗教戰爭」的發生，以及「政治霸權」和「文化霸權」的存在㉘）。解決不了「利益」和「權力」的衝突，人世也勢必繼續不得安寧。試問宗教在這個環節上如何扮演一個足以化解這類衝突的「強勢角色」（兼有強勢的作為）？如果不能，後設宗教所指引的「擴充『救贖』和『解脫』的範圍」這條路，豈不是緩不濟急？

又如「致力於『宗教現代化』的建設」方面，它無非是以既有的「現代化國家」或「現代化社會」為模本，試圖為

域；二、每一個人的所有知識均由自己研究得來的，不必靠別人的權威；三、歷史上至少有些人，在探討真理的過程中，在追求知識所作的努力上，未曾犯過任何錯誤（參見曾仰如，《宗教哲學》（臺北，商務，一九九三年四月），頁二八三～二八四）。

㉘ 尤其是「文化霸權」，它幾乎無孔不入的對世界各國進行文化侵略，而複雜和攪亂了世人的思想習慣和生活行為。參見波寇克（Robert Bocock），《文化霸權》（田心喻譯，臺北，遠流，一九九一年十月）；湯林森（John Tomlinson），《文化帝國主義》（馮建三譯，臺北，時報，一九九四年五月）。

宗教本身謀得更有利的生存或發展條件。只是「現代化」的作為，就一個國家來說，必然要促進科技的發展、資源的開發、工商業和經濟的活動、能源的加強、交通和各種通信聯絡網的改善及設備、外資的引入、跨國公司的參與和旅遊業的擴展等等㉙，而這種種活動，幾乎沒有一項不影響到國家的地理和自然生態環境以及污染的問題。此外，「現代化」中的「現代性」，預設了「人為主體」，不免會強化人的權力慾望，衍生出惡性宰制他人的局面；同時它所建構的「表象文化」（一套套相應世界的理論體系）也已失去「所指」而淪為「假象文化」，連帶使人「頓失所依」；還有它所帶動的「工具（科技）理性」所促成的統合機制也在快速的瓦解或分化中，為人類自己增添「自縛手腳」和「不確定未來」等等危機㉚。在這種情況下，「現代化」顯然已經是一條不歸路，應該緩和下來或改弦易轍。而此刻後設宗教還要為宗教勾繪一幅現代化的藍圖，又是什麼道理？倘若各宗教團體也都積極的走上這條路，將來如何能免於「自陷泥淖」？

又如「追求各種宗教的『統一性』」方面，這原有崇高的理想在（為增進各宗教間的相互了解，進而促成人類社會的正義與和平），可是要各宗教進行對話，仍有很多困難存在。正如一位長期觀察過實際的宗教對話的神學研究者所說的：「對話神學所需面對與克服的最大困難，乃是『相對主義』

㉙ 參見鍾志邦，〈從幾個神學觀點看中國現代化的一些問題——一位海外華裔的初步探討〉，收於注⑬所引湯一介主編書，頁三〇。

㉚ 參見沈清松，〈從現代到後現代〉，刊於《哲學雜誌》第四期(一九九三年四月)，頁四～二四。

(relativism)及『混合主義』(syncreticism)的兩難與雙重危險。一方面如因尊重對方而主張各宗教有不同真理與救贖，有其獨特性(uniqueness)，則真理的普遍性乃受挑戰，基督教宣教、見證的動機與理由乃面對質疑。另一方面如因尊重對方是因為假設每個宗教都具有相同的真理與救贖，則不免陷於混合主義、斷章取義，既誤解他人也妥協自己，而致扭曲了各宗教之特性與內容。」㉛此外，參與對話的成員「大都依循傳統神學的路線，不是把宗教視為客觀的學科研究，就是把對話工作專注於教義異同的辨證。這種把宗教從人的心靈拉開的神學假設，實是宗教神學的致命傷」㉜。因此，類似的對話設計，真不知它能產生什麼具體成效㉝。

由此可見，後設宗教在當代的表現，固然大不同於往昔

㉛ 見黃伯和，《宗教與自決——臺灣本土宣教初探》（臺北，稻鄉，一九九〇年十一月），頁一九六～一九七。

㉜ 同上，頁一九七。

㉝ 何況這中間還有一種「宗教優越感」要先消除（蔡納爾 (R. C. Zaehner) 在一九七〇年出版的一本書中，曾提到「在英國的大學中，很難求得上述第三個作用——促進各大宗教之間的理解——因為在英國的大學裏，非基督教宗教幾乎根本不能說可以得到闡明。我認為，試圖把『和諧』引入如人類各大宗教這樣的看來是全然不同的因素之中，不是一個大學教授的合理作用，假如作為結果的和諧僅僅是表面上的、口頭上的、虛構的，而這看來是不可避免的。這種做法在一個政治家的身上很可能是值得稱讚的。而在關心追求真理的職業中，這卻是被詛咒的事情。」（見注㉒所引夏普書，頁三四七引）類似這種情況，至今恐怕還沒有完全戒絕）。

而頗有要一展新猷的氣勢，但它目前所提出的對策或方案，卻不免於即將「窒礙難行」或「沒有遠景」可以期待的命運，不能說不是憾事一樁。也正因為這樣，所以才有再型構後設宗教的必要性（如果我們仍然不能自外於宗教事務，也不能缺少對宗教信仰的關心）。

五、未來展望

那麼，一個新的後設宗教系統究竟該是怎樣的？這沒有辦法一開始就憑空創設出一套「完整」的體系，只能「點點滴滴」的來做，先從基礎建起。在這個過程中，並不排除宗教繼續深化「信仰」的課題，畢竟它還是人獲得心理慰藉的主要來源，淡化或取消信仰，宗教也就不成為宗教。而就宗教本身來說，它在當前這一紊亂程度仍在加遽的所謂「後現代社會」中，積極於關注焦慮、絕望、自殺等一類課題，以走向「新宗教」來挽救合法性危機的根源（信仰危機）㉞，站在後設宗教的立場，也不便反對（雖然該一作法成效有限）。因此，像下面這段話中所引述的種種「設想」， 也無妨給它作個安置：

> 瑞士的漢斯·昆首先注意到走向後現代之途的神學問題，並指出，後現代的問題最基本的乃是基本信賴還是基本不信賴的問題。在今天，信賴上帝與否，就是後現

㉞ 參見王岳川、尚水編，《後現代主義文化與美學》（北京，北京大學，一九九三年十月），〈代序〉，頁三八。

> 代所面臨的基本抉擇。因此，如何發展一種後現代範式中的批判的普世神學，應成當代「生存論上的抉擇」。美國的存在主義神學家蒂利希力求在後現代時期人的焦慮和絕望中，尋找到一種敢於把無意義這一最具毀滅性的焦慮納入自身的最高勇氣（「敢於絕望的勇氣」the courage of despais）。英國宗教哲學家約翰・麥奎利在展示二十世紀的宗教思想時，認為在走向「世紀末」的後現代的「反文化」思潮中，儘管宗教思想也曾產生諸如「後基督時代」混亂和迷惑，但它們也證明「宗教和對宗教的思索絕對沒有死亡」。因為「人是一種奧祕，他不斷地超越出自身之外，他隨身帶來了理解超越意義的線索」㉟。

不過，在這裏另有優先要考量的課題，就是從人類耗用資源而造成能趨疲（entropy，熵）即將到達臨界點㊱的角度來看，宗教最有利的發展是「聯合」起來抗拒或對治「現代化」（而不是順應「現代化」，參與耗用資源的行列），也許可以緩和人類所要面對的浩劫（將要無資源可用，以及因能趨疲的飽和而使地球陷於一片死寂）。

後設宗教應該從上述這點著眼，才是因應當前處境的「正常」作法，否則就看不出它能把宗教引到什麼新途徑上去。

㉟ 同上，頁三九。

㊱ 參見雷夫金(Jeremy Rifkin)，《能趨疲：新世界觀——二十一世紀人類文明的新曙光》（蔡伸章譯，臺北，一九八八年九月），頁一五四～一八六。

因此，即使本文沒有接著深論具體的方案，也無損於它可作為未來後設宗教成立的「終極性綱領」。換句話說，任何繼起的後設宗教，都得為宗教規畫出協助人類化解生存危機（這是最優先的問題）的可能或有效的辦法，以符應能趨疲時代的新世界觀（宗教本身也才能長久「存在」）。而本文前面所說的再型構工作，到此地也勉強可以算是告一段落。

參考文獻

一、典籍部分：

《長阿含經》

《中阿含經》

《增壹阿含經》

《雜阿含經》

《佛般泥洹經》

《善生子經》

《分別善惡報應經》

《心地觀經》

《金色王經》

《悲華經》

《中本起經》

《大乘本生心地觀經》

《百喻經》

《般若波羅蜜多心經》

《金剛般若經》

《摩訶般若波羅蜜經》

《大品般若經》

《妙法蓮華經》
《大方廣佛華嚴經》
《大寶積經》
《大乘十法經》
《大般涅槃經》
《大涅槃經》
《大方等大集經》
《栴陀越國王經》
《觀佛三昧海經》
《大集經》
《自在王菩薩經》
《坐禪三昧經》
《金光明最勝王經》
《三慧經》
《因緣僧護經》
《分別善惡所起經》
《正法念處理》
《分別業報略經》
《圓覺經》
《字經抄》
《出生菩提心經》
《解深蜜經》
《千光眼觀自在菩薩祕密法經》
《千手千眼觀世音菩薩廣大圓滿無礙大悲心陀羅尼經》
《菩薩戒經》

《天尊說阿育王譬喻經》

《優婆塞戒經》

《四分律》

《根本說一切有部毘奈耶》

《大智度論》

《大毘婆沙論》

《俱舍論》

《中論》

《瑜伽師地論》

《十二門論》

《顯揚聖教論》

《廣五蘊論》

《成唯識論》

《大乘阿毘達磨雜集論》

《喻疑論》

《大乘起信論》

《成實論》

《般若波羅蜜多心經幽贊》

《法華義記》

《法華玄義》

《大乘止觀法門》

《大乘義章》

《無門關》

《禪源諸詮集都序》

《六祖法寶壇經》

《宛陵錄》

《碧巖錄》

《宗鏡錄》

《臨濟錄》

《高僧傳》

《五燈會元》

《景德傳燈錄》

《弘明集》

《中觀論疏》

《維摩經玄疏》

《中論疏記》

《一乘佛性慧日抄》

《周易》

《毛詩正義》

《毛詩音義》

《孟子》

《老子》

《莊子》

《史記》

《淮南子》

《說苑》

《新論》

《世說新語》

《文心雕龍》

《詩品》

《詩集傳》

《韻語陽秋》

《竹林問答》

《薑齋詩話》

《復堂詞話》

二、專著部分：

丁　敏，《佛教譬喻文學研究》，臺北，東初，一九九六年三月。

于淩波，《簡明佛學概論》，臺北，東大，一九九三年八月。

方立天，《佛教哲學》，臺北，洪葉，一九九四年七月。

方蘭生，《傳播原理》，臺北，三民，一九八八年十一月。

中國古典文學研究會主編，《古典文學（第十一集）》，臺北，學生，一九九〇年十二月。

王岳川，《後現代主義文化研究》，臺北，淑馨，一九九三年二月。

王岳川等編，《後現代主義文化美學》，北京，北京大學，一九九三年十月。

王國書，《現代管理學概論》，臺北，黎明，一九七四年，三月。

王夢鷗，《文學概論》，臺北，藝文，一九七六年五月。

太虛太師等，《菩薩行》，臺北，世界佛教，一九九四年八月。

巴壺天，《禪骨詩心集》，臺北，東大，一九八八年九月。

木村泰賢，《原始佛教思想論》（歐陽瀚存譯），臺北，商務，一九九三年五月。

皮　柏，《相信與信仰》（黃藿譯），臺北，聯經，一九八五年十月。

史美舍，《社會學》（陳光中等譯），臺北，桂冠，一九九一年七月。

史密斯，《人類的宗教──佛學篇》（舒吉譯），臺北，慧炬，一九九一年三月。

印順法師，《中國禪宗史》，臺北，慧日講堂，一九八九年十月。

成中英，《中國哲學的現代化與世界化》，臺北，聯經，一九八九年十月。

成中英，《C理論──易經管理哲學》，臺北，東大，一九九五年七月。

朱光潛選譯，《柏臘圖文藝對話集》，臺北，蒲公英，一九八六年。

托多洛夫，《批評的批評──教育小說》（王東亮等譯），臺北，久大、桂冠，一九九〇年一月。

托佛勒，《大未來》（吳迎春譯），臺北，時報，一九九一年十一月。

牟宗三，《佛性與般若》，臺北，學生，一九八四年九月。

牟宗三，《中國哲學的特質》，臺北，學生，一九八七年十月。

艾斯敦，《語言的哲學》（何秀煌譯），臺北，三民，一九八七年三月。

弗羅門,《心理分析與宗教》(林錦譯),臺北,慧炬,一九九二年五月。

呂大吉主編,《宗教學通論》,臺北,博遠,一九九三年四月。

呂　澂,《印度佛教史略》,臺北,新文豐,一九八三年一月。

呂　澂,《中國佛學源流略講》,臺北,里仁,一九八五年一月。

宋光宇編譯,《人類學導論》,臺北,桂冠,一九九〇年二月。

宋光宇編,《臺灣經驗(二)——社會文化篇》,臺北,東大,一九九四年七月。

李安宅,《意義學》,臺北,商務,一九七八年五月。

李茂政,《大眾傳播新論》,臺北,三民,一九八六年九月。

希　克,《宗教哲學》(錢永祥譯),臺北,三民,一九九一年四月,

何秀煌,《記號學導論》,臺北,水牛,一九八八年九月。

沈清松,《現代哲學論衡》,臺北,黎明,一九八六年十月。

沈清松,《解除世界魔咒》,臺北,時報,一九八六年十月。

沈清松,《物理之後——形上學的發展》,臺北,牛頓,一九八七年一月。

邢福泉,《臺灣的佛教與佛寺》,臺北,商務,一九九二

年七月。

伽達瑪，《真理與方法——哲學詮釋學的基本特徵》（吳文勇譯），臺北，南方，一九八八年四月。

林本炫編譯，《宗教與社會變遷》，臺北，巨流，一九九三年十一月。

林安弘，《行為管理論》，臺北，三民，一九九一年十一月。

吳汝鈞，《佛教的概念與方法》，臺北，商務，一九八八年九月。

吳汝鈞，《佛學研究方法論》，臺北，學生，一九八九年九月。

奈思比等，《二〇〇〇年大趨勢》（尹萍譯），臺北，天下文化，一九九二年四月。

波寇克，《文化霸權》（田心喻譯），臺北，遠流，一九九一年十月。

周華山，《意義——詮釋學的啟迪》，臺北，商務，一九九三年三月。

周慶華，《秩序的探索——當代文學論述的省察》，臺北，東大，一九九四年十一月。

周慶華，《文學圖繪》，臺北，東大，一九九六年三月。

帕　瑪，《詮釋學》（嚴平譯），臺北，桂冠，一九九二年五月。

金耀基等，《中國現代化的歷程》，臺北，時報，一九九〇年十一月。

柳田聖山，《中國禪思想史》（吳汝鈞譯），臺北，商務，一九九二年九月。

韋　伯,《新教倫理與資本主義精神》（于曉等譯），臺北，谷風，一九八八年九月。

韋　伯,《中國的宗教：儒教與道教》（簡惠美譯），臺北，遠流，一九八九年一月。

柏拉圖,《拍拉圖理想國》（候健譯），臺北，聯經，一九八九年五月。

俞建章等,《符號：語言與藝術》，臺北，久大文化，一九九〇年五月。

洪啟嵩,《佛菩薩修行法門》，臺北，時報，一九九三年九月。

飛雲居士,《細說臺灣民間信仰》，臺北，益羣，一九九三年四月。

范壽康,《中國哲學史綱要》，開明，一九八二年十月。

南懷瑾,《禪宗叢林制度與中國社會》，臺北，藝文，一九六四年五月。

秦家懿等,《中國宗教與西方神學》（吳華主譯），臺北，聯經，一九九三年三月。

夏　普,《比較宗教學——一個歷史的考察》（呂大吉等譯），臺北，久大、桂冠，一九九一年十二月。

柴　熙,《認識論》，臺北，商務，一九八三年八月。

索緒爾,《普通語言學教程》（高名凱譯），臺北，弘文館，一九八五年十月。

殷　鼎,《理解的命運》，臺北，東大，一九九〇年一月。

涂爾幹,《宗教生活的基本形式》（芮傳明等譯），臺北，桂冠，一九九二年九月。

海德格，《存在與時間》（王節慶等譯），臺北，久大、桂冠，一九九三年七月。

麥克唐納，《言說的理論》（陳墇津譯），臺北，遠流，一九九〇年十二月。

陳沛然，《佛家哲理通析》，臺北，東大，一九九三年十月。

陳俊輝，《邁向詮釋學論爭的途徑——從祈克果到黎柯爾》，臺北，唐山，一九九〇年九月。

陳榮捷，《現代中國的宗教趨勢》（唐世德譯），臺北，文殊，一九八七年十一月。

曼紐什，《懷疑論美學》（古城里譯），臺北，商鼎，一九九二年十月。

梅納德等，《第四波——二十一世紀企業大趨勢》（蔡伸章譯），臺北，牛頓，一九九四年九月。

郭崑謨，《管理中國化導論——「管理外管理」導向》，臺北，華泰，一九九〇年一月。

湯一介主編，《中國宗教：過去與現在》，臺北，淑馨，一九九四年六月。

湯用彤，《漢魏兩晉南北朝佛教史》，臺北，駱駝，一九八七年八月。

湯林森，《文化帝國主義》（馮建三譯），臺北，時報，一九九四年五月。

渥　厄，《後設小說——自我意識小說的理論與實踐》（錢競等譯），臺北，駱駝，一九九五年一月。

黃公偉,《佛學原理通釋》,臺北,新文豐,一九八九年七月。

黃伯和,《宗教與自決——臺灣本土宣教初探》,臺北,稻鄉,一九九〇年十一月。

黃紹倫編,《中國宗教倫理與現代化》,臺北,商務,一九九二年七月。

黃宣範,《語言哲學——意義與指涉理論的研究》,臺北,文鶴,一九八三年十二月。

黃慶萱,《修辭學》,臺北,三民,一九八三年十月。

黃懺華等,《中國佛教教理詮釋》,臺北,文津,一九九〇年七月。

張永聲主編,《思維方法大全》,江蘇,科學技術,一九九一年一月。

張汝倫,《意義的探究——當代西方釋義學》,臺北,谷風,一九八八年五月。

張建軍,《科學的難題——悖論》,臺北,淑馨,一九九四年十一月。

曾仰如,《宗教哲學》,臺北,商務,一九九三年四月。

勞思光,《中國哲學史(第二卷)》,香港,友聯,一九八〇年十一月。

傅偉勳,《批判的繼承與創造的發展》,臺北,東大,一九八六年六月。

傅偉勳,《從西方哲學到禪佛教》,臺北,東大,一九八六年六月。

傅偉勳,《從創造的詮釋學到大乘佛學》,臺北,東大,一九九〇年七月。

傅偉勳,《佛教思想的現代探索》,臺北,東大,一九九五年三月。

傅勤家,《中國道教史》,臺北,商務,一九八五年八月。

雷夫金,《能趨疲:新世界觀》(蔡伸章譯),臺北,志文,一九八八年九月。

臺大哲學系主編,《當代西方哲學與方法論》,臺北,東大,一九八八年三月。

鈴木大拙,《禪天禪地》(徐進夫譯),臺北,志文,一九八一年九月。

楊士毅,《邏輯與人生——語言與謬語》,臺北,書林,一九九四年三月。

楊惠南,《當代學人談佛教》,臺北,東大,一九九〇年十月。

楊惠南,《當代佛教思想展望》,臺北,東大,一九九一年九月。

楊惠南,《龍樹與中觀哲學》,臺北,東大,一九九二年十月。

彭文賢,《系統研究法的組織理論之分析》,臺北,聯經,一九九〇年十月。

聖印法師,《普門戶戶有觀音——觀音救世法門》,臺北,圓明,一九九三年一月。

榮泰生,《管理學》,臺北,五南,一九九四年十一月。

葉維廉,《比較詩學》,臺北,東大,一九八三年二月。

葉維廉,《歷史、傳釋與美學》,臺北,東大,一九八八年三月。

廚川白村，《西洋近代文藝思潮》（陳曉南譯），臺北，志文，一九八七年六月。

廖炳惠，《解構批評論集》，臺北，東大，一九八五年九月。

趙滋蕃，《文學原理》，臺北，東大，一九八八年三月。

滕守堯，《對話理論》，臺北，揚智，一九九五年二月。

黎波諾，《水平思考法》（余阿勳譯），臺北，水牛，一九八九年四月。

鄭金德，《現代佛學原理》，臺北，東大，一九九一年八月。

鄭僧一，《觀音——半個亞洲的信仰》（鄭振煌譯），臺北，慧炬，一九九三年十一月。

劉昌元，《西方美學導論》，臺北，聯經，一九八七年八月。

劉　康，《對話的喧聲——巴赫汀文化理論評述》，臺北，麥田，一九九五年五月。

蔣維喬，《佛學概論》，高雄，佛光，一九九三年八月。

霍　伊，《批評的循環》（陳玉蓉譯），臺北，南方，一九八八年八月。

霍韜晦，《絕對與圓融》，臺北，東大，一九八九年十二月。

賴金男，《未來學續論》，臺北，淡江大學，一九八九年五月。

藍吉富，《二十世紀的中日佛教》，臺北，新文豐，一九九一年十月。

藍吉富等主編,《中國文化新論——宗教禮俗篇》, 臺北, 聯經, 一九九三年十二月。

蕭武桐,《禪的智慧 VS 現代管理》, 高雄, 佛光, 一九九三年十一月。

蕭登福,《道教與佛教》, 臺北, 東大, 一九九五年十月。

三、論文部分:

丁仁傑,〈現代社會中佛教組織的組織轉型與組織制度化有關問題之探討: 以臺灣佛教慈濟功德會的發展為例〉, 佛光大學宗教文化研究中心等主辦「第一屆宗教文化國際學術會議」論文, 一九九六年一月二十六日～二十九日。

丁　敏,〈聖嚴法師佛教事業的經營形態〉, 佛光大學籌備處主辦「佛教現代化國際學術研討會」論文, 一九九四年十月八日～十日。

吳永猛,〈現代寺院經濟之探討〉, 佛光大學籌備處主辦「佛教現代化國際學術研討會」論文。

沈清松,〈從現代到後現代〉, 刊於《哲學雜誌》第四期, 一九九三年四月。

周慶華,〈比興修辭法的心理基礎〉, 刊於《中央日報》, 一九九三年八月十九日, 第十五版。

鈕則誠,〈宗教學與科學學及女性學: 兩種西方科際學科間的對話〉, 佛光大學宗教文化研究中心等主辦「第一屆宗教文化國際學術會議」論文。

蔣義斌，〈大慧宗杲看話禪的疑與信〉，刊於《國際佛學研究年刊》創刊號，一九九一年十二月。

現代佛學叢書（一）

書名	作者	出版狀況
臺灣佛教與現代社會	江燦騰	已出版
學佛自在	林世敏	已出版
達摩廓然	郗家駿	已出版
濟公和尚	賴永海	已出版
禪宗六變	顧偉康	已出版
人間佛教的播種者	釋昭慧	已出版
菩提道上的善女人	釋恆清	已出版
佛性思想	釋恆清	已出版
道教與佛教	蕭登福	已出版
中國華嚴思想史	木村清孝著 李惠英　譯	已出版
佛學新視野	周慶華	已出版
天台性具思想	陳英善	排印中
慈悲	中村元著 江支地譯	排印中
唐代詩歌與禪學	蕭麗華	排印中
佛教史料學	藍吉富	排印中
傳統公案的現代解析	李元松	撰稿中

現代佛學叢書（二）

書名	作者	出版狀況
提婆達多	藍吉富	撰稿中
梁武帝	顏尚文	撰稿中
禪定與止觀	釋慧開	撰稿中
宋儒與佛教	蔣義斌	撰稿中
淨土概論	釋慧嚴	撰稿中
臺灣佛教藝術賞析	陳清香	撰稿中
中國佛教藝術賞析	李玉珉	撰稿中
維摩詰經與中國佛教	賴永海	撰稿中
禪淨合一流略	顧偉康	撰稿中
禪宗公案解析	陳榮波	撰稿中
佛教與環保	林朝成	撰稿中
當代臺灣僧侶自傳研究	丁　敏	撰稿中
臺灣佛教發展史	姚麗香	撰稿中
榮格與佛教	劉耀中	撰稿中
菩提達摩考	屈大成	撰稿中
虛雲法師	陳慧劍	撰稿中
歐陽竟無	溫金柯	撰稿中
佛使尊者	鄭振煌	撰稿中
佛教美學	蕭振邦	撰稿中

三民叢刊 222

葉上花

董懿娜 著

三民書局 印行

心靈素描

當代年輕一代女作家大都把筆觸直指人的心靈，尤其是自己的心靈。避開歷史的、社會的重負，進行著心靈的傾訴，從而展示出人性在當今世界的生存環境下的奇妙形態。這一轉換既是時代轉換的必然，又是她們的天賦使然。因而她們的寫作顯得自由輕鬆、遊刃有餘。當然也有一些女作家走入了另一個誤區，首先她們對什麼是創作準備毫無了解，以為創作準備就是對泊來文化的消化，就是別出心裁的文字排列和彆彆扭扭的語句，每每讀完她們的文章，掩卷在腦海中搜索，打撈起來的東西只有矯情。

讀董懿娜的文章，如同接受心靈的浸潤。之後，總會在心底裡凝結下一份沈重。「少年不知愁滋味」的古樸時代已經很遙遠了，這位作家在對情感與理性的世界裡的思考，遠非她的同齡人所能比擬的。她敏感得就像一片雪花，正因為特別敏感，也就特別的疼痛。這種敏感造成的疼痛，不是也造就過許許多多優秀的女作家?!如我們熟知的勃朗特(Bront)三姐妹，蕭紅、張愛玲等等……這些才女都是因為與眾不同的敏感，加上勇敢，才能以雄辯、熱情與光彩奪目的語言和音調歌唱或吟誦著自己細膩的生活與想像的感受，在歌唱和吟誦的同時，真誠地去重新品嘗加倍的甘苦……她們的感情經驗和一般人是一樣的，所不同的是她們對痛苦與歡樂的感受比一般人更加強烈、更加清晰。董懿娜就是這樣敏感的一位年輕女作家，她的傾訴像長長的流水那樣，總是或徐、或疾地流淌著，永遠在攝取歲月中多彩多姿的風景。她的文字秀麗而不做作，陳述坦誠而有韻律，娓娓道來，入情入理。她的許多散文是她和客觀世界之間的感情記錄，所以又可以作為抒情小說來讀，也可以說是一幅幅人物心靈的素描。她善於捕捉人物形像，特別是善於捕捉瞬息即逝的思想的火花。所以她的散文不是詞藻的堆砌。在你閱讀的時候，時時會燧燃出令人意外的哲理的火花來。她始終都在不遺餘力地探索愛、堅信愛、為愛思辯。愛，是艱難的；執著地愛更加艱難，何況她執著追求的是完美的愛。時尚已經完成了從革命口號第一到金錢第一的過渡，實際上是從一種虛偽滑向到另一種虛偽。前一種虛偽是為了掩蓋真情實感，其中，大多數人出於自保，少數人出於權利的欲望。後一種虛偽是為了貪婪地攫取，金錢成為調動所有人聰明才智的槓桿，一切領域裡的造假都達到了登峰造極的程度。在虛幻的風景裡，艱難地愛著，執著地愛著，實在是難能可貴。但一切可珍貴的文字不都是探索愛、追求愛和為愛思辯的結晶嗎？

常常聽到有人說：張愛玲好尖刻！其實，女性的溫柔裡本來就埋藏著冷峻。首先，這冷峻來自生存空間的冷峻。而且女性的冷峻是一把無柄的利劍，她們一旦握住劍，在沒出手的時候就已經聞到血腥味了，因為自己的手已經出血。非要握那把劍不可麼？是的，非要！董懿娜已經開始去握住那把無柄之劍了，她清晰地知道她在做什麼，因為她已經看到了自己手上流出的鮮血……對生活的觀察如果沒有像見到自己的鮮血那樣驚悸，對情感的體驗如果沒有像清醒主動地握劍出血那樣痛切，哪裡來的撼人心魄的文字呢？她的文字無時無刻都在巧妙地傳達著她含蓄的思索，語境秀麗而深邃，就像背靠著叢林傾聽太陽雨的時候，眼前一片綠茵。

說不出理由，但我相信，不久，她將有長卷誕生。我相信那是一條清澈的河流，既有小說曲折動人的故事，也有詩歌抒情委婉的旋律和節奏，我期待著……

二〇〇〇年九月　於上海

自序

在諸多的往事已在最初的欣喜、悸痛、苦楚或是模糊之中都已成不可改變的回憶時，再去思量它，竟發現全然不是原來最初的心境所面對的樣子了，理念帶著事情的內涵與外衍同時在改變，思考是唯一可以改變記憶的神秘力量。

時光無始無終地無限延伸，渺小的我在心與時光的隧道裡用千百種的思量和文字企圖完成一種內在的陳述。我總是帶著自己的精神守望，孤獨地來去，偶爾有過的心慌意亂、落寞、憂傷總是被時光無情地忽略，可那對於我是必須咬著牙堅忍地去面對的分分秒秒。於是學會了沈默——久長的沈默，而後是無所期待的凝望。

找到寫作這樣一種方式，與自己最隱秘的自我對話，並且不停地在這種追逐、反省、思考、辨認真我之中去延續生活中的希望，使她與渴望中的有意味靠近一些，或者滿足一種自以為是有意味的陶醉。想到這些，心裡會有溫情彌漫開來。漫長而局促的生活道路，總是在這樣的嘗試、探索或不經意間流走了。

董懿娜

我的本性中有著這個年齡裡不該有的孤寂。對安靜和獨處的極度迷戀，對孤獨落寞的深深怨尤，相行不悖。有些猶疑的保守，又有著叛逆的獨立，如同戴著鐐銬的舞者。所有的思緒的火苗即使再閃爍耀眼也囿於自我的個性氣質，這恐怕是我難以改變的命運了。

我把我的心事、思考和一些困惑的東西記錄下來，我相信，這不僅僅是為了回憶。

這本書裡有我寫給父母、朋友和我心愛的人的文章，他們也正是我日常生活這張單薄的網上構築起的一道道風景。有的時候，會覺得這是我存在於這個世界的全部意義。我——和他們，那麼幾個與我一樣弱小的人，就這樣彼此支撐起對方的生命支柱。人與人之間就是這樣孱弱、又是這樣銅牆鐵壁般的牢不可破。

時光流逝了，很多活生生的細節變得模糊起來，回首再讀自己親手寫下的文字，才是那樣真切而細緻地體悟到：原來，曾是那樣熱切而坦誠地與生活本身擁抱或是同行過。

二〇〇〇年九月　於上海

葉上花

目次

紫

橙

黑

紫

倘若前面是懸崖，你跳，我也跳

沒有哪一個漩渦像情感的漩渦那樣——在波瀾不驚之間，具有吞噬一切的力量。在無聲無息，不留刀光劍影之間，甚至在良辰美景無限之中完成一場具有毀滅性的戰爭。摯愛，是迎著刀刃而起的驚痛，是一種極致的境地。絕對是人的一生中不可輕易求來的東西。不是可以隨意閒聊、擱置的。她是可以要人命的。

日常生活裡，我可以是溫和的、收斂的，甚至有的時候是一支嬌弱的、膽怯的，害怕風起雲湧生活的「孱弱的蘆葦」。可在情感上，如果真的有極致的境地邀我前往，我的信念是：倘若前面是懸崖，你跳，我也跳！這是生活原則之一，至少是我的生活原則。

常常敏感到內在的這個我是與表象的我有著極大的差異的。你看到的有可能是一個文弱、溫情、和風細雨的我，而內在的那個我是倔強的，有著置之死地而後生的勇氣，甚至是可以被叛逆的妖魔所輕易蠱惑的，無論歲月荏苒都沈溺於對幻想唯美的追求，到了黃河也不會心死，而是想著，是不是應該跳下去，然後努力地游過去的那一種。在日常生活中，我經常在這兩者間游離，可對於情感，絕對是那個「隱藏的我」會跳到前臺來，想掩飾都不行。這是性情，幾乎已經超越了對日常生活經驗的一種駕馭。

人生最終都是一種長短不一的延宕，意外事故不過是將結局提前罷了——所以，重要的不是去面對事故和災難的打擊，而是設法延宕最值得珍惜，最難以忘懷的時光和這段時光裡的人。所以危險在事情一開始牽線的時候就已經潛伏了，而所有的美好是需要你付出勇氣，甚至一路踩著引爆導線而疾飛前行的。

生命該是先儲存還是先預支——當生命不需要嚮導也沒有煞車裝置的時候？

在這樣的勇氣的支配底下，我依然可以是熱情而明智的。所受的教育和個人的氣質最終決定了我將只是個帶著鐐銬的舞者。這意味著，我懷著坦蕩的心，隨時準備做一個失敗的女人，但絕對不做一個愚蠢的女人。如果是生活安排了我的愛情必須是一路跌撞而行，付出超越平常的艱辛，甚至是嚴酷的，我會安靜地承受下來，或者說，努力說服自己去面對。但我不會為一份虛妄的，缺乏真性情的感情而捲入漩渦。到了我這樣的年齡，是應該知道在拒絕一份霧裡看花式的絕美誘惑的同時，是最大限度地保護了自己，在放下一份沈重負擔的同時，有一種難得的釋懷和超然。我一向討厭森嚴的規範，我們總是在歸納總結人生的諸多原則的時候犧牲掉了很多活生生的細節和趣味，然而就像生活中充滿了悖論一樣，規範既是自由的障礙又是生命的保護柵。

真正的摯愛，我想是太過珍貴和奢華的東西。如果不能輕易得來，甚至因為遭遇她，而必須傷痕累累，也是一種生活的饋贈。在同樣短促的一生裡，更多的跌宕起伏和領悟會在你為無數的遺憾而痛楚的時候帶來一些油然而起的溫情脈脈。我所關心的是在日常生活日愈機械化、精密化的同時，情感生活日益粗鄙化，人們擔心的並不是為愛而冒險，而是能否懷著一顆晶瑩剔透的心與摯愛遭遇。

摯愛是美鑽，是無功利無雜念的，也是無畏的。

愛情除了危險之外，還是醇美的、彌足珍貴的、知性的、感性的、紫色的、菱形的、有檀木香味的……比起那麼多的特性，愛情的危險是可以接受的。如果僅僅是因為害怕受傷害，而辜負或傷害了這一生中可能再也不會重現的愛情，留下的遺憾同樣會長久地傷害到你脆弱敏感的內心世界。

愛，並不是生活的全部。生活本身就充溢著很多危險。

愛，是生活裡非常重要的一部分。如果人生需要一些歷險，她是值得嘗試的。

我希望有一天和我摯愛的人在不得不面臨人生的險境時，我們都在心裡默念：倘若前面

雜著厭倦的陶醉

原先是沒有想過這樣煎茶聞香的日子會在這麼年輕的生命裡就沈澱下來的。可以蜷進書堆軟椅裡不聞天下事，同進入暮年的老人在晨昏散步的巷子裡偶然遇到，心底的感覺是比他們還要「暮氣」些，這是真切的感受，不是矯情。就像散亂的冰粒滾在玻璃臺上一般，帶著些微痛的焦灼，聲音是尖細中透著沙啞。

存爵先生說：怕了友情太濃，彼此打電話吃飯又喝茶又喝酒，臉上刻了多少皺紋都數得出來，存在心中的悲喜也說完了，不得不透、預支，硬挖出些話題來損人損己。友情到了這個份上便成為身外之物；輕易賺來，輕易花掉，毫不可惜。想來，這樣的濃醇最終也逃不過乏味，便對手裡擁著的一份收斂和恬淡有了些惶恐，也不知到底是福是禍，亦或福禍相倚。

在這樣沈寂的日子裡待到心境蒼白的時候，峰迴路轉間，又有怦然心動和了有所悟猛然間湧上心頭，很多次被這種沈靜的日子逼到絕境時，突然間又能起死回生。過於靜謐的力量是巨大的，可以讓人從骨子裡體味到孤寂的每一根毛髮，然後變得更為神經質的敏感，故而很難真正從心底盛開出歡欣的蓓蕾，僅有的不易捕捉的微笑也是稍縱即逝的。讓心同茶一起煎，不是自虐，而是成了一種順其自然的方式。

我知道這個城市裡有著這樣一群人。他們雖然可以逃脫苛刻的工作制度的限制，甚至可以悠然地坐在家中擁有惜時如金的現代人最羨慕的時間，然而他們從來沒有感到真正的釋然。就是閒著，也會疲倦、困頓。伴有茶香又如何呢？那顆心終究是一時半會兒涼不下來。

不知道怎麼會是這樣的。讀著前人的書或是今人寫前人的書，那麼多的從容雅致，最無聊況味的事也能散出一些餘味來，勾心鬥角錯綜複雜的戀愛可以變成佳話，情與法皆不能容的情愫也能成為美談，模糊的一個背景更能幻化出一首迷濛婉約的絕唱。不像現在，縱然是有佳話，口口相傳不出幾人便成了醜聞。情變與流言成了往茶裡添加的蜜糖，笑聲淚影即便是墜入白銀骨瓷的英國茶具也生不出一絲回味了。

這些看似有閒暇卻困頓的人們就在隔了重重疊疊的人情背後揣摩一些世故，間或有更富有學問的人在學術的苦海裡踽踽獨行，讓人生出敬畏之心。彼此都在沈靜中自我束縛，開出心血滋養的花朵。

人問，倘若只能選擇一件最珍貴的，有麼？會是什麼？

想，許久，生怕出言不慎讓人訕笑為幼稚，但還要心口一致，微紅著臉，深呼吸，輕聲地說，有的，是愛情，我想是這樣的，一定如此。更輕聲地說——心底裡存有愛意，長久地，哪怕傷痕累累，甚至是無望的。

甚至是不敢抬頭看問話者的目光，已是感到那銳利如劍的詫異神情彷彿鑽進了我的額頭。很自私，很不夠有教育意義，很狹隘的回答，卻是真心的。

我想著每一個清晨的MORNING CALL，想到每一句不經意的讓人心裡微顫的情話，想著在陽光裡握手漫步的每一瞬間，還有茂密的盛開在愛的枝幹上的藤蔓，也想著心痛和愁怨，想著他說「你今天笑得那麼開心，很久沒有見你這樣大聲地笑了，我也跟著高興。」我是在愛的守護和守望的日子裡屏氣凝神與這樣的沈寂為伴的，然後是隔著文字聞著墨香去感受別人的情義與愛的，很久遠的，亦或是近在咫尺的。否則我怕早就被太過於綿密的心思和塵埃的歲月淹沒了。當然，我明明知道茶後也許是痛苦的迷惘和空虛，還是戀著那份美妙的微醺。

人說真羨慕，有如此的閒情在這太過匆忙的世界裡，只淡淡一笑，不再解釋，這背後的種種迂迴曲折的感受是問話的人無須知道的。知道的人是不會這樣問的，那是同道。

然後，很肯定地說，是這樣的，我自己也有點夾雜著厭倦的陶醉。我依然願意在這有時就像死過去的日子裡徜徉，只是不知道能否長久？這也是真心話。

帕斯卡爾的吶喊猶在耳畔：「幾乎所有災難都是因為我們沒有老老實實待在自己的屋子裡。」他這是在召喚那些心情慌亂的人們，回到苦思冥想的房內，而不要到騷亂的環境中和被稱作「兄弟友愛」的自身出賣中去尋找幸福。

我們都是形形色色的闖禍者

小的時候，大人們總是用嗔怪的口吻說，你這個小傢伙，真是會闖禍！當時，幼小的心靈完全可以接受這種帶有寵愛的責備，它的重量就像是一根飄落的羽毛。

不小心打碎了母親心愛的花瓶，在父親的襯衣上染上了洗不脫的果汁，在學校裡犯錯受了罰，惹得父母黯然神傷，甚至稍大一些，因為任性傷了初戀情人的心……小時候闖下的禍就像是餅乾屑，零碎、散亂，還有點甜。

乍看起來，闖禍好像是小孩子的專利。隨著年歲的增長，沒有人再來責備你是個闖禍者了，倒是輪上你有機會去訓斥更為年幼的生命了。然而，你自己闖下的禍事卻不因為沒人提及而銷聲匿跡。相反地，你變得怯弱，甚至失卻了幼時敢於承擔禍事的勇氣，這同樣意味著禍事開始變得撲朔迷離，甚至讓人心中有難以言傳的隱痛。那些禍事從孩提時代的餅乾屑變成了一塊塊碎玻璃，扎在心頭，是只有自己才知道的——透明的痛楚。

譬如說，信念因你一時的衝動或糊塗而被踐踏；你用不光明的手段攫取了本不該屬於你的利益；你曾經背叛過你的丈夫或者妻子，又因為種種迂迴婉轉的理由重新回到了他（她）的身邊，——當然，是在他（她）毫不覺察的情況下。小而甚者，你傷害了別人卻沒有勇氣承擔；大而言之，你有權有勢卻無視國法人倫；心中不明朗的東西就像野草一般長而又衰，這一切的一切都因為只有自己心知肚明，旁人是無從知曉的。長大了的闖禍者們，最長足的進步就是能掩飾自己的禍事，彼此都學會在茂盛的庇蔭下生活，並且不斷地種植新的更為廣茂的綠蔭。我個人認為，從某種角度而言，這是合乎人性的某種需要的。雖然很多時候，我們都得懷著一種無奈的心情和微痛的焦灼去面對它。然而人生的無奈和生活中的悖論，常常是一浪接著一浪，有時都不給你喘息的機會。

我想說的是，我們在對待那些闖禍者時的態度——那些因為各種各樣的原因而無法遮蓋他們闖下的禍，那一根根狐狸尾巴必須在相當長一段時間或永久與他們相隨的人們。

人生的很多麻煩往往就是糾纏於一些小善小惡之中。除卻那些傷天害理，掠奪國家財物，糟踏民眾利益的人，大多數的禍事無非就是兒女情長，蠅頭小利。很多的禍事就是不可理喻地發生了。家境富裕的孩子不知怎地養成了小偷小摸的怪癖，家有嬌妻美貌賢淑卻另外招惹了用情不專、風流多事的女人，儀表堂堂師長風範的人卻因一時貪念而不擇手段……諸如此類不一而足。一旦這樣的禍事昭然於天下，那麼好像就永世不得翻身……

我們的憤恨、鄙夷乃至振振有辭的評說是那樣流利地傾瀉而出。我不知道這時候慷慨激昂的人們是否有點心虛——因為私底下我們並非時刻都是那麼光明磊落，正人君子，甚至為了掩飾這種心虛而使得原本急促的語速和高分貝的滔滔不絕更為淋漓盡致。我們善於將一個已經倒地的人揍成一個與地面吻合得像影子一樣乾癟的輪廓，這同樣是我們人性中的弱點和禍事。

我並不是善惡不分的人。相反地，我一樣年輕氣盛，嫉惡如仇。然而，我不忘提醒自己——我們都是形形色色的闖禍者。有的時候，我們在對待那些不小心闖了禍，或是闖了大禍後悔不已的人的態度上是太過分了，或者是走在太過分的路上。

我願意為這樣的事情而感動。母親用誠摯和信賴使得沾滿惡習的浪子回頭，妻子用寬容和溫柔原諒了丈夫的背叛從而挽救了一個家庭，朋友用真誠和幫助使得你從逆境中擺脫出來，重又獲得生活的勇氣。

我們處在一個麻煩與痛苦各種陷阱的時代，沒有一個人可以保證他（她）會永不闖禍。然而在那些打碎掉的碎片的夾縫裡，生活的曲曲折折，人生的興味盎然也都得以存在，不會很快被擠走。生活就是滿地碎片，而我們這些形形色色的闖禍者們，既是不斷打碎玻璃片的人，又是忙碌一輩子將這些碎片重新組合起來，為了心中那個有可能永遠都達不到的完美而終其一生的人。抱怨碎片的多少是無謂的，當別人——那些也許和你一樣善良而弱小的人們在碎玻璃堆裡輾轉流血的時候，你的態度往往不經意間呈現了你的存在。

不管你是否相信或者願意，你我都將在這不斷地縫補剪貼碎片中度過一生，套用布萊希特的話，就是：累積無數不可理解的東西，等待著理解的出現。

人有悲歡離合

一個人的一生，究竟有多少次徹底而近切地體味到生離死別、愛恨情仇呢？想來：有，是不幸，箇中的況味刻骨銘心；沒有，也未必就是幸，少了些人生歷練，生活便褪色到最原本的蒼白。漫長而瑣碎的日子就在這幸與不幸之間千迴百轉、了無聲息地流走了。

在這一年最寒冷的那個凌晨，通宵被夢魘糾纏的我被急促的電話鈴驚得緩過神來，急忙披衣攔車幾乎橫穿整個上海，趕到醫院，曾經和我摯愛相依的外婆靜靜地躺在那兒。雖說是家人對她的病況已早有心理準備，可那一刻的到來是如此讓人驚悸和茫然，我無力地倚在牆上，聽著父母親說：外婆一直在念叨著你的名字，等著看你最後一眼，可終究沒有熬到你來……所有的聲音就像輕煙一般從四周緩緩升起，那一刻我感到自己彷彿已凝結成一襲霧水，是那種能在輕煙上舞蹈的霧水。當要把這個慈愛、溫暖的老人推進冰櫃的那一瞬，我最後一次親吻她那佈滿皺紋、含著笑意、依然溫熱的臉頰，訣別就在熾熱和嚴寒轉換的一瞬之間蛻變完成了。我一直沒有掉淚，以至於讓父母親非常地擔心。我說，我沒事，只要一個人躺會兒就會慢慢好起來的。此後的幾天我是病倒了，傷心才起了個頭就被紛亂的思緒扯遠了，好像是迷迷糊糊地跟著家人辦完了一切的後事。紛至沓來的往事像決堤的洪水讓我變成了一個最沈默的人。父母親因傷心過度，言不成語，悼詞是由我代念的，我還是沒有掉淚，聽到底下有幾位老人說：這個小姑娘怎麼不哭的？我睜著空茫的眼睛望著她們，才真切地感到如果鮮活的心已被淹沒，的確是可以做到欲哭無淚的……

當我正承受著至親至愛的人已經與我永訣的時候，天地正在峰迴路轉，春，悄然而至，正在將勃勃生機送回人間。原來愛就只是你我心頭上的一塊烙印，一段回憶。在細密的心思和久長的琢磨中她可以變得長久，不再褪色。就像是水晶瓶中栩栩如生的乾花，只可以遠遠地欣賞它的嬌豔，卻不能近前去觸摸。旁人乃至萬物是沒有理由與你共同承擔這一切的。就在那個初春的第一個溫暖的午後，我倚在窗臺上看著周遭的一切，如此煦熙、柔和，又猛然想起那個孤單冰寒的另一境，終於是傷心得不能自己……

已逝去的這一年對我而言，是難以忘卻的。輕愁伴著孱弱的身體過了大半年，回想念書的時候，每年的假期都去旅遊，也只不過是二三年前的事，那時候沒有這麼多的憂傷和哀愁，也就沒有這麼孱弱。家裡相繼送走了兩位老人，兩位都是外婆（一位是母親的親生母親，一位是她的養母）。母親因猝不及防的傷心，也時常被病痛糾纏。那種生活中最貼近本質的親情間的糾糾纏纏，讓人在倏忽間體味到真正是到了直面人生的悲歡離合，再也不是迴避躲閃的年紀了。悲歡離合依舊是亙古不變地穿梭於彼此的生活中，就像兒時玩丟手絹兒的遊戲那樣，只不過丟手絹兒的不是你的玩伴兒，而是命運。忐忑不安是無濟於事的，不知道哪一刻手絹兒就會丟在你我的背後。能夠守住相惜相擁的每一刻才是最重要的。遺憾終究會有，只是盡量不要有太多後悔的心境。所以，心可以變得柔軟而寬廣，再多的委屈、傷痕也會被情義的濃醇默默地吞咽掉。其實，學會包容可以說成一種境界的超然，實質是懂得接受無奈也是生存本領中的一種技能。我將我的心思和惆悵向最摯愛的朋友傾訴，那些有痛、有憂、有喜、有樂的日子在我們彼此的眼神裡迴旋。在春天還沒有來的時候，他就為我送來嬌嫩的黃玫瑰和憂鬱的淡紫色的勿忘我，每天我一睜開眼就能看到，以至忘卻了很多傷感，又徒增了更多的新愁。我曾經很擔心別離甚至生出莫名的恐懼，所謂「上窮碧落下黃泉」，「十年生死兩茫茫」是如此的不堪重負。現在，我已明白，如果有一個你不得不去接受的結果，人與人之間的不同在於懷著怎樣的心境去面對它。於是將一年來的心事和喜憂都悄然收起，將顫抖著的心浸潤在甘苦兼而有之的茶裡。雲淡風輕的日子出去散散步，偶爾走在陽光裡頭依然會有由衷的微微一笑。一如往昔地讀書寫字，便有溫暖升騰而起，原來文字依然可以給人帶來那麼

含著眼淚微笑

一個女子在她年輕的時候，父親遠離了她與她的母親。她自小在鄙夷、困頓、抑鬱之中長大。後來她學有所成，可是受到同行的嫉妒，遭受事業的磨難，她依然微笑面對。當她為人婦後，她的丈夫在婚後的第五年被一位年輕女孩牽走了，她沒有孩子沒有家地生活了好久。再後來，她的工作越來越出色，成了有名望有地位富有的人。在這時與她唯一相伴的母親突然病故，她為此傷痛不已。她唯一的慰藉是她有很多學生，她愛她的學生們並受到學生的尊敬和歡喜。她用她的才華和勤奮每時每刻都向別人展示著一種健康的生活方式。她用她的溫柔和善解人意每時每刻都讓別人有如沐春風之感。當她知道自己得了癌症就要離開人世後，她依舊是頑強地面對，旁人還經常可以聽到她爽朗的笑聲。她在接受化療時忍著劇痛，望著站滿病床兩側的學生，眼淚在她略帶笑意的臉上滑下來，她安慰每一個為她心痛的人：一切都會好起來的。

很有幸能夠結識這樣一位長者。她讓我接觸到生活中具有靈性和質感的一面。她那柔和目光和燦然笑容將使我難以忘懷。多年來積澱的堅韌和對生活的熱忱、對友人的關愛在她含淚微笑的那一瞬展露出前所未有的光亮。

我尊敬這樣的長者，當他們經歷過生活的風風雨雨，依然虛懷若谷。在那些佈滿皺摺的臉上總能看到慈愛的目光，淺淺的笑意，他們會包容你的錯誤你的過失，為你安排好生活中最繁瑣最不經意的細節。

我憐愛這樣的小孩：當他們不小心劃破了手或腳，或是跌了一身的泥，他們會大聲地說：「我不疼！」儘管眼裡已經含有淚花，旋即又會跑開去繼續嬉鬧。幼小的生命已經懂得體恤別人的心情——也許他們還沒有意識到這是一份崇高的感情。

我欣賞這樣的女子：她們不矯飾，不做作。她們最懂得柔情也懂得恰如其份的小鳥依人。可她們可貴的是有堅韌的一面，敢於站出來面對生活的風浪，並且努力地去戰勝它。善於運用自己的智慧或善良去幫助別人，完善自己。

我推崇這樣的男士：他們是生活真正的強者，他們有寬大的胸襟去包容所有的公正與不公正。他們用智慧和愛心支撐起自己的人格。他們不虛偽不張揚。他們是女友最可信賴的朋友，妻子最好的避風港，孩子的良師，父母的孝子。他們對生活始終有熱情，他們善於感動，也會落淚，可他們始終能夠面含微笑地回眸生活，臉上有親切的神情——哪怕眸中有欲碎的光亮。

含著眼淚微笑是需要學會的一種生活方式。有的人以為他們從不掉淚，從不大喜大悲就已經達到人生的一種高境界了，以為這樣便是寧靜致遠的表現，可以不以物喜，不以己悲了。可是在當今的社會裡，超然物外就像要擺脫浮躁一般困難，生活對於每個人都是一種挑戰。我實在很難相信，那些人真的已經到了那種境界。恰恰相反，我懷疑他們對生活的熱情度。是否你已經有些放棄？是否你已經有些懈怠？是否你的心已被生活的塵埃蒙蔽？是否你的個性已悄無聲息地被歲月的車輪磨平？

含著眼淚微笑是一種最具靈性、最有感情的生活方式。不掩飾自己的真情，然而又是最能充分地理解生活的本質。不躲避它，也不屈服於它。

許久以來我一直為這樣的場景而感動。那位婦人在離開這個世界的時候永恒的微笑中有喧嘩的淚水——以一種徹底投入生活的方式擁抱著生命所有的賜予，飄入天堂……

面對死亡

從報紙的夾縫中看到一則訃告，是一位著名的青年詩人離我們而去的消息。名字躍入我眼簾的時候我實在是嚇了一跳。還記得在念高中的時候他出了一本詩集，好像也是在一家大書店簽名售書的。那天正好是下雨天，我所念的那所中學離書店很遠，但是我的同桌依然是冒著雨趕了過去，來回折騰了好幾個小時，捧回來的那本詩集中沒有作者簽名，確實是一份遺憾，然而那城市詩的魅力依然在那個雨天的晚上使得我們寢室裡每一個人都讚歎，大家輪著念他的詩直到熄燈……

至此以後我亦聽到這位詩人寫詩的情況，也偶然地看到他寫的一些散文見諸報端。然而現在的我看到這則訃告卻讓我驚訝惋惜之外不無感歎。原本對這樣的詩人我們所想到的也許更多的是他如何生活得富有詩的浪漫，如何將生活中詩情畫意般的點滴串成詩行，卻絲毫沒有想過詩人在生活中也平凡得像普通人一樣，首先得好好地活著，原本活在世上和活得怎樣是截然不同的概念。那麼一個本來可以為這個社會製造一點美的人如今已經化作輕煙一縷飄散天涯，留下他的文字為這個世界作永久的回憶，那是怎樣的一種突然和悲哀啊！

壞的消息接踵而來。我認識的一位老師在年近五十時痛失愛子，那個才十九歲的年輕人的生命意外地被輾碎在車輪底下，我和那位老師不熟，然而她此時悲痛欲絕的樣子我是可以想像到的。如同當你的心臟在被一點點撕裂，苦楚若用文字來表達真是太顯蒼白了。聽說那個兒子生前頑性極強，念書又極不用功，惹得父母很是傷心，平日裡不知為他操了多少心思。然而母子連心，無論如何兒子總是兒子，我那老師嚎啕大哭中直喊著在兒子活著的時候沒有給他吃好、穿好，沒有給他足夠的關心還打他，罵他……無盡的悔意。縱有千萬事端在親情的死別面前真是無法解開的結，當面對死亡，血液都將凝固的中年喪子之痛也許比那淒厲的哭聲更讓人不忍卒睹。

有一年，與我母校接鄰的那所大學裡，在聖誕前夕有一位女孩自殺了。巧的是她的舅舅是我父母的朋友。那個女孩我未曾見過，只是我剛進大學的那一年曾聽說她想要自殺但未成功，那時她好像是大二，正面對一份痛苦不堪的愛情。她是用煤氣將自己年輕得不能不讓人羨慕的生命送走，她的家僅她一個孩子，她是因為感到生活得太壓抑太空虛太無助，於是她走了，她在給父母留的遺書上寫滿了「對不起」。她的母親幾乎是幾天沒有進食與安眠，家裡人都在擔心她會精神崩潰……

一連串讓人心痛的消息讓我突然悟到一些平時不去感念的事。我們是否時常太疏忽於生命，活著對於太多的人而言是一種天經地義，我們通常想的是別人生活得富與貧，高貴與卑微，更多的時候是疏忽了活著與死亡。原本每一個人都有義務為你所愛的人和所有愛你的人而好好活著，否則你又何忍於將自己生命隕落的痛苦帶給那些關心愛護你的人們呢？死亡真的是會毫不留情地擊碎所有的夢，當我們靜下心來，想一些關於生命的亙古的話題，也許心情就會淡泊些，擁有生命的人是何等的富有啊！也許這時候大家會有一份坦然去面對生活中的名與利。面對死亡，面對著生命中無法折回的那一段，原本我們是否都還遠不夠灑脫、遠不夠輕鬆？

有一些堅持不可放棄

其實，直到現在，我都不能給時尚畫一個輪廓。寫過一些時尚的稿子，時尚中提到的一些生活細節也在我的某些生活中出現過——那時，我並不知道那也是時尚。可我很久以來都認為，那是一個變幻莫測的東西，含有太多的不確定性和異變性，她讓我有些新鮮的感覺，但牽不了我的心，碰見了，我會關心一下，錯過了，也不會心疼。有一點，我是很明白的，我不是一個時尚的人，但可以做一個時尚的觀察者、分析者，並且，固執地維持自己的觀點。

我想，這個城市裡總有一些和我生活的狀態比較類同的朋友，我們的工作和個人的愛好決定了生活中有一些可張可弛的餘地，儘管，這樣的餘地變得越來越小。因為工作的原因，我們可以擺脫朝九晚五的機械，可以有一些自由，維護一點小小的奢侈的夢想。

我的生活在本質上講是單調的，所以常常有一點寂寞的心緒。每天，除了讀書、寫作，就是到底下的花園散步，在文字的世界裡，我覓到一個浩淼無盡的世界，在這個世界裡有一種永遠吸引我的東西，不會因為時空的改變而改變。這是我至今為止，找到的最大的幸福。在這種單調的生活裡面，有一種非常豐富的內涵，那必須要付出足夠的耐心，承受極端的安靜，方可慢慢體悟到的，猶如熬中藥一般。

和心靈相通的朋友聊天是件舒心的事，我一直相信，人與人，人與事，都應該有些適當的距離，萬事合久必分，分久必合。這世上，有一個能讓你有親密不可分的感覺的人，就是一件可以知足的事了。大多數的朋友都是你可以視為淡淡的如溪流的生命所賜，你要珍惜卻不可太過依賴的。

有閒暇的時候，我也會逛街，買中意的衣服。現在，我不會像學生時代那樣為一套衣服動心了，有自己非常堅定的原則，不怕被別人說成是古板或單一。我喜歡莊重幹練優雅的，顏色極素，衣櫥裡沒有一件俏皮的時裝。被朋友們狠狠地批評過，也想在娛樂的時候穿一下與平日風格迥然的衣服，但總是過不了自己這一關，我的一位朋友說我潛意識裡有問題，我也沒有辦法。

中式的衣服我是中意的，而且很合適我。夏天的時候，我穿絲的或純棉的旗袍，在家光著腳走在地板上的時候穿，出門也穿。很喜歡。那都是找裁縫做的。買衣服，我是挑剔的，買的不多，但如果要買，一定買料子好，款式簡單的，可以穿好幾年，依舊不會過時，也不會敗料的。有一些昂貴是值得的，更何況是偶爾為之。黑色和藍色是我最鍾愛的顏色。生活裡的一些細節，我是堅持要維護的，因為我想要有我喜歡的生活方式，這是我決不放棄的。

因為寫作的關係，我幾乎有目前國內每一期的時尚類的刊物。我也知道目前國際上的時尚潮流，最知名的品牌，也有幸有幾件頂級名牌的衣服、鞋或手袋，但我知道，有一些時尚是寫在紙上的，留在銀幕上的，它是生活這道大餐上裝飾的花，不能太當真的。生活有時是有些枯燥，所以，我們都需要景致，我把那樣的時尚當電影一樣看，有的時候，觀看比參與更有意思。

佔據

有人說，愛情大致可分為兩種，一種是像烈火般熾熱燃燒，但無論怎樣熱火朝天，但終有一日它要散去、黯淡和熄滅；另一種是像空氣，它存在著的時候，你看不見它，摸不著它，甚至感覺不到它的存在，可一旦沒有了它，你就會發現沒有辦法活下去。現實生活中人們都是貪心的，既要熾熱又要長久，所以就要生出貪心的痛苦。

我以前和朋友常常聊起這樣的話題。當愛情無聲無息地進入到我的日常生活中的時候，我開始明白愛情是需要學習的，無論你的天分有多高，但你有可能在愛情EQ方面是個低能者。

女子對愛或婚姻總是苛求，希望純粹的愛和完美的婚姻。本來純屬個人意願的念頭被女人帶入日常生活之後，就容易變成脅迫男人必須接受的共識，要求男人也要把愛看作生命的全部。如果男人沒有做到，女人就會失望，甚至遷怒於男人。這本來沒有道理的事，可現在已很常見。

很多的愛情往往從最初的極端甜蜜走向最後的極端苦澀。這或許是因為太貪心，太不夠耐心或是別的原因。對愛若沒有氣度來承受它的無限，若不懂得節制和迂迴曲折，那麼不要說理想的愛情，即便是最低限度的彼此關係之間的關愛都是難以維繫的。

如果說，一定有一種比較理想的愛情的話，那麼伴隨著的是需要智慧、信念和不太輕鬆的自我調整。

如果說我對愛情有何憧憬的話，那我是需要那種濃淡相宜、從容不迫、相知且包容、互相體諒的情感。再也不奢求去佔據對方所有的情感領域，不要進入那種折騰到死方才罷休，要給彼此留有充分的空間和時間，讓有限的美好在一個比較寬容的環境中成長，這是我固有的信念。愛除了情感的相互依存更是一種互相依賴和協助。我希望當彼此需要一個人來幫助自己的時候，你能最先想到的是他。

那種比較理想的愛好像不是生來就能碰到的，它在彼此的交往中磨合、調整，那是一種動態，而過程最美。理想愛情中的相知、包容、智慧、耐心都是這漫長的過程中一座座燈塔，藉此，我們不斷地前行。儘管，我看到周遭有人或觸礁而沈沒或棄槳而去，或是在漩渦中迷失方向，但我還是相信，彼岸總還是有的，只是我們仍在此岸苦苦跋涉而已。

一個天使飛過了

有一個朋友對我說，在法國，如果在一個餐桌上或是在一個PARTY上，忽然間大家都不說話了，在那頃刻間的沈默裡——靜謐的停留過程中，法國人給這樣的瞬間一個美妙的稱呼——一個天使飛過了！這是他們的一種幽默，也是對安靜的一種欣賞。

可能是出於職業的關係，或者是本身的身體比較弱，我對聲音是極為敏感。我住的這個小區總的來說很安靜，平時所受到的干擾也比較少，所以種種的因素讓我對聲音有了一點抗拒，聲音太響，或者是些許的喧嘩都會讓我感到不舒服。可是人真的是很奇怪的，最容易被環境同化，而且很快就能適應環境，並且成為環境的製造者——不管是好的環境還是惡劣的環境。

當和一些北歐或泰國的朋友處久了，你自然而然的就會把聲音放低，語速減慢，因為他們都是這樣的，如果你不這樣，就會顯得非常的奇怪，於是，無論是在餐館裡，還是在PARTY

上，都顯得很有節制。我的一個朋友甚至這樣說，他在英國訪問了兩個月，回來的第一個禮拜，覺得這裡的餐館實在是太喧鬧了，震得人的耳膜發脹，根本無法進餐，而且他有一種本能的牴觸。回來的第二個星期，他便開始適應了，到了第三週，他又變回了大聲地說話，毫不顧及到周圍的人，所以他相信這是中國人的一種通病。我想我可能也是這樣。在家裡，或者是因為某些重要的場合，常常是變得很「淑女」化，一旦隨意在一個公開熱鬧的地方，可能也是張大了嗓門說話，唯恐別人聽不見。最可怕的是，我們都把責任推在那個無形的「他人」身上，總是說，倘若我不是大聲地說話，那我的聲音可能就淹沒在眾多的喧嘩中，故而，無數的「小我」將無可奈何，於是這樣的問題便永遠也不會有一個最完滿的答案。

最近，我接連碰到了兩件事，一件事是發生在我身上的，一件事是發生在我的一個朋友身上，使得我對「聲音」，這個我們生活中最通常的問題，有了一點兒新的認識。

我們這個小區新近搬進來一戶人家，正好在我對面的那幢公寓裡，和我幾乎是窗對著窗，雖然說中間有成排的樹做間隔，彼此甚至連窗框都看不清，但是聲音卻是可以像無形的影子一般自由來去。我們這個小區也算是有些淵源，尤其以環境而備受稱讚，而且常常是非常安靜，少有人打擾的。那位新來的住戶一定是財力不菲，他買下了半個層面，然後大興土木，僅裝修就費了半年多。在那些夜以繼日的勞作中，我們這些鄰居只能咬緊牙關，耐心忍受，想著總有一天等著他裝修完了，我們就熬出了頭，於是只能把窗戶緊閉，拉上窗簾，再在自己的耳朵裡塞上兩個耳塞。像我這樣每週還要有幾個白天留在家裡看稿、寫作的人而言，簡直就是如坐針氈。好不容易盼星星盼月亮，過了半年，那戶人家欣喜地入住了，可是新的麻煩就這樣產生了。該戶主人好像酷愛音樂，而且欣賞範圍也很寬泛，從蕭邦到莫札特，到海頓或是黎明、劉德華，幾乎無一漏過，而且他大有將音樂要奉獻給全社區的人共同欣賞的意思，每一次都把聲音開得震耳欲聾。雖然也有不錯的音樂，可是在一個不適當的時候，別人就無法接受。最後幾個上了年紀的人終於忍無可忍，找上門去，然而這位主人還全然沒有一丁點兒的感覺，甚至覺得有些雲裡霧裡，倒是他的那種茫然不知，毫無覺察的樣子，徒增了我的黯然。那個人想來也沒有覺得他已經給別人帶來了極大的麻煩甚至苦痛。我想想自己半年多來苦苦忍受的樣子，心裡倍感委屈。

另一件事情就更加有趣些。我的一個朋友在市郊買的是那種帶花園的複式樓房。他對面的一位住戶不知哪一天開始有了一些興致，在自家的院子裡插起了國旗，本來這也完全是個人的自由，無可言說，可是旗杆上的那根繩子，每當有風的時候就會敲打那根木杆，「逖嗒——逖嗒」的聲音在那麼安靜的小區中居然成為一種無比的干擾，正對著我朋友的臥室，夜深人靜的時候，這無形的聲音就好像變成了一支永不疲倦的軍隊，讓人不得安寧、無從入眠，於是雙方發生糾紛。對方的那位仁兄，認為我的朋友是在小題大作、無中生有，他根本不相信就這麼點聲音會產生這麼大的麻煩。於是，一樁簡單的糾紛，變成了要由法院來做最後仲裁的事件。法院沒有辦法之下，只能請了專門的人來做實地考察，其中也包括請了那位不以為然的仁兄。事情出現了戲劇性的一幕，誰都沒有想到，就那麼丁點兒的聲音，夜深人靜的時候，就像直接敲在你心上的重錘，而且隨著時間的推移，會讓人越來越不可忍受。那位仁兄也是目瞪口呆，難道聲音也會變，可以從最不起眼的「一介草民」變為力大無窮的惡魔，這場爭議的最後結果自然就是按照我那位朋友的願，讓對方把旗杆和旗子一起收回。

我又想到了那個法國人的幽默——一個天使飛過了。靜謐，本來就是人類最忠誠的、最可信賴的朋友。在這樣的朋友面前，你可以得到無與倫比的舒暢，有時間和空間進入你自己的想像和絕對的個人世界。一個不被人打擾的世界，應該是美好的，而我們常常在不經意之間破壞了它，卻誰也沒有勇氣去承擔或是可能連起碼的察覺都被忽略了。

收藏了一櫃子的心事和情緒

在家裡，我一個人就佔了三個衣櫃。可是每到要出門的時候，面對一排衣裳，總還是舉棋不定，好像總是缺了那麼一件最如意的，所謂女人出門總是少一件衣裳，看來我也未能免俗。

對於穿著，我的確是不馬虎的。「寧穿破，不穿錯」，是我恪守的原則。我也喜歡設計簡單、線條流暢、顏色素雅的衣服，總之，最重要的原則是必須大方得體，而個性獨特。雖然也常常博得同伴們的讚歎，但我鍾愛的顏色也不過是黑、白、藍，所以對於我這麼年輕的人來講，實在是太過淡雅了。

中式的衣服是我最中意的，而且很合適我。夏天的時候我穿絲或純棉的簡易改良過的旗袍，在家光著腳走在地板上的時候穿，出門也穿。那都是我找裁縫訂做的。在風起雲湧的二三十年代，那時的旗袍領風尚之先，唯愛美女性所效仿，女學生當然也愛趕時髦，但穿的是陰丹士林青布旗袍，摩登女郎的高叉、無袖的旗袍是在校園裡見不到的，時髦人人可趕，但每個人都走在自己的軌道上，不會亂了方寸，盲目踏到別人的大道上去，那是要落人笑柄的。那時候家境略略富裕的人家，對裁縫是很挑剔的，蘇幫、揚幫、甬幫和本幫裁縫，他們只要瞥一眼針角，心裡就有底了。時至今日，中式的服裝又成了一種潮流，是因為懷舊潮的捲土重來。我的那些旗袍都是一個姓鄭的老師傅做的。這幾年，我們家人穿的衣服大多都由他一手包攬。他的師傅曾是上海灘紅極一時的甬幫裁縫，不知道為多少名流要人親手縫製過衣裳，可是輪到他，世道變了，像他師傅那一級的裁縫要麼去世了，要麼就像從上海蒸發掉了一樣，無處可尋了。更何況經歷了那麼多的劫難，服飾的華美竟會荒誕地牽扯到人的命運，鄭師傅只能盤了個很小的鋪子混口飯吃。直到九十年代中後期，他的生意才日漸好起來，人們才驚歎到他的手藝原來是這麼好，那都是以前跟著師傅學的實打實的絕活兒。我的衣服，尤其是旗袍都是由他一手剪裁縫製的。他總是說，做衣裳，料子是首選，一定要好，款式可以簡單一點，這樣的衣服穿多久都不會落伍的。我喜歡那些簡易旗袍，一則因為它能夠體現我的著裝風格和身材，二來合適我對服裝的審美，有的時候覺得在夏天的時候最輕鬆美麗，可能是和這些旗袍有關吧。有閒暇的時候我也會逛街，買中意的衣服。現在我不會像學生時代那樣，隨意為一套衣服動心了。有自己非常堅定的原則，不怕被別人說成古板或單一。衣櫃裡沒有

我不是最主要的人物，只是一個被邀請的嘉賓，像這樣的晚禮服是只有宴會的主角才可以穿的。可這件一次也沒穿過的衣服一直是我衣櫃裡最鍾愛的之一，我總是將很多美好的想像附加給它，這是一種很曼妙的感覺。

再有一件特別的T恤是我的小外甥——天天的傑作。天天是我表姐的孩子，男孩，八歲，一年前隨父母從東京回到上海定居，滿口日語，只會說很簡單的中文辭彙。天天不會說中文，他的父母又擔心他出門會走丟，就把他留在家裡。他酷愛繪畫，家裡的牆壁甚至外公、外婆的臉都曾經當過他的畫板。兩個老人聽不懂他要吃什麼，就把冰箱的門拉開，讓他自己找。天天趴在冰箱前半天，也沒找到他愛吃的果凍，卻因為吸了太多的冷氣而發起了高燒。就在全家人為他心疼的時候，他卻顯得很平靜，而且還表現出幽默的本性，以自己為核心人物，畫了一組卡通畫。他的父母在中國受了幾十年的中國傳統教育，為了在日本學習生活謀職，從片假名開始學起，在家裡也每時每刻說日語，終於能說得一口連日本人都誇讚的日本話，而他們的兒子，這個道地的中國人的兒子，現在要像他父母學日語時那樣辛苦地學習母語——中文。每次我去看他，他總是提早趴在陽臺上，一看到我巴不得從陽臺上飛下來，因為這一天他可以很快樂，我會帶他出去玩——任何他想去的地方。我想他可能很寂寞，但是我們都不夠重視。有一天，天天對我說，我想給你畫一幅畫，我們都知道這是他對他喜歡的人的表示。於是我買來了一件純棉的白色T恤，而且去配了那種特殊的顏料，天天就在那件T恤上畫了一隻酣睡的貓。這隻貓畫得好極了，有一點抽象，又不乏調皮可愛。我把它當做一件珍貴的禮物，每年的夏天我都會拿出來穿一陣子，也常常引起同伴們的好奇，對這幅出自八歲孩子的傑作，大家都很讚賞。

每逢季節更替，家裡就會有一次較大規模的更衣記。氣候除了冷暖之外，還有涼、溫、寒、嚴寒、酷熱等等。於是衣服的歸整讓人能夠清晰地感覺到生活的更迭。當帶有質感的衣服從手指間劃過的時候，就像與一位親密的朋友那種不可分割的情感。

因為寫作的關係，我幾乎有目前國內每一期的時尚類的刊物。我也知道目前國際上時尚潮流和最知名的品牌，有幸也有幾件頂級名牌的衣服、鞋和手袋，但我知道，有一些時尚是寫在紙上的，留在銀幕上的，它是生活這道大餐上裝飾的花，不能太當真的。生活有時是有些枯燥，所以我們都需要景致。我把那樣的時尚當電影一樣看，有的時候觀看比參與更有意思。

這些年，我每年都添置一些新衣，漸漸的衣櫃裡越塞越滿，可是輪到要把舊的衣裳送人或處理掉，就往往於心不忍。那些舊衣裳承載了當時的喜怒哀樂或心境。一次愉快的聚會或者一個難忘的告別都留在了那些衣裳所拼湊的畫面裡。我想衣服不僅僅是為了美麗，更重要的是它是一種心思、一種情趣。不同的年齡、不同的心境、不同的喜怒哀樂，讓人對衣裳也變得格外挑剔，所以我想我的衣櫃裡收的都是有靈魂的記憶，它們承載著我的過去，包容著我的當下，至於未來還會添置些什麼東西，是連我自己都不知道的。

霜葉飛，風入松

隱隱青山，蕭蕭落葉。

當一年的繁華被這海棠鋪繡，梨花飄雪收斂住的時候，千姿百態，奇裝異服，時尚潮流也都開始卸下各自的疲憊，在恬淡素淨甚或有些蒼白的畫面上留下最後凝重的側影。

這個暮秋冬日是格外需要細心呵護的。一年來的坎坷曲折裹在那一襲屏幃裡，是留給別人的悅目和欣美。這個暖冬是自己的，可以素面朝天，可以孤芳一世，書盈錦軸，恨滿金徽，難寫寸心幽怨。在黑、灰、白的世界裡，一抹酒紅是一任群芳妒。

還有，還有，還有——還有你的心情。

莫道梧桐葉上三更雨，葉葉聲聲是別離。回首處，暖風十里麗人天，只待明日重扶殘醉，來尋陌上花鈿。

冬日最易讓人燙傷，寂寞的心渴望溫暖，熾熱的愛難免會烙下遺憾和傷痕。這一個需要憐愛、寧靜、柔情的暮秋初冬，所有的故事未必都能在這裡找到結局，但可以稍作休憩；那些猶豫著凝成場景的片斷也在這個季節變得曖昧起來。當十指在那些午後陽光和薰衣草垂青過的毛衣和羊絨大衣上滑過時，那份感覺就是，冬日才開始，春天好像已經近在咫尺了。

剪紅情，裁綠意，有人添燭西窗，不眠侵曉，笑聲轉，新年鶯語。

首飾

我收到的第一份首飾是母親在我二十歲生日時送的禮物。那是一枚白金戒指，纖小細緻，造型別致。母親親自為我戴上，擁著我的肩說：「祝你生日快樂。」以前，我曾在生日的時候收到過無數的長毛絨娃娃、相架、成套的書籍磁帶。可首飾這是第一次，媽媽說，戴著母親送的戒指的手是最美的手。

我把這份禮物好好收藏著。平時在學校裡很少戴，主要是覺得穿了一身學生裝戴上戒指會顯得不太和諧。只有在節日裡，或是情緒特別高漲的時候會戴上它。還有就是惹母親生氣的時候，想以此來暗示她，我是多麼珍惜她的心意，想藉此來討好她，可以不在口頭上道歉就能讓她原諒我。後來，父親又給了我一掛項鍊。這是他多年以前從香港買來的，款式與造型唯此一掛，價值不菲。母親對父親說：「你不是說這是為女兒準備的嫁妝嗎？怎麼這麼著急就送給女兒了？」父親淺淺一笑道：「我想讓女兒知道爸爸像媽媽一樣細緻地愛她，我可不想輸給了你。」他們總是這樣有趣地「爭搶」女兒的情感，唯恐我會偏心。

後來外婆給了我一掛珍珠項鍊和一對她的母親留給她的手鐲。爺爺給了一枚翡翠戒指。女友從泰國歸來給我捎了銀手鍊、銀掛件。去西安旅遊，自己又買了一副雞血石鐲子。妹妹給了我一枚玉珮，說是戴上可以消災避禍，我倒是蠻鍾情於這種略帶了一些黃的淺淺的綠，一直貼身戴了好久。

這些我都收著，平時倒是鍾情於一些假的飾品。主要是那些木質的或仿真的飾品，有一種與眾不同的氣質，比較便宜卻經常可以收到不同凡響的效果。我每挑選一件這種假首飾，就像採擷歸來一份意外得到的奇珍異寶一般的興奮。這些真的、假的、昂貴的和廉價的首飾被我裝在一個紙盒子裡。心情好的時候我會把它們全都取出來，一件件地擺在床上揣摩品味。有一次，我居然把所有的飾品都掛在了手上、頸上、腳上、胸前，活像個女巫一般，惹得全家人大笑不止。

那一年的春天，一個曾愛著我的男子對我說，他要結婚了。他等了兩年，兩年的時間裡他用了能用上的一切愛心，我也是實實在在的感受到了，只是我一直沒有辦法接受他的感情。我一開始就告訴他，我不愛他，以後也不會愛的。他願意盡最大的努力試試。兩年的時間幾乎耗盡了他的耐心和忍受力，他終於決定放棄了。就在他告訴我他的決定時，我在如釋重負的同時又隱約感到一份淺淺的失落，自此，將少了一個為我牽掛，願意為我努力去做好每一件事，為我歡喜悲愁的人。雖然我一直很少在意過他，並且一直希望他能盡快找到可以移情的女孩，可真的將要不復存在了，又平添了些許惆悵。人的心理總是這樣的微妙啊！

他說，他的未婚妻溫順細緻，比起我的倔強任性是好多了……我就這樣靜靜地坐在他的面前，聽他語無倫次地說著他未婚妻的種種優點，漸漸地他安靜下來，說：「我已經很投入地試過了，現在我需要一份婚姻了。」眼中已經有霧氣產生，這也許應該是我最後一次看到他神氣俱傷的樣子了。

他最後送了我一個盒子，是一隻極漂亮的音樂首飾盒。盒子裡有編了號的二十幾封信和一張卡片。我的身邊從未留有他的信，起初認識他的時候曾收到過一些，因覺得不妥便退了回去，我沒有想到他一直堅持著。他在卡片上寫道：我多麼想有一天能為你精心挑選一件首飾且親自為你戴上啊，可是我永遠不會再有這樣的機會了，這個首飾盒是我的心意，送給你，為了你，為了我不再回復的感情。

我打開編號最末的那封信，信的最後說：不要以為我是一時衝動才結婚的，她待我那麼細緻體貼，且能包容我所有的缺點，我真的感謝命運所賜，這是我一生的緣分，我是真的幸福。衷心祝福你的一生比我幸福。

唯一的承諾

現在，關於對青春的概念已經變得繁複而模糊。在我，青春是感性的，帶著期待、新鮮、朦朧的不知覺的興奮。人性中重要的一頁就在無聲中在你我的生活裡掀開，所有的緊張、無知、茫然……都將逐一擱置，新的生活裡充滿了對未來的躊躇滿志。

原先是沒有想過這樣煎茶聞香的日子，會在我這麼年輕的生命裡就沈澱下來，在書堆文稿裡的生活是有些「暮氣」和枯燥的，這是真切的感受，不是矯情，就像散亂的冰粒滾在玻璃臺上一般，帶著些微痛的焦灼，聲音是尖細中透著沙啞。

在這樣沈寂的日子裡待到心境蒼白的時候，峰迴路轉間，又有怦然心動和了有所悟猛然間湧上心頭，很多次被這種沈靜逼到絕境時，突然間又能「起死回生」，過於靜謐的力量是巨大的，可以讓人從骨子裡體味到孤寂的毛髮，故而很難真正從心底盛開出歡欣的蓓蕾，僅有的不易捕捉的微笑也是稍縱即逝的。心同茶一起煎，不是自虐，而是成了一種順其自然的方式。間或有更富有學問的人在學術的苦海裡踽踽前行，讓人生出敬重之心。彼此都在沈靜中自我束縛，開出心血滋養的花。

人說，真羨慕，有如此的閒情在這太過匆忙的世界裡。只淡淡一笑，不再解釋，這背後的種種迂迴曲折的感受是問話的人無法體悟的，知道的人是不會這樣問的，那是同道。

心底裡存有愛意，對這像百合花一樣的年華，可以真切地聞到那馨香，感受到世界的美好，所以，不可以辜負，這是我唯一許下的諾言，留在我心底，是給我自己的。

我是在愛的守護和守望的日子裡屏氣凝神與這樣的沈寂為伴的，然後是隔著文字聞著墨香去感受別人的情義與愛的，否則，我怕早就被過於綿密的心思淹沒了。我只想堅定於我的愛好和專業，慶幸的是這兩者可以互為一體，這是生活賜予的一種快樂。我很珍惜。每每看到我的那些老師和前輩們，雙鬢染霜，皺紋裡嵌滿了辛勞和憂愁，儘管已經著述等身，依然謙虛謹慎，筆耕不輟。就會為手中握著的這份青春年華而有些許的汗顏，常常是身處其中而無法體會到它的珍貴，不知不覺中浪費了它。更為自己有時的年少張揚得意而臉紅心跳！也只有這時候，才那麼真切地感受到，無論哪一種生活的選擇，都是一條漫無盡頭的甬道，需要付出的可能是所有的時光。即便一個人對自己的美好生活的追求在無從避免的生活悖論中被撕成了碎片，依然是美好的人生。

我現在有自己鍾愛的生活支點，並且還沒有想過要去改變。有的時候也會為這份鍾愛而困頓，但我知道那是夾雜著倦怠的陶醉。我想在我還很年輕的時候多汲取一些，我們生逢其時，比起我們的前輩和父輩，這個時代賦予我們太多的優越的條件，心底裡的那個唯一的諾言總在我黯然和落寞的時候給我有力的支撐。時光流轉，我想能有一些東西留在這馨香百合的歲月裡，那不僅僅是為了回憶。

青春的年代具有一種不斷湧現的，充滿憂傷的美，我們都是只生有一個翅膀的天使，只有互相擁抱才能飛翔。只要是真誠地付出，我們都不會被生活拋棄，她是可信賴的，忠誠的，等待著最後和你一起飛翔的朋友。

追尾巴的貓

失愛的家庭婚姻生活與難於抵禦的婚外情的誘惑。一旦捲入這樣的漩渦，無論是選擇放縱的迷醉還是猶豫的徘徊，有一點幾乎是可以得到共識的，那就是你可能要面對逐出生活的樂園的結局，並且必須拿出足夠的勇氣去面對被追逐出樂園的漫漫長途。

渡邊淳一讓他筆下的兩位主人翁選擇了死亡，是一種藝術上的唯美也是生活中的逃避。偷食「禁果」的人被逐出樂園。為了他們心目中的樂園，他們踏上了不歸之旅，卻道：「活著太好了！」死亡的那個臨界點具有凝固一切的巨大能量，縱然有翻天覆地的愛恨情仇和千迴百轉的溫柔繾綣，死亡則將這一切提升到了一種絕境中的悽愴。讀者和觀眾在那個臨界點上獲得了藝術的美感。至於種種的疲憊、無奈、悲愁被無形地消解了。

據說《失樂園》以小說、電影、電視的形式在日本風行一時，形成所謂「失樂園」現象。可見得是抓住了一大部分人的心靈深處的隱秘，故而引起這麼大的反響。

近些年，描寫婚外戀的作品不止一二，渡邊淳一的這部作品能夠引起這麼多的關注，首推其功是借助了電影的影響，其次，作品本身的確是有可圈可點之處。我讀過原作，也看過根據這本小說改編的電影，讓我最感興趣的是作品的節奏。奇妙的心理活動與錯綜複雜的感情糾葛，溶入到異域特有的四季更為綺麗的環境裡，令人迴腸盪氣。端莊美麗的松原凜子和久木詳情感的歡悅痛苦，靈與肉的互相交織都被控制在一種有節奏的縱情之中。許是囿於東方文化傳統中的某些桎梏，東方人更習慣於「帶著鐐銬跳舞，那份沈積許久的激情和現存環境之間的阻隔，使得這份有節奏的奔放讓人可以從道德倫理的天平上傾斜下來，為真情而由衷地感歎。這非同於歐美一些作品中的無度的放縱，卻是比較符合東方人的審美趣味。久木詳與凜子之間的情感的細膩程度就像是宋代汝瓷上若隱若現的紋絡，只因我們曾在茫茫人海裡相遇，只為我們曾是歡喜與共的知己。」無論是靈魂的呼應還是欲望的滿足都是基於愛的不可遏制和幾近瘋狂的極致。在這一刻，每一個毛孔裡所滲透的一切虛飾、偽裝都被統統拋到九霄雲外。

世紀末的人們，一則是在為創造更為繁華文明的物質生活竭盡全力，然而這種文明帶來的副作用就是人際之間的交往和情感交流日益機械化、簡單化，故而導致了疏遠、隔膜。然而人的本性中，感情需要得到撫慰和宣泄。本來可以溫情脈脈和溪水長流的感情在長久的缺失之下變得不可名狀的焦灼，於是情愛成了最渴求也是最靈驗的藥方。對於兩個在情感上獲得補償的相愛的人而言，極致的滿足，並且想在幸福的頂端不墜落，死亡似乎已不代表著壓抑、消極，而是一種愛的凝固，這種愛和欲望的極致甚至讓他們對生活的執著也不復存在了。

愛是無懈可擊到完美的愛，情也是無懈可擊的情，可即便是這樣的愛情也無法面臨從至高點墜落的宿命，瞬間即永恒原來是這樣一種顛撲不破的真理。從這個意義而言，渡邊淳一的《失樂園》完成了一個突破。他的這部作品，沒有像一般婚外戀作品一樣，著力去探討簡單的「應該」和「不應該」，也就是說跨越了傳統理論和人性需要之間不可調和的矛盾，而是將這一切放置成一個背景，著力來探討一對背負重荷的男女的情感從萌芽至滿盛至最後的至福的凝固的過程，這使得作品有著極強烈的唯美傾向和悽愴的豔麗。濃重的理想主義色彩為閱讀的人們極短地構築了一個樂園，在這個樂園，愛可以昇華，情感可以宣泄，靈肉可以互為交融，達到所謂的「物我兩忘」的境界。然而這一切都是短暫的。「樂園」就像是懸浮的夢境，勇敢的人們對樂園的喟歎也無法擺脫最終要被逐出樂園的宿命。所以，人似乎認定了「失樂」是最終的結局。既然結局早已明擺在你面前，於是很多人都不再「徒勞」了。

據說，貓，而且是特別有靈性的貓都有一個奇怪的毛病，喜歡不停地追逐自己的尾巴，追逐得大汗淋漓，眼冒金星還要追，怎麼教都改不了這個在人類而言是傻得不能再傻的謬誤

這一年的「瓜子仁」

新年裡，有一些女友來我家裡喝茶聊天。因為是純粹的紅顏天地，女友們就不再顧忌、矜持和偶爾顯山露水的矯情。可以將自己的頹唐、沮喪和遺憾毫無保留的揮灑。我這才很直接的感受到，在那一張張花容月貌的容貌和一個個聰穎智慧的軀體裡卻含著一顆顆脆弱甚至滿含傷痕的心。

我們聽著音樂，漫無邊際地聊著，說著為什麼當下的生活已經無法很徹底地激發起大家本質上對生活的摯愛了，好像除了外在的世界時而會裝模作樣地製造出一些虛假的喧嘩之外，內心永遠是有著寂靜且空茫的。周遭的女友，才步入婚姻的殿堂二三年的便已亮起了紅燈，讓我們這些正對「步入人生新的殿堂」抱有美好憧憬的人，活生生的心有餘悸起來。想想也真是，都是那百裡挑一的好女子，才貌雙全，溫柔善良，怎麼總也在苦海邊打轉。

想來，幸福與才貌或柔情並沒有太直接的聯繫。它只是一種很實在的感覺。一個能善於捕捉生活中點滴幸福的人是讓人羨慕的。其實想想，如果同在二、三十歲的年齡，男人恐怕比女人更艱辛一些，要忙著從紛亂的世界中佔據一席之地，又要有一顆經得起千錘百煉的心，有識之士還要堅守自己的理想。曾經有一位蠻優秀的男孩子說：他現在正處在鑄造一艘船的年紀，他也不指望能造萬噸輪，但起碼不是一般小風小浪就可以掀倒的舢板，他需要時間全力以赴，所以還遠沒到可以倚在桅杆上看風景的時候，他希望他愛的女孩子能給一些耐心，到時候，他要攜著他心愛的女孩去遠航。可是，他每天都不能聚精會神地造船，他擔心一旦女孩沒有了耐心就會搭上另一艘船走了，如果碰上「鐵達尼」號，那麼他所有的希望都將落空──我現在還記得當時在場的人聽後無不唏噓不已。

說到底，現在的很多痛苦終究是脫不了人和人之間的互相施壓、磨折。對目標攫取的快樂已超勝於人和人之間的相濡以沫、寬容體諒了。我想有一些東西是值得追求的，譬如說：善於利用時間，重視你的事業，遏制野心，珍視愛情和友誼，不怕挫折，保持樂觀等。其餘的皆可看作是生命所賜。得了，是幸運，得不到亦無妨。我想對那個男孩子說，倘若遇上「鐵達尼」號，你也不要太過憂慮，只要你有足夠的耐心、勇氣和執著，你可以一直追著它，直到它沈沒的時候，你再去搭救那個捨下你這個小舢板的女孩──如果你依然愛她，並且願意。

那次聚會，我們聊了很多，大家還拍了照。待大家散去，我才記起有人說，照片就像生命的碎殼，歲月逝去，瓜子仁一粒粒咽下去，滋味各人知道，留給大家看的唯有那滿地狼藉的黑白瓜子殼。但願，這一年的「瓜子仁」能給大家一些持久的甘甜和清香。

撜

小許的故事

小許是新來的阿姨。祖籍山東沂蒙，二十六歲那年嫁到江蘇鹽城。二十八歲當母親，生了個女兒，公婆丈夫都沒有喜悅的神色。小許的丈夫長她十歲，先前結過兩次婚，都因性格不合離婚了。這是一個風流成性的男人，女兒兩歲那年，他們開始吵架。原因是丈夫嗜賭如命，而且在外面有女人。小許說，她一個人，他們是一大家子人，為了女兒，只能忍。丈夫好吃懶做，在外面輸了錢，回家拿小許出氣，直到兩人打起來，女兒嚇得哇哇大哭，小許的丈夫才罷休。每每此時，小許總是強忍著不哭。心卻是碎光了。家裡的事裡裡外外永遠沒個完，精疲力竭是麻木神經的絕妙途徑。到女兒六歲的那年，小許曾想到過死，在自己的床上撞到了別的女人，丈夫不僅把家裡的錢輸得光光的，還借了一筆債，為了討那個女人的歡心。當著女兒的面，倆人打架，小許流了很多鼻血，女兒嚇哭了，躲在小許懷裡，鼻血滴在女兒的頭髮上。最絕的是，這個男人就死活賴著小許，既不離婚，也不善待家人。每每此時，小許就特別想念遠在沂蒙的父母兄弟姐妹，後悔當初不該不聽他們的話，可那兒太窮了，小許做夢也想離開，本以為嫁了個男人可以逃離苦海，沒想到是墜入了深淵。小許是在心灰意冷，無可奈何的情況下，才想到要和同鄉一起到上海來打工。最捨不得女兒，但是沒有別的辦法了。丈夫只要小許不離婚，每個月按時寄錢回家，又在暗裡找了個女人，他巴不得小許走得遠遠的。女兒是丈夫手中的籌碼，只要把女兒留在身邊就能挽住婚姻，還有每個月的錢。小許的心裡也很明白。

小許在上海吃過不少苦，什麼髒活累活都幹。她身體的底子很好，來上海三年多了，除了感冒發燒，幾乎沒有生過病。做的最長久的是醫院裡的護工。她為人熱忱，做事很勤快，而且還跟著醫生學會了基本的推拿按摩。陪夜的事是護工最頭痛的，因為都是重病號，一個晚上折騰得護工精疲力竭。小許每次都主動要求，她借的住處是一個小閣樓，住了三個打工妹，實在太擠了。小許寧願在醫院裡睡躺椅，也怕回到那又髒又擠的地方，故而，小許是護工裡的「高薪族」。病人要出院時，總還不忘給她點小費，小許感到很安慰。除了醫院裡的工作，小許還幫人做鐘點工。

我們家本來有個鐘點工，做了很久了，她會做很地道的川菜和各種各樣的小點心，全家人都喜歡她。突然，她家裡出了點意外，要停兩個月。小許是在這樣的情況下經人介紹來幫忙的。待她來了之後，我們才知道她幾乎不會做菜，充其量只是將生的弄成熟的。但她可以將房間收拾得井井有條，而且還有幽默的天分，我們還是留下了她。

小許愛將自己的事講給我聽，她需要別人的傾聽，因為她寂寞。我理解她，很快她就把我當成可以傾訴的朋友。醫院裡的眾生相，她都看在眼裡，她最在乎的是別人對自己是否尊重。她說，每次看到病人把她當家人一樣，她心裡就特別高興。也經常在病人家屬那裡受氣，她一進我家，只要看一下她的臉色，就明瞭她的心情——全寫在臉上。她談的比較多的是她女兒，很想念也很無奈。我有一次問她是否心裡怨恨她丈夫，她說，倒也不是，只是淡淡地說了一句，我其實早就知道他背著我在外面有女人，只要他把家搞得像點樣。為了女兒，我也就裝作不知道，可是他太不像樣了，還欠下一大筆賭債。這幾年打工掙的錢全都用來還債了。掙這點錢不容易。結了婚，才明白有一種男人是女人命中的剋星，誰碰上誰倒楣。沒什麼好怨的，凡事要看開，這樣日子才過得下去。我聽了很難過，想著她心裡一定有很多悲愁，只是無從擺脫。有意思的是，她還常開導旁人。只要一看到我稍作冥想，她就會說，真不知道你怎麼會有那麼多的愁，要換了我是你，不知有多開心，難怪你身體那麼弱，都是愁出來的。人生總不能求全，發愁就是跟自己過不去。然後就說笑話，想法子逗人笑。

小許說，自她來上海後，也碰到各種各樣的男人對她獻殷勤，她心裡明白，那是因為寂寞，沒什麼意思，是不可以當真的。一旦動了真情陷入了，吃虧的一定是自己，那種男人大都沒有責任心。她說，對愛情早就沒興趣了，男人大多不可信，她的心幾近死了。

有一陣，我發現她好像撞上了陰雨天。沒等我問，她就隱隱約約地說了一些。她護理了一個男病號，是個剛退休的喪偶的工程師。倆人談得很投機，小許閒暇時喜愛文學，喜歡從別人那兒汲取點什麼。那個工程師把小許當女兒一般，也許是平日少人關心，見小許善解人意，心中有些感動。小許說從來沒有人對她那麼細心和溫和——沒有任何目的的。現在，他要出院了，我看得出她有些悵然若失。再後來，我才知道那個工程師出院後，又回醫院找過小許，送過一點小禮物以表謝意。直到有一天，工程師的兒子知道了，就找到醫院對小許冷嘲熱諷，大致的意思是，一個打工妹不要有什麼非份之想。小許個性倔強，當即是不肯示弱的，搞得對方也很沒面子。讓小許傷心的是，那個一見如故的人也悻悻地跑到醫院，說以後不要再見了，免得兒子生閒氣，還說小許真的是個好人。小許很委屈，說她真的沒有別的想法，「朋友」二字怎麼就那麼難。我無法回答小許的問題，心裡對他們當中的每一個都很理解。時值新年來臨，為了安慰她，送了一條絲巾給她，她顯然很高興，立即戴給我看，我這才發現，三十多歲的她已經很顯蒼老了。小許說，還是女人好，男人太虛偽了。聽得出，她還對那個工程師耿耿於懷。我心裡還是有點高興，因為她的心並不如她自己所說的已經死了，她還是善於被溫情感動，只要心還是軟的，生活就有希望。

最讓我感動的事情發生在新年來臨之際。

我突然感冒發燒且一直退不下來，人虛弱得不成樣子。正好家裡一個人也不在。小許一直陪著我，照顧我。我不小心吐了她一身，她一點都不在意。我不會忘記，在這個世紀最後一個新年來臨之際，是小許和我一起度過的——一個本和我最陌生的人，而且是在我最需要幫助的時候。想起來，讓人感到很溫暖。

兩個多月後，原來的阿姨又回來了。我們又可以吃到可口的飯菜和點心了，但對小許還是有點不捨。留了她吃晚飯，送了一件毛衣給她，謝謝她對我格外的照顧。我看到她的眼圈紅了。她還在我家裡給那個工程師打了一個電話，拜早年，感謝他曾給予的關心。有禮有節的畫了一個漂亮的句號。

新年過去很久了，我收到她回鄉過年捎回來的新大米和草雞蛋，真是很感謝她如此惦念。

常常感歎人是孤獨的，當心裡千轉百迴的思慮和愁怨愈加濃重的時候。可人終究是互相支撐彼此憐恤的，當峰迴路轉間得到關愛，哪怕是氣若遊絲的溫情也是生活裡彌足珍貴的記憶，無論是我們，還是那些為了生活竭盡全力的異鄉人。

一廂情願

鄰居的小孩不慎在新年裡打碎了碗，遭到年邁的祖母的訓斥。那老太太平時是極疼愛孫子的，這次之所以如此是覺得這是犯忌的事。後來這件事無意間被我得知，看到那個被訓得愣愣的孩子，心裡就感到有點憐惜——孩子本來就是好動的，更何況他是根本不懂什麼叫犯忌的。後來，我從別人那裡得知要把這樣的霉運趕走唯有一個辦法，需買到和那只摔碎的碗一模一樣的碗，且要買六個，還必須在元宵節之前配到。這樣方可一年平安吉祥。我對這種關於吉凶的占卜並無很多的信仰，只是想若能幫上點什麼是挺好的。於是特地上鄰家端詳了他們使用的碗的樣式和花紋並記下了，然後開始滿街地尋覓。我之所以這麼做是怕萬一鄰家這一年遇到什麼不好的事，偌大的罪過就要讓那個孩子來負擔了。這對於一個年幼的孩子而言是過重的，也許還會在他的心上留下陰影。於是覺得自己是在做一件拯救別人的大事，很投入很無怨。覓了幾天還是一無所獲。其實，那是一種很平常的碗，可就是找不到。離元宵節越來越近了，我開始有點著急了。一日，從友人家歸來，在一條小巷的拐角處有一個賣瓷器的地攤，我要的東西就這樣安安靜靜地躺在那兒。在昏暗的路燈下，它就是我要的寶貝。

小心翼翼地捧了六個回家，鄭重其事地送到鄰家。那位老太太說她從未聽說過買六個相同的碗就能消災的事，再說她家還有好多新碗放在床底沒有用過呢。我問及為何要那麼苛嚴地訓斥她的孫子，「訓的時侯自然是很生氣，訓過了也就忘了。」——她不經意地回答。我知道我的一廂情願落空了。她執意不肯收碗，態度是非常堅決的。悻悻地捧著六個碗回到家，父母都很奇怪。然後我就老老實實地把這件事告訴給他們聽。他們愣了一會兒，絲毫也沒有體會到我的用心良苦。隔了一會兒母親說：「你是不是還在指望別人的感謝？新年裡，好端端的給別人送什麼碗呢？老年人認為這是犯忌的，給別人送碗是叫人家這一年都去討飯啊！新年裡買碗和送碗都是犯忌的，別人原諒你是孩子不與你計較罷了。」這實在是出乎我的意料，我的一廂情願在別人的寬容之下躲過了一份責難。最後我只能說：「那我把這些碗扔了吧，總不能讓我們家這一年去討飯吧！」全家頓時笑作一團。

人的生命裡最初總是有很多一廂情願的想法，或是抱著一廂情願的想法去實踐一下的事，多半是會鬧出點趣事來的。我想那是一種健康的思維方式，比較單純。之所以這種比較自然的東西會漸漸消磨掉，那是因為它沒有得以滋長的環境，也許只有在孩子的天空裡還有一席是得到峨嵋仙人的真傳會占凶卜吉，常常莫名其妙地胡說一通就算是為你算了一卦，然後強行索要高價。這也算是峨嵋山上的獨特風景吧。難以忘懷的景致和人生百態的縮影固然是遊峨嵋的收穫，可給我留下印象最深的卻是那些挑滑竿的人，我回來以後，那些挑滑竿的人的一舉一動還時常映入眼簾，我也不知道我為何會對此有如此諸多感觸。

所謂挑滑竿，是指為了幫助那些爬不動山，或爬上去又因勞累走不下來的人準備的一種工具，是用竹子和麻布編織成的一種轎子，通常是四個人合作。從峨嵋半腰到山頂，坐一次滑竿大約要支付二百元。下來差不多只要一百元。我並不是體力極旺盛的人，可我畢竟年輕而且體健，我只帶了一個小背包，爬到半腰時已經氣喘吁吁。越往上越感到艱難，以至於後來腿就像踩在棉絮上。好在，處處有風景，讓人駐足觀望也不至於乏味，這樣慢慢地爬，邊看邊走還是可以的。我看到一對來自加拿大的老夫婦，攜手相依地走了好久。我問他們為何不坐滑竿，他們說：「不忍心！」這多少有點出乎我的意料。年輕人不坐滑竿是因為尚有餘力，年老人因體力不支坐滑竿而上是很正常的事，滑竿本來就是為他們而準備的。再看一下那些挑滑竿的人，清一色的都是年輕男子，皮膚曬得黑得發亮。上山時，汗水像雨一樣一路淌過。而且還得保持一定的速度，太慢了反而受累也要遭客人的指責。後面的兩個人更是辛苦，要把滑竿高高舉過頭頂以便和前面的兩個人執成一個水平面。這樣，坐滑竿的人才能平躺。我對他們的體力和吃苦的精神是絕對佩服的。我本來只是對這些挑滑竿的人為了求生存的一種無奈中的選擇而感悟，可是那對老夫婦，一對來自異域的老人提醒了我。再看看那些坐滑竿的人吧，極少有因體力不支爬不動的老人，相反都是一些年輕人。他們有的根本沒有爬，從山腳開始就請人挑上來，他們是來享受這份侍候的。彼此嬉笑著一路而過，也沒有對峨嵋景致流連忘返，全部的樂趣就在這坐滑竿的過程中享受盡了。看到一位特別健碩的男子，完全像個運動健將的樣子，他坐在滑竿上的那一瞬間，挑滑竿的幾個人起初的步子都有點打虛，漸漸地才穩實起來。那兩個加拿大人問我"What's wrong with him?"我無以回答，他沒有病，他很健康，他是在追尋一種快樂。在那二個老人看來，健康的人卻要讓別人付出如此巨大的痛苦來扛上去，簡直是不可思議的。所以我理解他們為什麼說「不忍心」。那些挑滑竿的人，一路上拿著滑竿幾乎是央求遊客來坐，價格一降再降。因為挑一次滑竿所掙得的錢對他們而言真是一筆不小的數目。平均挑一次每人能分到四十至六十元，運氣特別好且體力旺盛的人一天可挑二三次。他們也只有趁著夏季是旅遊旺季才可賺到一些錢。一年四季的指望也就在這三四個月裡了。他們覺得自己的勞動能換來這樣一筆錢是太合算了。想到這裡，我突然覺得有些自嘲，我簡直是在杞人憂天，倘若沒有人去坐滑竿，那些挑滑竿的人一定是憤怒的。我覺得我的想法近乎有些荒唐得可笑。本來嘛，坐滑竿的人為挑滑竿的人提供了生存機上去。後來我才知道他是以此為營生的。山上有人要蓋房子，需要有人把磚搬上來。這樣一堆磚差不多近一百五十斤，搬一次可得二塊錢。他一天只能搬二次——實在是太累了，一天可掙四塊錢。我非常驚訝，怎麼會只有那麼少的錢。我不加思索道：「既然如此，你還不如去挑滑竿。」他沈默了片刻說：「挑滑竿的人都結成一派，只挑年輕人做，況且我也老了，萬一腳下打滑是要出人命的。挑滑竿的人賺得是遊客的錢，遊客反正也有錢，我賺得是山上人的錢，山上人本來就窮，二塊錢一次已經很好了……」

凱因斯說：「……人類的需要可能是沒有邊際的，但大體能分作兩種——一種是人們在任何情況下都會感到必不可缺的絕對需要，另一種是相對意義上的，能使我們超過他人，感到優越自尊的那一類需要。第二種需要，即滿足人的優越感的需要，很可能永無止境，但絕對的需要不是這樣。」

挑滑竿的人和坐滑竿的人之間是一種絕對需要對相對需要的需要，這種需要的互補達成了一種平衡，詫異、憂鬱、擔心、感歎都只不過是一陣夏風，對平衡的磐石不起任何作用。

——反正，就是這樣的了。

永遠的遺憾

經常會從雜誌社的編輯手裡接到一些由他們代為轉交的讀者來信。每一封我都仔細地看過，然後收起來，留在一個大匣子裡。我把這些本不相識的人對我的尊重和關心好好地保存著。

那一次，有份雜誌在內頁的第一頁上登了我的照片和介紹我的一些文字並且留了我的單位地址。這一次來自全國各地的信件一下子湧了過來，僅寄到單位的就有幾十封。我如往常般慢慢地讀著我所收到的讀者來信，有一封是最特殊的。這封信來自內地的一所監獄。信封上蓋有一方寬整的藍印，上面印著ＸＸ勞改局。來信的是一位年逾三十的男子。他是因盜竊罪而被判了六年徒刑。他在信上說，他原先是內地一所師範專科學校中文系畢業的，喜歡文字酷愛創作也曾經發表過作品。無奈大學畢業的第三年，因誤入歧途，邪念纏身而參與團夥盜竊，因此而淪為階下囚。他從那份雜誌上看到了我的文章和介紹我的一些資料，他們獄中的圖書館訂了那份雜誌，我那時經常為那家雜誌寫點小文章，他因此而寫信給我。信寫得很長，有八頁紙。寫他的過去，寫他的悔恨，寫他在獄中的痛苦和反思，寫他苦捱著盼出獄的那一天，寫他對文學的執著，也寫他對我文章的喜愛。我不知道他們的信寄出來是否需要經過審查，我也不知道審查的人讀了這封聲淚俱下的信會是怎樣的感受。信寫得酣暢淋漓，文筆流暢生動，可見到他很不平常的文學功底，字寫得尤其得好，揮灑自如又不失工整。在信的最後他說，今年他就要出獄了，懇請我能夠給他回一封信。他一出獄後就到上海來見見我，希望我能把家庭地址給他，他要到家中來拜望我，和我好好談談文學。

我一口氣讀完他那長長的來信，沒料到一個在那樣的環境下生活了好幾年的人，依舊是沒有磨滅掉一份充滿渴望的執著。他給我留下了他所在勞改局的地址以及他所在編隊的號碼。晚飯的時候，我隨意地向父母提了這件事。父母的反應較我強烈得多，勸我家庭地址不要寫。寫一封回信給他問一聲好是最妥當的做法。我應允下來，也就準備這麼辦了。

這期間，各種各樣紛擾的事太多，我實在無暇顧及。寫回信的事也就耽擱了下來。後來，一切都忙完之後，我幾乎就要把此事給忘了。一次去雜誌社，又從編輯的手中接過一些讀者來信。他的來信比第一封更長，大意是怕我沒有收到第一封信就再寄了一封請編輯部轉交的，信的內容和第一封相差無幾，只是又寫了新近的一些情況，他的表現很好，受了表揚。隨信還附了一篇散文，是寫他如何思念父母的。寫得很動情，這種沈重的真實，真實的悲哀，悲哀的懺悔，懺悔的無力是一般人所無法表達的。他說，他一直在等著我給他寫信。六年來，除了在第一年裡還曾收到過父母的一封信，至此以後就再也沒有收到過第二封信了。我覺得自己這一次是無論如何要寫一封信給他了。我負擔不起別人——尤其是一個年長者飽含期冀的渴望，我已經決定給他寫一封回信，謝謝他對我的信任，並想祝他以後的生活一切順利。

我把他的兩封信一起夾在一個筆記本裡，我準備在覆信前再好好地讀一下。那個下午，我倚在窗邊擁著暖而亮的陽光準備寫信的時候，我突然發現那兩封信連同那個筆記本已不見蹤影了。然後無論我如何辛苦地尋覓，它們就再也不見了。沒有信就意味著沒有地址，我就無法與他聯繫上了。我的懊惱與遺憾將我嚴嚴實實地困住。就這樣，我莫名其妙地使別人失望了。

這以後，有很長的一段日子我都盼望著他能再來一封信，然後我會立刻回信告訴他：我不是個冷漠無情的人，我只是因為疏忽所以才無法回信的，我不是故意的。可是，他再也沒有來過信。後來，過了新年，我知道他應該出獄了，我想我就這樣永遠無法彌補這份遺憾了。很多日子以後，我漸漸地把這件事淡忘了。平平常常的生活就讓我淡淡地輕易地原諒了自己的過失。

過了差不多一年的時間，那家雜誌社的編輯打電話來說有一些讀者來信還留在那裡，希望我有空就去取一下。時值新年，是一些賀卡。我在那個寒冷的冬日，在編輯部拆開了一封既沒有落款也沒有姓名的信，信中沒有附言，僅是一張賀卡。賀卡上有很工整的鋼筆字：我知道我這樣的人很少有人會來理會的，如果我給你添了麻煩請你原諒我。祝創作豐收，前程似錦——一個出獄一周年的人。

冬日的嚴寒從窗玻璃的夾縫裡瘋狂地擠進來，我是在這個冬日的下午被溫暖徹底拋棄的人。愧疚和自責也無法讓我解脫。我甚至連那個人的名字都記不起來了，只是根據他信上的郵編得知信是由石家莊發出的。這成了一份永遠的遺憾，我也沒有補救的方法了。自此，我再也沒有收到過他的任何信件。我真心祝願他不要因為我的疏漏而產生所謂「我這樣的人是很少有人會來理會的」念頭，更不要頹喪，這樣我是會永遠愧疚的。我甚至希望有一天，他能意外地讀到這篇文章，讓他知道我的歉意。並希望他能原諒我的疏忽。

天天

天天是我表姐的孩子，男孩，六歲，出生在日本，四個月前隨父母從東京回到上海定居，滿口日語，只會說幾個很簡單的中文辭彙，但他會叫阿姨，每次我去看他，他就大聲叫著撲到我懷裡。

他回到上海的第一個禮拜，就平生第一次挨了他父親的第一個巴掌。天天說他喝不慣這裡的水，於是就給他喝純淨水，這個小傢伙居然提出來，淋浴的水打在身上宛如小刀片在割，他年邁的外公外婆心疼他，就把平時喝的純水倒在浴缸裡給他洗澡。這件事被他父親知道了，就給了他狠狠的一巴掌，天天哭著嚷著要回日本，他的父親幾乎是吼一般地對他說，就在上海住下了，不再回去了，如果你想回去，除非等長大後自己賺錢去。事後，我的姐夫，這個文質彬彬的書生自己也不明白怎麼會這樣粗魯——而且是對自己的兒子，他為了這一個巴掌一直內疚到今天，只是天天不知道。

天天對才出生半年的妹妹文文懷有很深的怨恨。事實上，表姐一家是因為新添了這個小寶貝才決定結束在日本將近十二年的生活的。天天覺得要是沒有她，就用不著回到這個陌生、髒亂、沒有一個朋友的城市來了。故而，他從來不跑到妹妹的小房間去看她。

天天幾乎不會說中文，他的父母又擔心他出門會走丟，就不許他出門。他的外公外婆聽不懂他要吃什麼，就把冰箱的門拉開讓他自己找，天天趴在冰箱前半天也沒找到他愛吃的果凍，卻因為吸了太多的冷氣發起了高燒。全家人都為他心疼，他卻顯得很平靜，反而埋怨自己不夠強壯，決心要加強鍛煉。又讓大家莫名的感動了一陣。

每天黃昏的時候，表姐照例會帶天天去底下的巷子散步。天天要做的第一件事就是到廚房去拿一個袋子，每次散步回來總能撿滿一袋垃圾。表姐總是很尷尬，有一次執意不讓他再去撿，他就大哭，弄得整幢公寓的人都以為出了什麼大事。表姐就自嘲道：我總是帶著兒子做清潔工。天天的原則很簡單，在東京，沒有人會這樣亂扔的。

天天每次和他的外公外婆一起出去時都要努力揣摩兩位老人的意思，他聽不懂他們之間的交流，卻能感覺到外婆凡事喜歡數落外公，連出了門在公共場合也不例外。天天回家後向媽媽「告狀」，他的理由是，在公開場合，女人不可以對男人不尊敬。他的外公知道後，激動了半天，好像多年來「深受壓迫無處申冤」的日子，這下有了救星。抱著天天親了又親，而他的外婆倒也比較「虛心」，因為天天是她的心頭肉，他的意見如同聖旨。

表姐已經好幾次被天天的老師「傳喚」了。在這個幼稚園裡，每天早上要升國旗奏國歌肅立敬禮，唯獨天天每次不嚴肅。他的理由是，一開始明確表示自己是日本人，後來在家人和老師的管教下知道自己是中國人——而且是純粹的中國人，可經他的小腦袋一轉，就變成了一半是中國人，一半是日本人，這個問題牽涉到民族立場和國家感情，很嚴重，學校的老師一致批評家教有問題，搞得我表姐在幼稚園像一個叛國教唆犯。天天的原則也很簡單，除非他自己想通了，否則，即使教過千萬遍，他很快也就忘了。

終究，他還只是一個六歲的孩子。他喜歡玩，不願被鎖在房間裡，可就是因為不會說中國話，也只能聽很簡單的中國話，所以不能出門。他的父母親在中國受了幾十年的傳統國文教育，為了在日本學習生活謀職，從片假名開始學起，在家裡也堅持每時每刻說日語，終於能說得一口連日本人也誇讚的日本話，而他們的兒子，這個道地的中國人的中國孩子現在要像他父母學習日語時那樣辛苦地學習他的母語——中文。

每天從幼稚園回來，他就盼忙碌的爸爸媽媽早點回來，他可以有人說話。他開始想念在東京的伙伴，經常拿出很多照片來看，還有一張小女孩的照片，是他們在日本時，一個房東的孫女。天天說，在這裡，沒有一個比她更漂亮的女生。每一次，我去看他，他總是提早趴在陽臺上等，一看到我，巴不得從陽臺上飛下來。因為這一天他可以很快樂，我會帶他出去玩——任何他想去的地方。我想他可能很寂寞，但是我們都不夠重視。他很高興的時候會握緊小拳頭大叫一聲。我非常喜歡看他那時候的表情。帶他出去玩，一路上總有人誇獎他懂禮貌，在餐廳他更是將「自掃門前雪」做得絕對好。可惜，周圍人的誇讚天天一句也聽不懂。

也許孩子對語言的敏感程度特別強，更何況本質上天天就是個中國人。當回到這個本來就屬於他的語境裡，他掌握中文的速度顯示出驚人地快，還學會了很多上海話。然而讓人訝異的是，才過去了不到半年，很多他初來時帶回來的好習慣卻在不知不覺中丟掉了。那種愛整潔，很自律，很個性的表現都在銳減。他畢竟只有六歲，還是個孩子，可塑性太強，環境也太容易影響他。

直到最近的一個周末，他和他的媽媽到我家來玩，我才知道他已經不再堅持散步的時候去撿垃圾了。因為，太多了，而且沒個完，天天覺得太累了，而且對他可以改變環境的雄心開始灰心。這一次，我們一起在飯館吃飯的時候他弄得杯盤狼籍，而他自己一點也沒有覺得異樣，也和別的小朋友一樣將喝剩的可樂罐頭隨手扔在街頭。我的心頭有一些東西堵著，可是，我看到他的臉上有我喜歡的天真爛漫的笑，那是真正驅除了寂寞的笑，他開始有這裡的玩伴，習慣這裡的生活，沒有比他的快樂更讓我們這些愛他的人感動的了。

確實，我也喜歡一個快樂的天天，他終究還是個孩子，自在舒展歡樂是他應得的權利，這可能也是很重要的。

生命的輪廓

這個初夏，我生病住院，在那些與世人隔膜般的日子裡應有的寂寞和苦楚倒也就如此了無痕跡的過去了。真真切切是應了那一句：好了傷疤忘了疼！只是那些本該可以忘卻的人和事卻是久揮不散。

同屋的病友是個有過嚴重吸毒史的女孩，並且目前還未全部戒盡。她的病將會誘發她的毒癮。在這兩人一間的病房裡，我們暫且成了每日相對的難友。女孩的坦率是讓我始料不及的，從那不太久遠的故事講起，才是二十五歲的她已是經歷了人生的種種酸甜和坎坷。蹲過監獄，進過戒毒所，蕩盡了在紅塵中飄搖換來的百萬家產，被心愛的人拋棄繼而又玩弄他人的感情……我像在聽傳奇故事一樣聽她的故事，她手臂上深深淺淺的針眼和滿臉的憔悴和煙斑讓人在心驚中又心痛。很多次的黃昏時分，我從外面散步回來，在病房寂寞冗長泛著陰森的淒涼和空曠的長廊看到她獨自徘徊的身影，想著她平時表現出來的凡事無所謂，破罐破摔的「豪邁」，心裡就會泛起悲哀。

在我住院的二十多天裡沒有一個朋友來探望過她，而我的朋友們的熱情和關愛常常使她在回眸的一瞬間露出欣慕來。我是鐵定了心思要盡所能給她一點安慰和起碼的照顧，儘管我自己也已孱弱得像蘆葦一般。只有付出關心的那一刻開始，我才開始覺得原來她的心中有著那麼多的乾涸之地渴望關愛和溫情，甚至我會清晰地感受到她天性中的率真、明朗和可愛，在一張過早籠上滄桑和世俗塵埃的臉上偶爾閃過的真誠竟會那麼讓人心動。

隔壁房間住著一位垂危的老人，在我住院後的第三天他的病危通知就已發出。子子孫孫都從各個城市趕到這個病房。老人的口中時時念著老伴的名字。子女們是為了不讓這種打擊侵害到另外一個衰弱的生命才讓他們暫時分開。然而奇蹟就是這樣出現的，當老伴出現後，當兩雙像枯藤一樣的手握緊的那一瞬，已經游離的生命開始一點點回歸。從病危到脫離危險，從每日要二十四小時靠輸液維持到每日只需五小時輸液，從臉如死灰到重又有生命的霞光升上臉龐——一切的一切都轉變了。直至我出院，老人已經逐日走上康復的路，這是令眾人瞠目結舌的結局。我的心裡默念著關於愛的信念，亦相信惟此是可以使萬物輪迴的唯一可能。

那些躺在床上望著天花板的日子，紛亂的思維像決堤的潮水讓人有一種世事蒼茫難料的迷惑，都說在病房裡總是可以最清晰地感受到生命的極至——生與死。我住院後的二十幾天裡，二樓的特危病房裡先後有六位年輕或不太年輕的人相繼故去，好像生平第一次感到離死亡是那麼近，所謂生死一線天，此岸和彼岸是那麼近在咫尺又遠隔天涯。

我的一個朋友從很遠很遠的地方趕來看我，除了鮮花和緊緊的擁抱還有一本《茨威格小說選》。想來，我們每個人都走在一條狹長、寂寞、昏黃且沒有歸途的甬道上，生與死是這甬道的兩扇門，每個人都很不容易。後來，我出院。這位朋友已回到那個遙遠的城市，我們在電話裡漫無邊際地聊。他說，只有到了加州才感到那裡的陽光一點兒不比上海的溫暖，只有在那兒才感到人其實就像鳥一樣飛來飛去，只不過棲息的枝椏有所不同。我說每個人的起初都是清澈甘甜的小溪，可是他們並不知道這些小溪終有一日匯入江河，變成那種渾濁的河水，他們更不會想到，所有江河湖泊有一日都要匯入海洋，變成那種又苦又澀的海水，回想當初小溪的清涼頗有一種恍然隔世的茫然。

原本，生命裡的每一處輪廓都能在大自然裡找到對應的。

雷明頓太太

雷明頓太太實際上是個地地道道的上海人。她五十八歲的時候嫁給了雷明頓先生——一個八十六歲的美國退伍老兵，五十九歲的時候，雷明頓先生去世了，她又成了一個寡婦，一個如償所願去了美國的老婦人。只是，她執意讓別人一定要稱呼她雷明頓太太。

我認識雷明頓太太差不多有十多年了。她起先只是我父母的一個朋友的朋友，有的時候跟著那個朋友一起到我們家來玩。說心裡話，我從來沒有對她有過一絲好感，只是鑒於她是長輩，所以也只是見面打個招呼，表示尊重，其餘便沈默地躲開了。在我多年以前的印象裡，那時還不是雷明頓太太的她，本來姓屈，所以我們都叫她屈阿姨。在我的記憶裡，她是一個非常聒噪的人，只要有她在，屋子裡便不會冷清，常常是無論氛圍還是氣溫好像永遠處於一種上升的狀態。她的聲音很響，誇張的形體動作和肆無忌憚的笑聲，讓人多少有些側目。那個時候的我，好像是十六、七歲的樣子，無論是個性，還是情感都變得特別的敏感，常常是一個人捧著一本書，沈默地來去不願意與人搭話。屈阿姨每次見了我，總是很熱情，張開雙臂，將瘦弱、單薄的我裹住了一大半，而且對我的父母說：「你們家的這個女兒呀，將來一定是塊成材的料，只是性格不好，有些古怪，不像你們小女兒那樣，伶牙俐齒，招人喜歡。」那時候我可以聞得到她身上廉價香水的味道，有一種讓人很不舒服的感覺。那幾年是我的父母親在事業上一帆風順的時候，自己經營了一家公司，屈阿姨一有空就到我父母的辦事處去泡著，後來我才知道，她是想在那兒找到一些零星的業務做。我記得快要上大學的那一年夏天，一個很偶然的因素，我曾經表示過我對屈阿姨的看法和不滿。那時候，她常到我們家來打牌，我才知道她對麻將牌的迷戀幾乎成了她最大的嗜好，而且常常是找一個和她有些暗地裡溝通好的牌搭子一起來，使得我父母或者是我父母幾十年的好朋友們都有些莫名其妙地輸一筆錢。我跟父母親提，是因為我覺得這個人太過精明，而且很會耍手段，為人也不好，我怕他們吃虧，故而做個提醒。母親倒不在意，她只是說我個性倔強，看人常常有點極端，她說了一句：「其實屈阿姨挺可憐的，有的時候她也是沒有辦法。」

我是後來從父母那兒才知道關於屈阿姨的一些往事。

她有一個丈夫，是個特別老實的本地人，在一家廠裡面擔任普通職員。我的父母親都見過她的先生，說他是個忠厚、老實的人，和屈阿姨的性格截然相反。重要的是那個丈夫曾經在新疆工作了十多年，那是屈阿姨一生中最年輕、最風光的十多年，卻被那無情的荒漠戈壁給吞噬了。屈阿姨為此也感到自己為這段婚姻付出太多。老實巴交的丈夫既沒有錢，也沒有權，回到上海後，是屈阿姨解盡了渾身法術，求爺爺、告奶奶，才幫丈夫落實了工作，自己也找了一份可以糊口的活兒，為了他們僅有的一個女兒。屈阿姨可能很早就不愛她的丈夫了，她有一個情人，趙，長得儀表堂堂，不論能力還是別的，都算得上是佼佼者。可是那位情人不願和自己相濡以沫、擁有良好的文化背景的太太離婚。後來那位情人，趙，也成為我父母社交圈中一個重要的朋友。我也曾經在多種場合見過他，對他的印象要比屈阿姨好，只是大家都覺得奇怪，這位有品味的男士怎麼找了一個像喇叭花一樣的女人。再後來，我才知道屈阿姨和他原來是小時候的鄰居，一直到中學畢業。直到那個男人考上大學，大展鴻圖，他們才斷了聯繫，好像也頗有些青梅竹馬的影子。屈阿姨的癡情在這個圈子裡也頗有些名氣，她自己曾經說過，她這一生唯一愛過的人就是這個情人，自從她和我們家認識以後，我相信她對我父母和其他的朋友說的話，有百分之九十以上都是謊言，所以我根本懶得去聽，這可能是我唯一相信過她說的真話。

後來，我去念大學，父母也因為工作的關係，到另外一個城市去發展，大約有四、五年的光景，我沒有見到過屈阿姨。只是在逢年過節的時候，和父母親的朋友聚在一起喝新年茶、吃飯、聊天的時候，偶爾聽人講起過屈阿姨。後來他們中的這些朋友，聚到一起才說起，屈阿姨總在張三背後說李四的壞話，又在李四的背後說張三的不好，然後又跑到王五那邊，編造一些張三、李四和王五之間原來根本沒有的矛盾，最後再到趙六那邊點一把火，可以把好端端的事攪成一團泥。至於錢方面，她也常常是為了一些自己的私利，不顧別人的信譽，賺到一筆是一筆，而且常常是欺軟怕硬，靠這種挑撥離間、無中生有而撈一點好處。大家談起她，大多除了歎氣，就是搖頭。

那時的我雖然沒說什麼，但心中頗為得意，想到幾年前我就有所感悟，多少覺得自己的眼光有些敏銳。可是母親常常是不領我的情，認為我年少莽撞，容易得罪人。

又過了一年，我已經開始工作了。屈阿姨又不知從哪裡冒了出來，重新又在他們這個圈子裡頻頻出現。我那時候真的還有點佩服她，我想她心底裡很清楚，別人其實都不太喜歡她，可是她還故做親密的樣子，好像和每個人都是莫逆世交。差不多有五六年沒有見到她了，這一次我見到她，感到她明顯的老了。臉上的皺紋很深，那些不均勻的粉就像嵌在紋溝裡的塗料，好像秋天街頭可以買到的柿餅上的糖粉一樣，她一笑，就擔心那些粉會掉下來，臉上的妝顯得有點誇張，我想她是為了掩飾她的老態，眉眼之間的皮膚明顯鬆弛搭拉下來，特別是她的脖子，像一塊揉皺了的棉布，眼神也比以前更為渾濁。可是她說話的樣子，那種一驚一乍的神態一點都沒有變。我已經不是多年前沈默、羞澀的小女孩，變成了一個有獨立的判斷，並且會把自己的觀點影響到我父母身上的年輕人。我對她的反感明顯的加強了，父母親也礙於相識多年的面子，不忍拒絕她。

那一年的秋天，她心愛的情人，趙，一向順利慣了的事業，出現了重重危機。更糟糕的是，屈阿姨知道了一個她最不願意聽的消息，其實她的老情人，趙，早已有了一個比她年輕、漂亮得多的情人，只是為了顧及屈阿姨的傷心，而沒有告訴她。這是他多年來真正沒有和自己的家庭脫離，而不可能選擇和她這個昔日的青梅竹馬走在一起的真正原因，因為那個趙的情人根本不想打破目前的格局，也沒有結婚的打算。屈阿姨的老情人，趙，怕離了婚，自己會被屈阿姨糾纏不清，我們也是在這個時候才知道屈阿姨和她那個老實的丈夫離婚好多年了，能和她的老情人重續前緣，是她的生活裡最後的夢想。她也是為了這個才在這麼大年齡的時候離婚的。這個打擊在我們這些旁人而言，除了多一些戲劇性的感歎之外，就再沒有別的什麼了，可是對屈阿姨一定是個不小的打擊，我的心裡突然有一點為她感到難過。

再後來的幾年，我差不多每隔半年就可以見到她一次，每一次最讓我吃驚的就是她的衰老就像滾下山坡的石頭一樣，擋也擋不住。我這才想起以前有人說，女人的衰老是一夜之間就可以徹底來臨的。更有意思的是，她就像一個遊走的吉普賽人，一會兒消失了，一會兒又出現了，時常帶來一些奇聞軼事的邊角料。

差不多又過了大半年，我突然聽父母親談起，屈阿姨又結婚了，嫁了一個美國退伍老兵，可能很快就要去美國了。我聽說她是通過一個仲介公司找的，那個美國老兵甚至不顧年邁體弱，還想越過太平洋，來親眼看看屈阿姨，可不知怎麼，最後彼此也沒有在結婚之前見成面，屈阿姨就這樣成了雷明頓太太。在等待簽證去美國的大半年裡，她逢人就拿出雷明頓先生的照片，並且讓昔日的朋友都要叫她雷明頓太太，那種認真的樣子倒也頗讓人感動。她的朋友們都說，屈阿姨終究是一個八面玲瓏的女人，所謂「龍門可跳，狗洞可鑽」，這樣有勇氣的女人也是不太容易的。自從成了雷明頓太太以後，她的自信好像又找回來了，並且常常頗顯得意，我們倒也都是祝福她，希望她能夠有一個好一點的歸宿。

後來雷明頓太太就真的去了美國，我們以為這樣的一個有點奇怪的女人，就此從這個圈子裡消失了，或者起碼是消失一段時間。可是出人意料的是，差不多才一年半不到的時間，又在上海見到了她。這一次，她是徹底的老了，只是精神還沒有全然萎靡，我感覺她整個人就像一個蘇式月餅，好像用力一碰，那些酥皮就會掉下來一般。她才到美國幾個月，雷明頓先生就突然中風去世了，而且在這之前，他已把所有的遺產分給了他的兩個孩子，並且早已請律師給他們公證過，他對這個才娶了幾個月的中國太太也存有愛心，留了一套兩居式的公寓和很有限的一些生活費。雷明頓太太在美國舉目無親，一句完整的英語都不能說，她居然也能橫衝直撞地熬了一年多，我想這是她的不容易。

雷明頓太太得了一張綠卡，可是長期居留在美國，她是怕孤獨，也沒有足夠的經濟來源。這一下，所有的朋友都有些同情她，覺得這個女人的命總是不太好，生活難以給她一些順暢，倒是她自己回來了沒幾個月以後，又開始恢復起往日的那種什麼事都不掛在心頭的樣子，時不時可以聽到她爽朗的笑聲，也常和她的那些朋友們打牌。她一向是麻將桌上的高手，不能說逢賭必贏，也可以說十之七、八她總是勝券在握。我見到她的幾次，她總是跟朋友說：「我在芝加哥的時候……」，「我在邁阿密的時候……」，「我在密西根的時候……」，大家也都笑而不答，希望能夠藉此來給她的心頭有一些淺淡的撫慰。

這以後，雷明頓太太倒也是中國、美國兩地跑，畢竟她還有個女兒在這兒，可能是上了年紀的緣故，親情對她顯得尤為重要。我總感覺到她還沒有停下自己的腳步，擱置自己的願望，她總好像還在等待一個奇蹟發生，要給她的女兒留下一些她可以或者可能創造的生活條件，她不讓自己停下來，也是為了盡可能的能夠讓自己沒有時間和空間去體味太多的苦痛。多年以前，在父母親那麼多的朋友中，唯有她是讓我感到頗多反感的，主要是因為她為了自己的利益，可以不惜出賣朋友，而且關於執著、真誠均視而不見。現在，我已經有了更多的關於對人的興趣和體諒，我開始慢慢地能夠理解她，也理解她所承受的種種艱難和不幸，或者是無可奈何，我也為自己感到有點遺憾，終究父母親還是沒有完全說錯，年少莽撞，看問題偏頗，也是不夠成熟的表現。

雷明頓太太還是這樣來去不打招呼，每一次都把自己打扮成一朵豔麗的菊花。不知怎的，那些都不喜歡她的朋友們，如果有一段時間沒有她的音訊，大家也會問起她，多年以來，她就是以她的特色存留在大家的記憶中，除了名字改變或可能再變，其他的東西只是一種補充和延續而已。

Nana Mouskori

Nana Mouskori 在世人的心目中已不是一個羞澀、含蓄、才華橫溢、本質熱情奔放的希臘女子。她是一種天籟之音的呈現，是優雅、感性的代名詞。我很有幸地收藏有早年她在“Philips”旗下灌錄的大部分充滿熱情的“Gospel”和“Ballades”。很多個清晨黃昏，她那乾淨且迷人的聲音就迂迴在我房間的每一個角落。無論是她的民謠、爵士、古典曲還是流行曲都可以在你另有遐想的時候，褪成一種背景，當你感到有所失落的時候變成主題。有一種聲音是讓人永不知倦，甚至可以忘卻憂煩的，她可以跨越語言的國界，僅僅憑藉旋律和聲音本身征服這個已對聲音失去耐心的世界，這聲音屬於Nana Mouskori。

在她近四十年的音樂生涯中，她有的輝煌記錄幾乎就要成為一個無人可以跨越的豐碑，逾千首的流行金曲，逾百張的白金及鑽石唱片，全球銷售二億張的佳績。然而打動我的是她年逾六十依舊將她執著一生的演唱事業當作生命中最重要的事去做，就像一個初入藝壇的年輕人那樣懷著極強烈的熱忱和好奇心。

有的時候總是想，一個人究竟能在多大程度上將他（她）的事業做到人們所希冀的那樣。這在很多時候要靠上蒼所賜，機會和天賦都是人力所不能逮的。然而，總有這樣一些人，他們不為一個目標的存在去奮鬥，而是遵從於自己內心的願望，或者是以一種藝術化的形式來填補生活帶來的缺失，他們因此而走在一條心靈的甬道上，是漫長、寬闊，沒有盡頭的。因為沒有設定航線和終點，所以可以忘情的闊步，這樣的人往往可以走得很遠，飛得很高，甚至超出人們常規的想像，達到世俗所限定的巔峰。然而，他們自己並不介意甚至不知道這就是人們所苦苦企盼的「成功」，他們在不經意間完成了……

這樣兼具才情與執著的希臘女子憑藉驚人的毅力熟練掌握五國語言，從早年"Weisse rosen aus athen"到後來的"No religion"、"Perfect fit"，幾十年如一日地將音樂作為她與這個世界唯一溝通的命脈。天才可以贏得人們的讚美、喟歎或是欣賞，然而畢生的執著和勤勉卻可以贏得世人的尊重和敬佩。一個執著的天才則可以為世人所永誌不忘，這一切屬於Nana和她的音樂世界。

霧裡看花識幾分

我生於上海，長於上海，整整二十八年，除了外出旅遊度假，幾乎沒有離開上海過，雖然祖籍是浙江寧波，但也只是隨家人回去過一次，成為記憶中一種淡淡的痕跡了。

我的大學生活有一半是在南京度過的，南大已成為我生命中不可忘卻的一座驛站，憑藉著這個驛站有機會體味南京這個城市，交往南京的朋友。

認識南京是從吃南京的菜開始的，我第一次吃南京最普通的小飯館裡燒出來的菜的那種感覺，至今都讓我記憶猶新。那種一盆菜裡彷彿要容納下千滋百味的氣勢真讓人有些驚訝之外的尷尬。南京的佳餚比起上海的，它是不精緻的，像斷了血脈的一代，相容並蓄，無有正宗的體系可追尋，想來也真是奇怪，當年槳聲燈影的秦淮河，日日歌舞昇平，美食定當是少不了的，怎麼現在會如此的留不住？吃得久了，才慢慢體味出來，這不精緻的菜餚裡倒還別有些風味，有些偏辣，有些偏鹹，有些偏酸，這使得來自五湖四海的朋友都能或多或少從中找到一些自己家鄉的味道，於是，沒有人真正誇過南京的菜好吃，但南京的口味卻是有親和力的。一個地方的口味習慣與當地的民俗風情以及當地人的秉性總是有著千絲萬縷的聯繫的。南京人就像南京的菜，熱情、親切，卻是帶著千迴百轉的心思，讓人找不到一種純粹的感覺。

南京這個城市裡的聲音是尖銳的，誇張的，帶有很濃重的「把家搬到馬路上」的感覺。上海人多年以來已經習慣於遊刃有餘地控制自己的生活、情緒，乃至聲音。上海人好面子，即便在家裡河東獅吼，出了門也會裝作淑女般柔聲細語。南京人是直爽的，帶有不作修飾的成分，男人的大嗓門和女人銳利的喜悅或是埋怨成了街頭巷尾不可或缺的聲音。在這種很快的語速和響亮的聲音裡包含的是一種豁達的豪邁的民風，民間的市井文化異常活躍，並且已經成為這個城市的一根主動脈。南京的天氣是極端的，同屬江南，上海的氣候卻更多地有一些可以迴旋的餘地，陰柔之氣很盛。南京卻是激烈的。酷熱時節是熱到了頭，那種從毛孔裡逼仄而出的熱氣是一種淋漓的宣泄，最受不了的還是冬天，陰寒潮濕，讓人有一種深入骨髓的徹底感。南京人就像南京的天氣，他可以對你至愛到像自家的兄弟，決裂到連視作陌路也不解恨，他要的是一種簡單到極致的關係。上海人的交往習慣中帶有更多的獨立性，他們是不可能與你完全融合，——即使是很密切的朋友，他們也決不可能輕易地與你撕破臉，講究的是檯面上的祥和——儘管桌子底下各自的靴筒裡都帶有自備的利器。

南京的風景是怡人的，在南京讀了兩年書，最大的遺憾莫過於沒有好好去領略她的山山水水。上海太過現代和摩登，南京是帶著慵懶的優雅和山清水秀的嫻靜的。在南京的兩年我或多或少還在那些綠蔭覆藹的亭臺樓閣間喝過茶、聽過歌，那份悠然自得是最適合文人墨客的，南京的文化如同南京的風景，是山窮水盡疑無路的淵源，又是柳暗花明又一村的碩果。南京的文化人相對於上海的文化人而言，更親垂於中國文化的浩淼精深，更有濃厚的鄉土氣息。上海的文化人更多受外域文化影響，並總是試圖影響外域文化。南京是讀書人的好地方，外在的誘惑少一些。城市的改變很艱難、很緩慢，最大的阻力就是這裡的磚磚瓦瓦底下都有可能與中國千百年的文化根基相連的脈絡，城市的本身是拒絕進步的，雖然外面的精彩世界無時無刻地蠱惑著人們的心。

我在南京的兩年結識了不少南京的朋友，有過一些或深或淺的交往。雖然只有兩年短暫的棲居歷史，可我無法忘懷她，也不知道究竟是什麼原因，總感到有一些淡淡的無法忘卻的東西已深植我心了。有的時候，南京的朋友因為出差或是別的理由路經上海，他們會來看看我，我就感到特別高興，一起喝茶吃飯，聊到很晚人都已經疲倦不堪了，興致卻一點也淡不下來，就是這樣的。

寂寞世界

如果沒有這樣一個機會，去細緻深入地了解一下時下老年人的生活狀況以及他們的所思所想，也許我是不會有這樣多的感觸的。被邀入一個記者團作一次老年人與青年人目前生活狀況的綜合性比較採訪活動。得出的結果是年輕人的生活狀況、思想新動態以及諸多的休閒、保健、兼職、時尚等等的名詞已被各類媒介談了再談，而在老年人的世界裡是沒有辦法在現代生活的新辭彙中找到幾個相適應的單詞的，除了枯燥、清苦、單一，還有的只剩下無邊際的寂寞。

我一直堅持認為，在這個世界上真正以終日勞動不停為一種生活極大樂趣的人總是少數的。即便他（她）認為這是快樂，也是在企盼勞作後換來的舒適所帶來的那份欣慰。這必須是在忍受了勞動過程中最基本的瑣碎、煩惱、勞累等一系列環節之後方可獲得的。正是老年人支撐起了這個龐大而樸素的工程。

老年人彷彿是被這個日愈繁華的都市拋棄了的。所有的娛樂場所雖然亮著「來者都是客」的招牌，但沒有一項是真正給予他們的。在沒有豐厚的收入作保障的同時，足不出戶是最好的遠離都市的策略，流行文化更是與他們無緣，也有些許長者曾試圖盡力去追逐一下文化的潮流，無奈時下的流行連緊跟時尚的年輕人也步步蹣相隨，終究使得那些老年人落下伍來。

很多的老年人除了忙碌完三餐、整頓完家務後，就是坐待著時間的流逝的。他們對這份寂寞的態度只是沈默。年輕人一有孤獨感就打電話到電臺，寫信給報刊，到處宣揚以泄憤懣。中年人的寂寞也漸被提上了各類媒介進行討論，唯獨老年人的孤寂無援是被人可以漠視，可以被認為是順理成章的。

寂寞的原因是各不相同的，但其中那份心情悽惶的感覺應該是相通的。寂寞偶爾拿來被當作甜點點綴或鹹或淡的生活總還是可以的，如果要作為主食恐怕是不那麼讓人好受的。

如果說，我們今天來關注老年人的寂寞還是在為他人勞心勞力的話。那麼，不久的將來這份被忽視的苦痛就會降臨到我們的身上。每個人都在無可奈何地向衰老作著永不竭盡的挺進。在那些採訪的日子裡，我注意到了那些老年人從心底泛起的無奈和悲傷，更是那種充滿寬容和認命的口吻讓人久不平靜。人不能對社會這個大環境寄予太多的厚望，然而給自己一點要求，一些準則總還是可以做到的。社會總像一張無情的篩網，它總是在某一時刻留下它所需要的，而所有的為人子女以及子孫輩們可以用情誼織成一張碩大的網，將一些我們值得且應該留住的東西永遠地支撐住。

關注一下我們的父母，我們父母的父母和一切已步入老年人行列的人的生活，投以一些善意的關心、體恤和熱情。如果我們暫時忘卻了，當我們觀望到那些給予你我無限關愛的長者們空茫渾濁的眼神時，定會被那種沈默淒婉的一瞥而揪緊心頭。

身土不二

關於「身土不二」的觀念是我去了漢城以後才真切的感受到的。

初到韓國的時候，我總覺得韓國的文化很直白。可以從街道、商店或者路人的服飾中徑直感受到，甚至在一家小小的飲食店裡，從那裡的食具或者是食物擺放的樣子，盛裝的器皿也可以讓你有一些感受。總而言之，韓國的文化雖然簡單了一些，但非常直率，甚至非常固執，不易被外界影響，更不願意輕易改變，它的那種直拗的品性的確給了我很深的印象。韓國人對自己國家的忠誠和愛護的確不僅僅是落在口頭上的，而是真的用實際的行為來表示的。可能是因為地域太小，資源太有限，人口少，也可能是因為歷史上曾經有過的恥辱，使他們總讓人有一種拘謹感，或者說是一種緊迫感，故而顯得非常團結，很容易抱成一團。

關於「身土不二」，在每一個韓國人的心目中，都是一種不可逆轉的觀念。

在韓國的大街小巷，「大宇」和「現代」兩種牌子的車幾乎佔據了百分之九十以上，另外也有一些別的韓國汽車生產商生產的汽車，國外的進口豪華車少得可憐。這是韓國政府保護本地汽車業的一條舉措，它將進口汽車的關稅提高到一個讓常人無法接受的地步。關鍵還在於韓國的國民並不是因為錢而讓他們望而卻步，而在於對那種進口汽車沒有推崇的心理。他們相信，無論是「大宇」還是「現代」，都足以滿足他們的需要。相反，對於那些開著豪華進口車的人，他們常常是不屑一顧，甚至是抱著對暴發戶般的歧視。至於政府官員，更是不會以坐進口豪華車來顯示身分，民眾對國家政府官員的廉潔一直都有實在的監督作用，政府官員也為樹立在大眾心目中的形象而對「國產貨」情有獨鍾。我的一位韓國朋友曾經對我說，韓國人往往有著一種非常可愛的、盲目自大的精神，這種精神使得他們以自己的國家為榮，也認為自己國家的產品是世界上屈指可數的優等貨，崇洋媚外的風尚幾乎很少。除了汽車之外，民用的家電中，也幾乎都是韓國本土的產品，甚至連手機、walkman，或是一個電烤箱都是韓國本地的產品。我生活在上海，上海和漢城都是國際上的大都市，如果論生活指數或者是物價指數，漢城都要高出上海，可是在上海的普通家庭中，幾乎都能找到一兩件進口或者是合資的電器，並且常常以此為購物時的首選。可能是中國的市場太大了，人們的生活層面也有很大的分流，像上海這樣的城市，人們往往需要追求更好的品質。可是漢城的人常常會無限感慨的說一句，我們的國家那麼小，資源那麼少，如果我們韓國人再不去支撐自己的民前先吃一點泡菜，當全世界的人都認同麵包、黃油、牛奶或果汁為營養最豐富、調配最合理的早餐時，大多數的韓國人還在堅持泡菜加米飯的早餐。他們認準的事情一般不會輕易改變。

在韓國的最小的餐館裡，都見不到一雙一次性的木筷，全是不銹鋼的筷子、刀叉。韓國人說，我們的土地資源太有限，我們的樹太少，我們不能砍，砍了就再也沒有了，而且從來沒有一個韓國人會想到要把這樣的食具偷偷地拿回家。韓國人覺得自己和國家的關係是親密的血脈之親，他們生活在這塊土地上，「身土不二」是他們生活的原則。

在漢城逗留的時間並不很長，我也感覺到他們每個人的內心都有一種不可名狀的緊張，他們的安全感取決於國家的日益強盛，也正是這樣一種對生存的不安和對前途的叵測，促使他們每個人都不敢懈怠，也是激發他們無窮盡的奮鬥精神的動力。談起中國，他們總是無限感慨的樣子，你們的國家那麼大，那麼資源豐富，太幸福了！我也感受到他們那種時而顯露出來的虛妄的自大，或者說一葉障目、見識偏頗，甚至有些井底之蛙的傻氣。但是，我還是被他們深深感染，有一些東西是我和我的同伴們所沒有的，那就是對「國家」這個虛幻的概念實實在在的愛和奉獻，倘若中國人也有那種「身土不二」的毅力和凝聚，那將是一種多麼不可估量的力量。

青澀的季節

十四歲的夢

鄰家有一個小女孩，今年十四歲，剛剛念完小學，好不容易苦心煎熬再加上父母掏了一筆數目不小的贊助費進了一家重點中學。曾幾何時，進中學也變得這樣撲朔迷離，前途未卜。很多人都鬆了一口氣，展望著這個十四歲女孩子的夢想和前途。

可是，誰都看到了她的臉上並無太多的欣喜，但誰也沒有放在心上，她的父母和親戚想的是，她的前途或許已經加了保險，當下的憂傷很快又被如潮水一般的複習題給壓倒。十四歲的夢只能在繁忙生活的角落裡找到一方可以呼吸的空間。

這個十四歲的女孩只能趁她爸爸、媽媽不在意的時候溜到我的房間來，在我的電腦上玩一會兒遊戲，她告訴我，在家裡，她經常「裝傻」，盡量扮演比她現在的年齡還要小的「乖乖女」形象，好讓家裡的人放心，其實她「什麼都懂」。所謂的「什麼都懂」包括大人的話——說出來的和沒說出來的，大人的心思和生活技巧。歸根結底就是到了十四歲，已經沒有小孩和大人的本質區別。這是一個十四歲女孩子的話，讓我有些贊同也有些詫異。

十四歲的夢想真的是白色的，純淨得讓你不得不收斂起對生活偶爾滋生出來的失望。

這個女孩子的夢想真是簡單得不得了。她想得最多的是要有一個假期——一個真正的假期，沒有繁重的課外補習和讓她索然無味卻又不得不去練的鋼琴課。她想到有山有水的地方去——只和同學一起去，千萬不要有父母同行。她真的是一個求上進的孩子，對未來、對前途抱有美好的憧憬，她希望在緊接著到來的第一年裡用特別的成績來回饋。「爸爸媽媽掏了兩萬元，只為了給我上一個重點中學，兩萬元，真是太多了！」而她的父母總是埋怨她不懂事，其實她已經明白了心靈的負重是怎樣的一種滋味。

她有一次悄悄地對我說起過她純淨的夢想中最隱秘、最色彩斑斕的一處。她說，上小學時，同班有個男生的數學成績特別好，他們之間常常為奪數學測驗第一名而頻頻「過招」，多半總是那個男孩子贏。現在，他們沒有考進同一所中學，注定要分開了。

女孩子，低著頭，怯生生地說：「心裡有一點難過，其實——我想找機會超過他。」聲音已經輕得沒法聽見了，她的臉紅了。

十五歲的夢

十五歲的男生真的已經讓人刮目相看了。他們一下子竄得高高的，喜歡一切運動，最好是把自己擺弄得「酷」一點，張揚個性惹人注目。他們挺討厭那些同齡女生「夢啊——夢」的抒情，但他們的心中是有夢想的，他們自己把這一切稱為理想或者計畫。

過了迷迷糊糊的小學階段，他們第一次感覺到智力的跨越就如個子一樣「突飛猛進」。他們也明白未來的競爭是智慧和能力的競爭，所以現在就開始萬里長征的第一步。他們實在是羨慕死比爾・蓋茲了，既能把電腦玩得那麼得心應手又能賺那麼多的錢。

他們真的還是有一些野心，說出來可能要嚇你一跳，就是將來創辦自己的公司，擔任某一集團的總裁，或者是電腦網路上的主力軍。對於刻板的生活方式和緩慢的工作節奏，他們現在就表現出反感。他們最怕老爸老媽的嘮叨和瑣碎。他們喜歡旁人把他們當作男子漢，有尊重、平等，甚至有一點點仰視。

他們喜歡足球明星和灌籃高手，也對漂亮的少女明星品頭論足，但如果你認為他們的「遠大理想」只不過如此膚淺，那你不是杞人憂天就是認識太淺，他們知道自己的目標是什麼，對未來的發展幾乎個個都有自己的打算，只是他們不習慣說，他們改不掉貪玩的習性，也根本不想改，他們並不認為玩和理想之間有什麼不可逾越的鴻溝，只是父母把這兩個問題搞得水火不相容，所以經常鬥嘴，鬧出些不愉快來。

十五歲的男生實在很想在女孩子面前「露一手」，他們私下裡也談論什麼樣的女生比較漂亮，什麼樣的女生造作得讓人受不了。他們可能也想過要買一張電影票約會自己心儀的女生，但總顯得很遲疑很緊張，最怕的倒不是被女孩子拒絕，而是被其他的男生知道了，那可就了不得了，立刻會成為大家茶餘飯後的談資。

在蛻變的過程中，他們的身上長滿了刺，不時地要與人撞，想抑制恐怕都做不到，然而不管你信不信，在那個內核裡有著他們的夢想，那是不會輕易外露的，也永遠都不會丟掉的。

十六歲的夢

我也常常問自己，十六歲時的我和我的同伴們在想些什麼，在做些什麼，擁有什麼樣的夢想。回憶裡，好像一切都開始模糊起來了，但在當時，好像立下的願望就如磐石一般，重得不得了。

十六歲的人生真的很美，就像含苞的花蕾，終於開始慢慢地綻放，心底裡一下子會湧起很多稀奇古怪的想法，沒有人可訴說。關於理想的真正含義，我想是在那個時候開始有了一個最初的雛形。

十六歲的理想不會再像小的時候那樣信口胡謅了，而是實際了些，是成熟的標誌，也是人生目標的確定。我想，理想在很多的時候最好就是在比你現在所能達到的高度稍稍高一點的地方，但不能高太多，這樣，理想就會起到牽引的作用。其實，人的一生都需要有這樣的牽引，它會讓人對生活永遠充滿熱愛，知道奮進是一件很有意味和必要的事。

十六歲的那一年，我們班上有一位女生，她的成績特別好，從進校的那一個學期起她幾乎逢考試必定拿第一，那個時候幾乎所有的老師和同學都認定她的前途絕對是不可限量。然而，生活的變化給了她很大的打擊，她的父母當年因為支內去了新疆，故而她的戶口只能落在新疆，高考就只能回新疆參加全國卷的考試。也就是那一年，她的母親患癌症去世，為了給母親治病，幾乎用盡了家中所有的積蓄，等到她進入大學後，一切的費用都要靠她勤工儉學來負擔，在她最最困難的時候，我們曾經有過一次長談，她說，她的理想就是要將她最擅長的英語專業學好，並且有一天找一份有豐厚薪水的工作，來報答她辛苦而辛酸的父親，將不能報答給母親的加倍給父親，於是，這個大學，她念得非常辛苦，誰也沒有真正體會到她

也談女子的「酷」

上了年紀，古板而知性的男士與女士說，他們現在還不習慣在正式場合脫口而出：「男人或是女人」，尤其是用上海話說，好像很不習慣，有一種赤裸裸的感覺，很不優雅。至於落在紙上，好像更是要慎重，怕失了「含蓄」。

我的心頭湧上溫暖。畢竟那種幽幽的，執著含蓄柔情的感覺還未消失殆盡，哪怕只是表現在對一種最通常的稱謂持有的尊敬上。

Cool在譯文出版社出版的具有權威性的《新英漢詞典》裡的釋義是以下幾種：冷靜的，沈靜的，持冷漠的等。我想，現在一般認同這個人比較「酷」，與「持冷漠的」這一釋義還稍稍沾點邊，"Cool"與「酷」的發音類似，不知是人的機靈還是文字本身也存有心有靈犀一點通的靈性。通常我們說這位女子有點「酷」，一般是指有些與常規理念中的柔弱、溫婉、淑女風範有著截然的不同，她是堅強的（最起碼表面上是這樣的）、獨立的、有著堅硬的外殼甚至另類的風範。

首先，我想表明我的立場。我對任何人選擇任何生活方式都持有尊重。因為這是為人最基本的權利。個人的喜好在廣義的尊重面前是可以俯首的。

我看到過被人們通常認為是很「酷」的女子，在一個朋友家的聚會上。像黛咪・摩爾一樣的光頭，穿黑色的緊身褲，帶著很誇張卻又不失韻味的耳飾，吸煙的樣子真的有些漠然。那一晚幾乎所有的人都在關注她——當然用著非常收斂的方式，儘量用眼角的餘光而不是直視。她顯然對於被關注很習慣，甚至有淡淡的不易被察覺的得意。那是一個很美的女子——一個天生麗質又兼有卓而不群的女子「酷」一下依然是博得喝彩，生活就是這樣的。

我現在還記得那個晚上過得很愉快。後來這個有些鬼魅氣質的女子坐到我們一撥人中間，我們交換名片，我留意到她的職業是一家私人畫廊的老闆，我記得那是一家幽靜的畫廊，專門代理國畫與一小部分裝飾畫。她說話的樣子很誇張，耳垂上有一連串的耳孔，鼻翼上也嵌著裝飾件。可是她給人的感覺還是一種適當的自然。這是我對所謂女子「酷」一次直觀的、親近的認識，留給我的印象很好，我想女性的美真是可以千變萬化的。這以後我再沒有見過「酷」得這樣美的人，我也在不同的場合見過「愛酷」、「扮酷」的女子，我這才明白，本來完全是一種非常私有化的個人的生活方式為什麼會成為一個公開性的話題。在許多的不和諧出現之後，人們會感到怪異，儘管這樣的感覺是不太有敬意，然而感受是明明白白地呈現在每個人的意識裡。

不知怎的，在對「女子的酷」的認識裡讓我莫名地想起了「女權主義」，只要稍稍對十九世紀美術工藝運動和十九世紀末女權主義的舉步維艱稍有些常識，我們就可以明白二十世紀末女權主義的高漲和取得的意識上的突圍。那些崇尚女權的人們（大多數為女子）不喜歡接受男性們的「統治」，但是她們願意和那些具有「統治」能力的男性共度人生的美好時光。這一類人和世界若即若離，既是享樂主義者，又是虛無主義者；這一類人對世界的真實面目敏感而羞怯。卻有極好的耐心去觀望身邊的一切細枝末節；這一類人有厭世的傾向，卻又對世間的聲色犬馬充滿眷戀。

我認為這可能是本義上女子的"Cool"中沈靜、冷漠、知性的深沈意義，當然也只是我個人的以為而已。有了這樣的內涵煥發而生的外表自然就會顯得獨特，那是不一定需要大白天在家戴墨鏡、肚臍穿孔、把頭髮染白、把眉毛拔光的。

得真髓總是辛苦而艱難，得衣缽總是比較容易一些。於是"Cool"一旦粉墨登場就欲罷不能。我還是有必要重申我的立場，對任何人選擇任何生活方式我都持有尊重，但我依然固守我的崇尚，那是屬於個人的渺小的權利，與別人無關。在我的崇尚裡自然是重要的，或者說，是最重要的。自然和諧的東西是可以持久的。如果僅僅是為了標榜另類、獨特，想在黑衣服、黑唇膏、銀色眼影裡要找到可以依託的支架，生活便太容易了。我們應該感到慶幸的是，我們生活在一個相對寬容的時代和城市，可以選擇自己的生存方式，這是生活的饋贈，雖然有的時候也是很有限的。我們應該對這些饋贈持有起碼的尊重和珍惜，尤其作為一個女性。

女性天生就是被人關注的、讚美的、欣賞的。即便你是女權主義的搖旗吶喊者，你也無法改變這一合乎自然的人生本性。這是女性的驕傲也是需要珍重的上蒼所賜。你能想像嗎？在十八世紀，在英國這樣一個保守的國度裡，阿狄生(Joseph Addison)這個古怪的，不苟言笑的政治活動家兼散文家在他的箚記的扉頁上也會由衷地發出讚歎：女子是一種美麗而浪漫的動物，需要用皮革和羽毛、珍珠、鑽石、黃金和絲綢把她們打扮起來。山貓應該把自己的皮褪下來，放在她的腳下，好讓她做披肩；孔雀、鸚鵡和天鵝也應該把自己的羽毛貢獻出來，好讓她做手袖；海洋要拿出貝殼，岩礁要拿出寶石，大自然的每一個角落都應該交出自己的那一份寶藏，把這一位女子妝點起來，因為她們才是大自然最完美的創造。

尋找咪咪

九十年代下半葉，各式各樣的茶室突然在上海應運而生，有中式茶樓；有西式茶座；有中西合璧式泡沫紅茶坊；有以賣點心為主的粵式茶樓；有兼賣便餐的茶餐館；也有高雅得讓人望之卻步的茶藝館，不僅茶葉是精品，茶藝和茶具也是精品，當然，收費極高。還有一種非常一般、非常大眾化的「吃茶店」，一般都在市區和郊區的結合部。我曾經光顧並且給我留下深刻印象的一家茶室，門前掛著一塊老式招牌，叫：「過路人」茶室，招牌下面垂著三個小木牌，依次寫著：「全天候」，「有時間」，「來吃茶」。通俗易懂，直截了當，旗幟鮮明，簡單明瞭。它的第一大優點是價廉，一壺茶伍元。第二大優點是：播放的輕音樂都是經典名曲，而且若有若無，似隱似現，閉上眼，就像在平靜的湖上隨水漂流。第三大優點是：不斷續開水，只要你有時間，坐二十四小時也不會下逐客令，不僅不對你表示冷淡，而且老闆還會笑次賬。只能一次，這已是二姐額外的體貼，而且不聲張，我只需向她眨一眨眼睛，她微笑著點點頭就行了。下次來一併結帳，給十塊。說真的，我愛上了「過路人吃茶店」。九號檯是我的觀象臺。「過路人吃茶店」是一個龐大社會的縮影，我在欣賞五光十色的人境之餘，自然而然地想起了十七世紀中葉的巴黎。那時的聖日爾曼德培區，剛剛才由一個圍繞著聖日爾曼修道院的村莊形成拉丁區內的文化中心。有一個阿美尼亞人在那裡開了一爿咖啡商店，後來他又把咖啡商店轉讓給了義大利人波克夫，波克夫就在原址改成了一家咖啡館。此後，「波克夫」就聲名顯赫起來。先是受到一群皇家演員的青睞，進而在它的對面建立了一座最早的「法蘭西喜劇院」。據說一六八九年第一場的演出一散場，「波克夫」就爆滿了。之後，那裡就成為觀眾熱烈爭論戲劇的場所了。到了十八世紀，大思想家伏爾泰、盧梭、狄德羅等人定期在「波克夫」聚會。他們爭論的是哲學，曾經為了一個命題，爭論過一個月之久。在伏爾泰們以後，就是轟轟烈烈的大革命時期的鐵血領袖們，如：羅波斯庇爾、丹東、馬拉經常在這裡聚會。他們爭論的是政治，他們的爭論如火如荼，往往達到劍拔弩張的程度。十九世紀的「波克夫」座上的常客則是偉大作家巴爾扎克、左拉、波德萊爾、王爾德……了。我想，他們的爭論一定會和緩得多，甚至不需要爭論，因為這些文學大師各自都有各自的風格。和咖啡館同名的文學刊物《波克夫》就是在那時創刊的。聖日爾曼教堂對面的「德‧馬格」（兩華人）咖啡館，片空白。這是一塊陌生的牆壁，我發現，和桌子相平行的高度有一行鉛筆字，我貼近了去看，可以看得出，下筆很用力，筆尖很細，字跡清秀。寫著：「假如你也像我一樣寂寞，請Call我，行嗎？128——423569」署名是：「咪咪」，我忽然想到，很久以前，我的目光曾經掃過我現在蜷窩的角落，看見過一個十六、七歲女孩，她把蒼白的小臉依在粉牆上，同樣蒼白的手托著腮，迷濛的眼睛注視著天花板，她面前擺著的不是茶杯、茶壺，而是一罐貝克牌啤酒，在二姐這裡，一罐貝克牌啤酒比一壺茶要貴一塊錢。也許她就是咪咪？在我的印象中，好像還看見她久久仰著臉，用舌尖去接空罐裡最後一滴啤酒的樣子，那滴啤酒很久才掉下來。有憂傷，有失落，就是沒有醉意，因為一小罐啤酒是沒法讓她醉的。我甚至能回憶起當時的背景音樂，似乎是舒伯特的小夜曲，由於電壓過低的緣故，節奏很慢，聽起來有一種怪怪的悲涼。咪咪顯然是貓咪的暱稱，認真想想，那個喜歡和貝克啤酒為伴的女孩真有點像貓咪，是鄉下人說的那種偎貓。不是有病，就是受過很重的驚嚇和傷害，怕寒冷，怕寂寞。當我正沈浸在對咪咪的追索和猜測的時候，二姐來了。似乎是為了表示歉意而來，她微笑著坐在我的身邊。二姐已是四十開外的人了，我猜測她曾經有過大麗菊似的豔麗，風聞九十年代初在上海灘她曾經是個蠻有名的美女，闊綽過，也曾經歷過幾場要死要活的愛恨情仇。今天雖然不能算是美人兒了，但她絕對是個可人兒，可人兒是一個只可意會不可言傳的詞兒。她把自己親手經營的吃茶店當做自己和別人倦怠之後修心養性的港灣，她真的能做到「來的都是客」，在競爭如此激烈的餐飲業，獨樹一幟，最重要的一條恐怕就是二姐的人緣好。二姐善於揣摩客人的心思，安慰你，卻小心翼翼地避開你的隱痛。她從來都不涉及工作、收入和情感之類使人羞於回答的問題，頂多問你快樂嗎？應該快樂！你年輕，你聰明……你是追求淡泊而不是頹廢，總有一天……會如願以償的……云云。她把保養得相當細嫩的手搭在我的手上，體貼入微地說：

「小妹妹！沒有不開心吧？這兒和九號檯完全一樣，只是變了個方向。」「二姐！瞧你說的，很好。」我為了表示快樂，還誇張地說了一句恭維話：「不管是九號檯，還是十三號檯，都在二姐您的光輝照耀下。」

「啊！」她笑了。「是嗎！這麼說我是太陽？還是月亮呢？」

「您既是我們的太陽，又是我們的月亮。」

「小妹妹！你真會說話。」她拍拍我的手。這時，她突然看見咪咪在牆上留下的那行字。「這又是哪個詩人墨客的大作呀？經常有些現代派詩人在我的牆上留詩，我只好重新粉刷，刷了寫，寫了刷，我就像個壁報編輯。」她把身子歪倒在我的懷裡，貼近了去看。

「啊！是她！」

「她是誰？」

「我從來不問姓名，只認面貌。她一年前常來，最近很少來。年輕輕就活得很艱難，經常沒錢付賬，什麼都想抵押在我這兒，WALKMAN呀！電子錶呀！口紅呀！我通通沒要。我告訴她，有了錢再還吧！哪天有哪天還，你不但是我的顧客，還是我的小朋友，主要是小朋友……咪咪就是這麼個女孩兒。」二姐說到這兒，笑得眼淚汪汪的。

聽到這兒，我確認咪咪就是我遠遠看到過的那個女孩兒，心裡湧著一種說不清道不明的辛酸來。二姐繼續笑著說：

「去年，有一天，她又欠了我一壺茶錢，她對我說，她有很多朋友，借五塊錢還是容易的。我說：那當然好。於是，她就攔了一輛計程車，跳上去就走了。我想喊住她，等我叫出聲的時候，車已經起步了。因為我想到，計程車的起步費都要十塊錢，何必急著去借錢呢？可她去了。三個小時以後，那輛計程車司機跟著她回到我的店裡，我記得司機姓張，咪咪請小張坐下喝茶，小張不喝，說計程車司機的辰光耽擱不起，要她結帳，好再去做生意。咪咪只好老老實實對他說：她本意只是為了借五塊錢，結果，有的朋友沒找到，找到了的朋友沒有一點義氣，有義氣的朋友又沒有錢。去的地方都很偏僻，找來找去，計程車的計價器上滾動積累了三百八十五塊。這故事既荒誕而又幼稚，怎麼辦？沒辦法。咪咪說：總得喝口熱茶，要喝啤酒？小張無奈，只好坐下來。喝完茶怎麼辦？還是沒辦法。我對他們說：『你們二位的茶錢我不要了，至於她欠你的車錢……無論如何這是一筆不小的款項……我真的也想不出一個好主意。』小張沒喝一口茶，皺著眉頭，呆呆地盯著咪咪蒼白的小臉。時間一分鐘一分鐘地過去了，沒有像一般人預料的那樣：從爭吵到打鬥，然後鬧著上派出所。小張在咪咪臉上一定讀到了點什麼，到底是什麼？我也不知道。咪咪臉上除了真誠、單純以外就是悵惘了，或許他真的能讀出咪咪以往的故事。小張只歎了一口氣，抓起放在桌子上的髒手套站起來對咪咪說：『我相信你，可你總得給我一個找到你的地址、電話吧？』咪咪從衣服口袋裡摸出一支鉛筆，在小張的手掌裡寫了個Call機的號碼，小張也在她手上寫了一個Call機號碼。咪咪說：『真不好意思。』小張說：『只能不好意思了，咪咪！我希望儘快能聽到你的聲音。』『一定，小張師傅！你真夠意思。』小張就這樣走了。在聽到小張的車啟動、開走之後，咪咪眼睛裡流出了兩行清淚。是為自己的孤獨無助而悲哀？是為那些曾經熱絡過的朋友們感到失望？還是為一個陌生人的信任所感動呢？……不知道。」

我受好奇心的驅使，問二姐：

「後來呢？」

「沒有後來，因為她很久都沒來過了。」

「沒有後來，可咪咪以前的故事您知道一點嗎？……也許很曲折？」

「不！普通極了。一群群來自窮鄉僻壤的男女青年，在南下打工的大潮中不謀而合，等到雙雙下崗，窮極無聊，日夜爭吵，反目成仇。為了各尋出路，不辭而別。他們的兒女像是些被扔到大街上的小貓咪，流落在茫茫紅塵裡隨處都能聽到他們的叫聲。」

「啊！是嗎？」我就再也沒有問什麼了。二姐一眼就能覺察到我的黯然，輕輕拍拍我的手就離開了我。

深夜，我走在冷清的大街上，忽發奇想：咪咪或許正蹲在哪個人家的門樓下，把頭埋在自己的膝頭上，等著自己的Call機突然響起來把她驚醒。所以我特別注意所有的門樓，遇見弄堂，我都會走進去窺探一番。當我口袋裡有了一個、或兩個硬幣的時候，我會忍不住在投幣電話面前佇立良久，想Call一下咪咪。甚至幾次摘下話筒，沒敢撥號。問題是當我想到咪咪回電以後，我說什麼好呢？這時一輛灑水車從我身邊緩緩駛過，我渾然不覺，「嘩」地一聲濺了我滿身水。司機衝著我笑，向我喊叫：

「喂！夢還沒醒哩！小姐！哈哈！……」

這樣的夢以後又做了好多次。過了很久，我才鼓足勇氣在電話上撥了128，當我說我要Call 423569的時候，對方說：

「對不起！小姐！機主欠交服務費，已經停機。」

等我再要問的時候，128收線了。

有一次，在一個街角上看見一個我以為像咪咪的女孩兒，我馬上奔過去問她：

「你是咪咪吧？」

她看看我，用譏諷的口氣反問我：

「你是不是十三點？」

「對不起！」討了個沒趣，還得向她道歉。「我認錯人了。」

還有一次，在地鐵站裡，我看見一個女孩兒獨自像癱瘓了似的，斜靠在椅子上，好幾列來和去的車輛她都沒上，又不像在等人。披肩長髮遮住半邊臉。不知道為什麼我認定她就是咪咪，毫無疑問，她正是我想像中的咪咪。由於上一次的經驗教訓，我沒有直截了當地問她是不是咪咪，而是慢慢走過去，坐在她的身邊，輕輕地念著那個Call機號碼：

「423569, 423569, 423569, 423569, ...」

好一會兒她才注意到我，她直起腰來，突然把身子轉向我，問：

「你是不是看過很多南斯拉夫的老電影？」

「為什麼你要這樣問我？」

「因為南斯拉夫的老電影大多數都是表現地下鬥爭，我怕你中了邪，學著電影裡的英雄，嘴裡念著聯絡信號，把我當做你的秘密同夥了。告訴你，如果真的發生戰爭，我也不會去做那種危險的遊戲，真沒意思！」

「不！」我只好說實話。「我念的是一個Call機號碼。」

「嗨！怪不得今年精神病院的床位那麼緊張……」說罷她就把身子重新轉了回去，恢復了原來的姿勢，像癱瘓了似的，斜靠在椅子上，再也不睬我了。

很長一段時間我都不敢再冒失了，可並不是說我已經忘了咪咪和咪咪的那個Call機號碼。一天夜裡，一個朋友約我到紫蘿蘭酒吧見面，在朋友還沒來的時候，一位吧姐使我又激動了起來。雖然這位小姐穿著超短裙，經過加工了的、捲曲的睫毛，嘴上塗抹著紫色的唇膏，頭髮紮成馬尾巴的樣子。但我再一次認定她就是咪咪，毫無疑問，她正是我希望中的咪咪，終於走出了困境、有了一份工作的咪咪。我鼓足勇氣笑著向她招了招手，她立即像跳舞似的擺動著裙裾向我走來，問我：

「小姐！您還要點什麼嗎？」接著一口氣報出一大串酒名來。

「不！我是想問你一句話。」

「是嗎，小姐！」她大概是誤以為我是個有同性戀傾向的人，故意親暱地低下頭，一股刺鼻的香水味向我襲來，塗了粉底的臉幾乎貼住了我的臉。

「你……」這時我有些不自信。「你是不是……咪咪？」

她嫣然一笑，在我耳邊說：

「如果您喜歡，就把我當做咪咪，我願意的……」

「不！你誤會了。」我說：「我是在找一個走失了的女孩兒，是一個朋友的女兒。對不起！小姐！」

「沒關係，小姐！」她眨了眨眼睛，用一種神秘的語氣小聲說：「有事只管叫我，我願意為您服務，包括在酒吧以外……」

「不……謝謝！」我語無倫次地搖著雙手。

從那以後，我就再也不敢造次了。

當我從外地旅行回來，一進「過路人吃茶店」就見到了二姐，她自然而然地就和我談到許多往事，當她談到咪咪的時候，我立即興奮起來，問她：

「怎麼樣？有消息了嗎？」

二姐在我的耳邊神秘地說：

「聽好多老主顧說，咪咪……走了……」在中國話裡，「走」的另一個含義是死，兩者的區別僅僅在於說話人的語氣。也許我過於敏感，二姐說這句話的時候的確有些傷感，而且，就此打住，再也沒有多說一個字……

重逢

濛濛坐在這座5A級的辦公大廈的頂樓的一間寬敞的辦公室裡。手上握著電話，用婉轉卻堅定的口吻與對方商榷著一份合同的最後修改意見，眼神卻注視著桌上的電腦顯示幕，查看最新的E-MAIL。桌上通秘書的內線又響了，濛濛下意識地用另一個手去接，手上的電話已在她甜美的話別聲中掛下了。眉宇間有一絲愁慮，卻是淡淡的。

又一個緊張的上午開始了。

秘書小王遞進一杯咖啡，濛濛抽著空隙在辦公桌旁伸展一下腰肢，順勢將咖啡拿過來。轉過身，背後是落地的窗，透過它可以俯瞰上海，濛濛感受到其充滿活力的內在，而自己是通過如何努力才有了今天這份讓人羨慕的職業——總經理助理，是濛濛現在的頭銜。早上的這一刻片斷是有著難得的空閒，望著窗外空茫的視線裡豎立著的樓宇，這座熟悉而又陌生的城市常常讓濛濛在不經意間會有一點黯然，諸多的往事常常像幽靈一般閃回她的腦際，心裡總會有那麼一點痛，過去很久了，居然還沒讓她徹底遺忘，有一些事，就這樣在你的生命裡沈澱下來，走不了了。

「李小姐——」，秘書的話打斷了濛濛的思緒。濛濛看了一下桌上的當日工作安排表，程子傑，這個名字像一塊冰一般從指間劃過，十點鐘，與JM公司駐滬代表程子傑先生洽談。秘書是在提醒濛濛還有十分鐘就十點了。濛濛下意識地整理了一下頭髮，窄身的套裝，黑色，眉目清秀，略顯單薄，更多的顯示出一個職業女性的幹練。

這十分鐘好像特別慢。

濛濛顯得有點慌亂，這在以往的經驗裡是沒有的。只有她自己知道即將見的這個人為何會讓自己如此心慌意亂。職業的經驗告訴自己要迅速冷靜下來，更何況是程子傑。

程子傑並不知道即將要和李濛見面，他只把這種談判當作以往的商務談判的一種，只是這次對方是個大公司，對方的總經理助理將親自和自己談判。程子傑高大帥氣，可明顯地讓人感到有著他這個年齡不該有的憔悴，也只有他自己知道這些年是怎麼過來的。

準點。倆人在李濛的辦公室見面。程子傑的訝異是在濛濛意料中的。濛濛竭力鎮靜自己，她看著他那種瞬間閃過的種種表情，心裡有一些得意，顯得平靜到若無其事。這下輪到程子傑亂了方寸了。只是身旁還有秘書和別的職員，程子傑才勉強克制住自己。然而談判卻顯得有些糟糕，連倆人交換名片的時候，他都差一點脫口而出：濛濛。總算將要談的事逐一應付過去了。告別的時候，濛濛起身，很禮節性地伸出手與他握了一下，好像倆人從來都不認識一樣。秘書將程子傑送出公司，不過五分鐘，濛濛桌上的電話就響了，濛濛沒有去接，她知道是程子傑打來的，往事迅即從心頭滑過。

李濛和程子傑是大學裡的戀人。不是一般意義上的戀人，是那種旁人眼裡羨慕，倆人彼此間深愛，將來，不，畢業以後就打算結為夫婦的那一種戀人。倆人學的都是管理專業，前途在朦朧中透出讓人欣喜的曙光。李濛不是本市的學生，畢業分配的時候她雖然竭盡全力，但仍然沒有爭取到留在本市的名額。多年的愛情在這時經受著考驗，事情的發生出現了一系列的轉變，完全出乎濛濛的意料。首先是程子傑的父母提出反對，並給子傑以極大的壓力。濛濛沒有按照分配的計畫回到遠方的那座小城市，留在上海，成為一個沒有固定戶口，在一家私人公司打工的職員。程子傑卻在父親的一位朋友的推薦下進了一家外資企業。濛濛在最需要幫助的時候，程子傑卻開始為了適應新的工作環境而異常忙碌，那時候，他還沒意識到及時地體恤一下濛濛是多麼重要。倆人的矛盾第一次顯得那麼突出。就像在一塊光滑的緞子上劃了一道小口子，裂縫很快就蔓延開來了。

濛濛內心孤獨無依，又要為工作奔波，心情糟透了。程子傑躊躇滿志，但生活並不是他想像得那麼簡單，碰了一鼻子灰，委屈只有自己咽下。校園裡那種雲淡風輕的戀情頃刻間逃遁得無影無蹤。程子傑的父母向他下了最後通牒，為了兒子的前途，要他和濛濛分手。程子傑也想過不顧一切地和濛濛結婚，這個念頭閃過的時候，各種各樣的困難就像千頭萬緒的繩索，堵得他發慌。更讓他陷入漩渦的是一個叫妮妮的女孩突然闖入他的生活。妮妮是他所在公司老總的女兒，自小在美國長大，對程子傑一見傾心，並用美國人的方式向他熱烈表示——在程子傑最需要溫情的時候。

程子傑是在完全茫然的情況下做了一件讓他終身後悔的事，把他和濛濛多年來締結的盟約撕得粉碎。直到兩個月後，妮妮告訴程子傑，她懷了他的孩子，並且她要這個孩子，而且馬上要和程子傑結婚，她也知道一個叫濛濛的女孩佔據著他的心，但她的人生原則就是，她想要的就必須得到，這一招讓程子傑整個傻了。濛濛像聽人說惡夢一樣，聽程子傑說完了這一切，頓時感到整個人輕得都可以飛起來一樣。一切就在頃刻間破碎，濛濛看著這叫作程子傑的男人，是那麼的陌生，恨還沒來得及湧上心，就已經聽到心裂的聲音。

分手原來是這麼簡單的事。程子傑其實在當下就後悔了。他並不愛妮妮，只是一種非常突發的情況，讓他不得不做一個無可選擇的選擇。程子傑的父母很高興，覺得兒子和總裁的女兒結了婚，前途自然是不可限量。和濛濛多年的情緣就此了結，程子傑感到心裡莫名的空了一塊。濛濛最後只淡淡地說了一句：總有一天，你會後悔的，並且要為這種愚蠢的行為付出代價。

李濛的預言很快就在程子傑的生活裡變成了現實。

婚後不久，程子傑就和妮妮一起到了美國。程子傑完全仰仗著岳父母一家，妮妮是個性子急躁，少有溫柔賢慧的女子，從小受美國文化熏陶，開放熱情，甚至有些無度放縱，更因為從小家境優越，恃嬌而驕。她對程子傑並無深愛，只是一時好奇，一個嚴謹刻板的「夫子」，也終於被她從另外一個女人的手裡搶過來了。她從來沒有想過要和程子傑天荒地老。她任性，好發脾氣，程子傑為了她腹中的孩子都忍了。最讓他無法忍受的是，他們幾乎找不到任何共同的話題，對生活、藝術的追求大相逕庭，程子傑開始深深地失望，但木已成舟。程子傑盼著這個孩子快點出生，想著妮妮會因為當了母親而改變性情，孩子會給他帶來最大的期望和寄託。

事實上，生活給程子傑以最大的嘲諷和打擊。

在程子傑度過了艱難而揪心的十個月後，孩子出生了，居然是個黑人，程子傑幾乎要爆炸了，妮妮也十分尷尬，她說：「我幾乎確信這個孩子是你的，可能出了點意外，我都快忘了那個黑人的名字了。」程子傑體會到生活對他的懲罰和報復，帶給他的無以復加的屈辱。

妮妮提出要拿出一筆錢來作補償，並同意離婚。程子傑恨不得撕碎這個女人。一無所有的離開了這個惡夢一樣的困境。程子傑曾經十分放縱和消沈，他以為這輩子完了，是美國這個現實而冷峻的社會教訓了他，如果不努力工作，連起碼的生活都將發生困難。回國更讓程子傑害怕，讓人嘲諷的滋味是不好受的。他最想念的是濛濛，最愧疚的也是濛濛，但已沒有回頭的路可以走了。程子傑是被逼地去奮鬥，好在他畢竟是一個學有所長的人，整整六年，程子傑是咬著牙從最底層開始做起，邊打工邊念書，MBA的文憑拿到手的時候，已不知有多少痛苦被他默默地吞咽掉了。進了JM公司，又從小職員開始做起，直到今天成為駐亞洲地區的重要管理人員。

濛濛終於答應和程子傑再見一面，也像聽傳奇一樣的聽完他的故事。這幾年，濛濛也是咬著牙過來的，一想到被人莫名其妙地拋棄，心裡就不堪回首。把精力全都用在了工作上，也是難得出眾和優秀的白領，可心裡總是有著傷痕，人莫名地憔悴，總顯憂鬱的神情。她的心裡想的是要做得好上加好，總有一天，她會讓當初嘲笑她的人刮目相看。她以為這輩子再也見不到程子傑了，也根本不想再見到他。但她沒有想到發生在程子傑身上的故事會是這樣的。濛濛感受不到一點幸災樂禍的快樂，驟然間，她才感到他們好像都不很年輕了，而他尤顯憔悴。

因為業務上的聯繫，濛濛需和程子傑頻頻會談。當程子傑得知濛濛依然孑然一身的時候，他有了這麼多年來從未有過的激動和感慨，但他沒有勇氣，更不敢奢望濛濛的原諒。濛濛早就感覺到了，程子傑在用一切可以暗示的行為企求她的原諒。現在的濛濛已經不是當年的小女孩了，她成熟、自信，凡事有著自己的主張和見解，對感情，她是再不會做一個輕易的選擇了。濛濛在心裡做著最後的抉擇，翻江倒海的感覺。

程子傑終於喪失了耐心，他要向濛濛再求得一次機會。他想，這一次，一定要好好珍惜，再也不辜負濛濛了。但他不知道濛濛也下了決心，濛濛想告訴他——在程子傑還沒開口之前就告訴他，她已爭取到赴歐洲進修的機會，可能好幾年都不回來了，但這並不是不再接納程子傑回頭的原因，真正的原因是，生命裡有一些東西錯過了就永遠錯過了，沒有再回頭的餘地，不是每一個遺憾都可以補救的，尤其是女人的心——或者說天下所有愛人的心，都是玻璃做的，碎了，就再也難以彌合了。

葉上花

茹佩和我是隔壁鄰居，事無巨細，她都會向我訴說。其實，就是不說，我對她和廖平的感情糾葛也瞭如指掌。因為不管茹佩，還是廖平，所有的故事——包括時時都在變化著的細節都寫在他們的臉上。

廖平想著茹佩的那一句充滿了幽怨的話：上帝絕對是最仁慈的，生活也絕對是最公平的，他在你的左手多放了些什麼，一定會在你的右手取走些什麼。廖平對我說，他第一次感到心是那麼空，好像連同整個人都輕得要飄起來。胸膜上下好像有一股氣，是那樣的茫然無從，悶得發慌，一切戛然而止的時候，廖平想到了傷心，用他的話來說：那種一片一片撕裂的感覺居然連一點痛都沒有，好像整個心都被提走了。

廖平是出了名的花花公子，年輕、英俊，有個闊綽的家庭背景，書念得不很好，卻也半調子般混了張大專文憑，有一張天生油滑的嘴和父母為他張羅起的關係網，謀了一份好工作，拿一份優厚的報酬，在這個忙碌的世道裡，在旁人還在為生計和前程絞盡腦汁的時候，他得了太多太多，故而，他不知道珍惜。倘若僅僅是對物對事倒也罷了，對人、對感情他也是這樣，偏偏時下的女孩子容易走極端，不是純情到不諳世事，就是自以為能主宰風雲，看透男人，萬事可以運籌帷幄。純情的女孩就像一縷風，從廖平的面前掠過，他只是欣賞喜歡，甚或也會生出一些迷戀，然而，他的性子還遠沒有那麼塵埃落定般的沈靜，他留不住那縷清風，他還有太多的好奇和不安定；成熟練達的女人讓廖平吃驚，常常會陷入一種無需說白的對峙狀態，彼此將本來可以純美的感情攪和成一杯烈酒，結果，常常是傷了元氣。廖平是久經沙場，最多爛醉如泥，失態一次，受傷的常常是女人。為此，廖平在他的那些朋友中還留有一句打油詩：人從花間過，留香不留痕。

人說，萬事都有一個逆轉，所謂，命相中自有相剋，直到有一天，廖平遇到了茹佩，一個斯文含蓄，有個性、有才氣的女孩。事物的發展有時就像拋出了手的球，任何一點點的外力都會完全改變它的運作路線，然後，它所作的發展是可以完全超出你的想像的。

茹佩是那種你看了很多眼也記不住的女孩子，長相平平又寡言少語。這樣的女孩子在廖平以往的女友經驗中是沒有的。年輕氣盛的男孩子有一些虛榮心是正常的，更何況廖平自己長得一表人才，他身旁的女友都是要讓人眼睛一亮的。茹佩和廖平一起在這家公司工作了半年多，倆人加起來的對話不過半小時，因為不在一個部門，工作上的聯繫很少。在一開始，無論是公司裡的員工還是他們倆個本身都沒有想過會有任何不尋常的事會發生在彼此之間。茹佩偶爾在辦公室的休息時間聽同事談起過廖平，最初的印象是這是一個太多事的男人，很自以為是，有點小聰明但不踏實。茹佩是一個深沈含蓄的人，以前在學校念書的時候有人說她是深不可測的，她到這家公司裡來當一個忙碌的白領是出於很多的無奈。她已經長大了，而且已經完成了大學的學業，她必須擔負起責任。和很多費盡了力氣要擠進大公司當白領的人不同，茹佩有著骨子裡對現在這份工作的不滿和無奈，倘若生在一個富裕人家，茹佩最想當的就是成為一個學者。所以，她是寂寞的，在公司裡，又不能把這種千轉百迴的心思表露出來，故而，她很少說話，沈默復沈默。對廖平，她還有些漫不經心的不入眼。雖然，她除了才幹和智慧什麼也沒有。

茹佩是在不經意中將她的驚人之處展示出來。她是這家公司唯一一位既精通英語又熟稔法語，還能用流利的日語與客戶交流的員工。原先，大家只知道茹佩的英語好，至於好到怎樣的程度，大家還不清楚，更不知道她居然通幾國外語。那一天，臨時接到一個法國的訂單，茹佩所在公司的老總急得團團轉，上下員工面面相覷的時候，輕輕地吐了一句：我來試試看。從那一天之後，默默無聞的茹佩好像罩上了一層光環，大家在誇讚她是個才女的同時，也開始將各種各樣的關注投到她身上。這才發現，茹佩所管理的部門的業績已經連續半年都驕人，其實，那麼久以來，一直都是這樣的，可現在，大家把大部分的功勞都歸結到茹佩的身上。茹佩平靜的生活被打破了，上司更為器重她，不久，成為統管整個市場部的經理。

廖平是第一次碰到對他如此不在意的女孩子，每次在走廊上遇到，最多是很客氣的打個招呼。茹佩一則是因為忙，二來是覺得那是一個不會與自己有任何關係的男人，所以除了寒喧之外便再沒有二話了。廖平喜歡玩，也常常約請公司裡的同事下了班之後一起出去吃飯，泡吧，如何打發掉空餘的時間是他每日必須要面對的問題。這樣的聚會幾乎從來沒有茹佩的身影，她總是單獨來單獨去，臉上沒有那種燦爛明媚的笑容，但也是溫和的、純靜的。偶爾，有一絲沈鬱從她的眉宇間滑過，淡淡的，卻被廖平這個平時不輕易細心的男子看到了，他的心裡有了一層又一層的謎，對茹佩有太多的好奇，他想知道這個長相平平、不善言表的女子還有多少的與眾不同和驚人之處。他想有一個自然而然的機會，與茹佩可以自然的見面約會——當然是在公司以外的場合。他在籌措這些想法的時候可能都沒在意到這是一個新的開始，對他而言，以往的那種高高在上的不屑一顧在不自覺地做著修正，他不自覺地收斂起自己的張揚和傲慢，連他自己都那麼投入，一點都沒有察覺出來。

廖平和茹佩的第一次約會究竟是怎樣開始的？他們從來都沒有對我說過。我猜想，廖平是小心翼翼地對一個女孩漸漸靠近的，他像探究一個謎一般，耐心而誠懇。這個故事在一開始就錯了，所有的人都以為那是愛——是愛情，可事實上並不是，茹佩被一個男人追得頭暈腦脹，她的誤解實在情有可原；連廖平也以為他是愛了，可事實上在一開始，他對自己根本還搞不清狀況；周圍的人都在一片詫異聲中以為愛如奇緣附身，降臨到這對人身上，可是，這一切都不是事實的真相。廖平的「瘋狂」行為就像雲霧繚繞，將一個本可以循序漸進的輪廓清晰的故事變成了一團火，沒有軌跡和規則地蔓延著，這個比真愛還要像真愛的情緒感染著故事裡和故事外的每一個人。

生活總是有著無比的耐心，它看著你在他面前龍騰虎躍，待熱鬧散盡，看著你在它所有的佈局裡俯首稱臣，他也只是頷首，他在用一種高不可攀深不可測的寬厚對你的幼稚報以禮節性的理解。

廖平和茹佩戀愛的消息也只是在一開始引起了一點小小的轟動。大家並沒有很看好這樣的戀情。這一次，倒也不是因為覺得廖平是隨性的人，只是一致認為茹佩是不會理這一招，她這樣像甲骨文一樣的女子是不會為一瓶可樂動心的。可是，生活裡常常是這樣的情況，如果一個男人鐵定了心要去追一個女人，只要他有足夠的耐心和癡心——足夠到超出你想像的範圍，那麼，他多半是會成功的。廖平就像鑽進了一幕他自己心儀陶醉的戲，愛——尤其是幻念中的愛，往往也只是在最初的時候美得極其眩目。

至於茹佩最後怎樣被廖平擄獲芳心，這樣的話題是在他們分手以後重又被人想起，人們只是有些不明白，茹佩堅強、個性、獨立，廖平那幾招是如何讓她心動的。其實，茹佩是在這個虛擬的殼子裡活了太久太久，她比常人更渴望關心、呵護、驕寵甚至是有些失了分寸的狂熱，這一切埋在匣子裡，又藏在角落裡，廖平自然也無法有這樣的神力能探究得到，他只是像一個莽撞的孩子，一不小心打碎了那個匣子，與茹佩心裡最隱秘的心思撞在一起。倆個人的愛就這樣演繹起來，陶醉般地美麗。廖平在一開始就不是純粹的，帶有征服的虛榮和好奇的滿足，茹佩是在廖平一招又一招的進攻中敗下陣來，這個男人帶點稚氣的癡情和一往情深的樣子真的打動了茹佩。廖平知道茹佩明智聰慧，故而，這一次，他將自己的小聰明收拾起來。坦白而徹底地將自己的本性顯露在茹佩面前，殊不知，再大的缺點在徹底真誠的襯托下都會被量化為最小格。茹佩想的是，這是一個與自己有著太多不同的男人，可是他用愛構築起一道又一道風景，茹佩沒有想過這一切在自己的生活裡變成了現實，她想著，沒有比這更重要的，甚至，試圖改變自己去適合廖平的生活習慣。誠如莫理哀說的一樣，女人最大的願望就是要有人愛她。

愛情在最初的時候多少是有些大同小異的，兩個人愛的能力的強弱很大程度上決定了愛情的最終命運。現在，有人用一個蠻時髦的辭彙——情商，來概括。愛除了愛本身之外還包括容忍、寬厚、豁達、修正和磨合彼此的人生原則……在愛了以後，這是比愛更重要的保養愛的起碼條件，可是常常是被人忽略了。廖平雖然換過很多的女朋友，但他幾乎從沒有耐下性子來仔細想想他自己究竟要什麼樣的生活，茹佩想的只是這樣的情感已如奔騰的河流，她已不知如何駕馭。其實，在最初，他們的愛好和習慣就有很大的分歧，只是新鮮的愛甜美醇厚，暫時將生活裡別的味道都遮掩了。當生活裡風起雲湧的東西一一退卻的時候，那種屬於你的最本質的東西開始考驗你是否真正承擔得起你的生活——包括那些生活的泡沫。

茹佩出生在一個普通又支離破碎的家庭。父母支內，到貴州一個偏僻的山村，住了好幾年才調到貴陽謀得一份工作。自茹佩懂事起，他們就不停地爭吵，她的父親甚至當著茹佩的面將碗摔到茹佩母親的臉上。後來，父母離異，茹佩跟著母親回到上海。外婆家太小，舅媽常常藉故跟母親吵架，什麼叫寄人籬下，茹佩在很小的時候就體悟到了。最糟糕的是就算受夠了委屈也要忍，因為母親回到上海只在街道的工廠裡找到了一份臨時工，又要供養茹佩上學，根本沒有錢另外借房子搬出去住。很小的時候，茹佩就經常看到母親偷偷地在夜裡流淚，故而她對自己許下重誓，將來一定要出人頭地，讓母親能享到自己的福。那時的茹佩很害怕放學，害怕回到那個逼仄的家，害怕聽到舅媽指桑罵槐的聲音。她總是儘量地待在學校裡，所有的時間都在讀書寫字中度過。唯有這時候，她才感受到一點寬慰。茹佩的成績是出類拔萃般的好，一直以來都是這樣。這就像一個微弱的希望之光，支撐著她們母女倆往前看。直到有一天，茹佩大學畢業，進了這家大公司，拿到一份還算豐厚的報酬，那一天的晚上，母女倆抱在一起，哭了很久很久。好像那麼久以來的委屈終於熬到了頭。這時，茹佩才發現，母親已經老了，老到必須要有茹佩的照顧，在她的生命裡剩餘的所有的時光裡茹佩是最重要的支柱。而茹佩感到是那麼的累，幾乎要支撐不住了，她多麼渴望有人能夠疼愛她憐惜她，但在母親面前，她要有勝利者得意的笑容，在公司裡她要有慣常的堅強、能幹。在那層美麗的外殼底下，她脆弱得不得了。

廖平就在這個時候出現了，非常地不合時宜又非常地吻合機緣地走到了一個故事的開頭。只是，他們的故事不是現代版的水晶鞋的故事。茹佩也不是灰姑娘，她太有個性和艱苦生活對人的磨練的積澱，她是理性而堅強的。然而，她終究是個女人，當鋪天蓋地的愛情襲捲而來的時候，她的理性早被感性淹沒了。

和其他的戀愛中的人們一樣，他們是動了真心去做好每一件事。廖平在領略了茹佩的學養和才幹之後，是真的感歎，女人和女人是那麼的不一樣。然而，慢慢地，他開始失落。他覺得茹佩是在不自覺地試圖改變他，他自在地生活了很久，現在，要為一份愛情去改變自己，在起初，他是為了博得戀人的芳心，久了，他就感到累。他又懷念起那種被女孩子包圍崇拜的日子，他實在也只能擔負一個簡單的女孩，茹佩對他來說也是太沈重了。茹佩是沒有這樣被人愛過，她也很清楚和廖平之間的種種距離，然而，她高估了愛的力量，愛，有時就像生活的潮水，終有一日退去後，還是要回到生活慣常的節奏裡去。慢慢地，她開始黯然神傷，她想把這份感情延續下去，故而變得焦慮，摩擦、爭執、隔膜開始像一個個頑皮的丑角粉墨登場。

茹佩用一個近乎成熟女人的心來對待廖平這個大男孩，廖平感到一種壓抑。他的骨子裡又對那種美麗但頭腦單純的女孩生出嚮往。當下的生活總是最重要的，要跨越一個人的日常生活的習慣，去違背本性珍惜他（她）不能珍惜的東西，這多少有些勉為其難。

在他們熱戀了一年之後，彼此都像精疲力盡的孩子。廖平為了不讓自己太寂寞，瞞著茹佩去和別的女孩約會，他的想法是，終有一天，他會向茹佩求婚，幾乎所有的人，包括他自己都明白，這樣的女人是可以做妻子的。然而，他總覺得自己還年輕，很多風景他還沒領略夠。茹佩是理想主義者，平生第一次選了一件和理想很不吻合的事，但，是為了愛情。她是在一個很偶然的場合知道廖平的任性、隨便、不經心的一切，她感到一個美麗的肥皂泡終於破碎了，心裡有著痛的同時，彷彿還有如釋重負的虛空的輕鬆。

一場愛戀走到頭的時候，旁人都覺得再正常不過了，起初，他們就不看好。然而，只有他們倆個才明白什麼是最多的失去和遺憾。有一種花，它的名字叫葉上花，遠看其實都是葉子，那花就和葉子的顏色是一樣的，只是，它比葉子的顏色淡一些，只有非常仔細地看，你才會發現它的美是那樣迂迴，那樣含蓄和雅致，倘若你忽略了就不能分清何為花，何為葉了。有一些東西是要耐著性子方能琢磨出來的，不是輕易可以得到的。

黑

與「木乃伊」親近，你願意嗎？

好像也是這樣細密的心思，被擠壓成一叢叢蘆葦，在漫無盡頭的荒野上放縱地開著。心靠文字和音樂溫暖著，雖然沈悶卻也不至於墜入無底的深淵。在夏日被暴雨洗掠的午後。

重讀薩特的《詞語》。看到一個智者對自己的童年有著如此驚人的記憶力和一顆至老也不會泯滅的童心。柔長綿密的感覺就像敏感而羞怯的花瓣，一個人在還沒長大的時候，也許就有了人類情慾中最繁複迂迴的每一個輪廓，會心的笑意同躍然紙上的溫情交融的那一瞬間，好像心中的愁雲有一小會兒被擠壓在了感覺之外。耗費了大量的時間在被塗抹的字跡中辨認童年，如此淡薄的歲月卻充溢著那麼豐富的細節，很快就煙消雲散的誤會、善意的戲弄、溫柔的責罵、愛的怨恨、柔情的故弄玄虛，還有愛情。我開始相信某些人的思想就像是利刃磨礪下的頑石，所以變得比利刃更為銳利，而堅強想像的翅膀如同天使的羽翼，幻化為旖旎的海市蜃樓。不停地自言自語，不停地想，在自我面壁或是吃著略略有些焦味的巧克力蛋糕的時候，敏感而脆弱的心揣摩著這世間的人情冷暖和大人的心思，早已是長大了，可是每個人都還在吻他的前額。在讀與寫的世界裡，詞語的重重疊疊是與這個世界溝通的唯一通道。

薩特還說，寫作是一種習慣，也是職業。長期以來，筆亦是手中的劍，可又常常認識到自己的無能。可這又能算得了什麼。如此智慧的人，今天寫書，明天還將寫書，書總是需要的，它也多少有些用處。文化並不拯救什麼，也不拯救任何人，它也不證實什麼。可它是人的產物，人把自己投射到其中，又在其中認出自己，只有這面好挑剔的鏡子向他反映出他的尊容。

我也知道，不管豐富的詞語世界是多麼誘人而多彩，可相對於活生生的現實世界，它總會有黯然失色的一瞬。可是，人有的時候是需要與最笨拙、木訥、無聲的東西打交道的，才有機會讓自己變得聰慧一些。這無言的詞語就是提供這種機會的東西。與過於油滑的東西相熟稔，變得愚笨的必然是你。也許這詞語創造的東西是藝術，但藝術也許是「無用」的。你會選擇無用的東西嗎？或是讓你的孩子終日在無用的世界裡遊蕩？你會嗎？

那電腦的顯示幕還在閃爍不停，依稀還傳來琴童稚嫩的琴聲，那歪斜的畫筆也在依稀尋訪拉斐爾細膩精緻的輪廓，只有臨窗書櫥裡的每一位佳人都蒙上絲絨般的薄紗，沒有人願意靠近她們，太枯燥呆板了啊！都是千百年前的美人吧，至多是獨具風韻的木乃伊吧！那些在讀與寫磨練下的靈魂一直在矜持地等待呀，可是你願意嗎？那寂寥得有時就像昏睡過去的歲月？

一顆沒有與詞語這樣的「枯葉美人」相親相近相融的心，可以走過音樂與繪畫的世界嗎？真的可以成為新人類走向新世紀嗎？真的可以嗎？連自己都走不出自己，真的可以昂首闊步嗎？

芳華漸逝

現在恐怕很難考據女子的寫作究竟是何時登堂入室的。從前鎖在深閨的小姐雖有賦詩作畫，卻也逃不過淒淒怨怨的套路，少有現在的女性這般尖銳甚至苛刻。倘若一個女子不甚柔美、細膩，卻依然要在字裡行間溫柔一刀，你又奈何？

都說現在的中學生已經很了得，讀《百年孤寂》和博爾赫斯的人不在少數。想想也真是難得，這一代人的長足進步，會讓旁人對往昔時光莫名地生出遺憾來。那次聚會，有朋友說，你們知道嗎？那些女生拿李碧華來消遣，亦拿李碧華來養顏養性。聽後不免詫異，記得以前讀過李碧華的一、二篇作品，印象猶深，記憶中她是一個慣於寂寞的人，現在是世人不讓她再有寂寞的機會。借來她在天地圖書出的大部分集子，一氣讀下來。才感到誠如她自己所言：女人迫害女人，才是最凌厲的——非常清楚對方受不了什麼。好像是生活中或明朗或細碎的東西都給她收拾得井井有條，堂而皇之地陳設在大堂裡，那些讓人想要遮掩的千瘡百孔，在她的談笑風生間愈讓人感到痛癢之外的尷尬。

智慧是值得慶幸的，而智慧得不張揚卻是難得的。倘若每天有好幾個專欄都等著脫稿，稍不留心就要有「空版」的危險，那麼這樣的寫作靠才氣恐怕是打發不了長久的。除了智慧就是靠勤勉了。偏偏寫的時候不甚滿意的東西，等見了報就莫名其妙地成為舊愛了。李碧華對世俗的舊愛倒早有妙語：女人對待舊愛，總是「自視甚高」，已不要的東西，私心卻又希望，最好他永遠記掛她，愛她，為她錐心泣血，終生不娶。令她有點惆悵，在新歡的臂彎肩側，無意投以一瞥，哦，有個人如此癡心呢——但她還是不要他，只表演著遺憾。

現實是什麼？現實的生活總是平淡瑣碎，像沖第二次的紅茶包。可寫作的一大好處就是製造可以遠離現實的可能。生命無常，芳華冉去，最好的又最不希望消逝的，往往無疾而終。李碧華將一切喧鬧繁華都寫到極至時驀然打住，不給人有想入非非的機會，常常是頃刻間沈寂下來。誠如斯言：群眾都是陳世美，說變就變，靠不住，一切事物之美好在於「沒時間變壞」。她總是悄然側身而出，說到底，骨子裡還是沈寂的氣質，偶爾客串出場而已。

有時逛書店，總控制著別再買書，買了總是不如借的看得多，擱在那兒當後宮佳麗，如同一個昏君。李碧華的書是在三千佳麗中帶著樸素的冷豔，驀然一見，想當昏君也難！

實在太微薄了，一個人一生中如果能在一種事業中創造出一點點與眾不同的東西就已經是很了不起了，大部分寫的東西將來也許都會變為廢紙的。文化工作的意義在於借助大家的努力來推動它，而且需要一代人接著一代人。

可不可以有這樣一種生活的方式。當別人爬上頂峰時你可以露出燦爛的笑容，當別人需要幫助時你能夠伸展出珍貴的雙手，當別人失敗時你能夠真情實意地去慰藉。

長者對幼者做到這一點還相對容易些，如果是同齡人，且又是在同一領域之內求生存的人就難免會有競爭會有高低。讓我們多一點胸懷去承受成功與失敗，每個人都進取一些，而不是把別人拽下來自己卻仍在原地不動。我們總是在比較，從小剛念書時起，我們的父母就告訴我們：我應該贏，我要比別人聰明，比別人乖巧，比別人念得好，長大了我更要比，比漂亮，比成功，比富有，將來還要用婚姻和家庭無限制地比下去，這種比較好累啊。有的人暫且比贏了，有的暫且比輸了，可是這種贏與輸都是那麼恍惚。以為贏了的是因為還沒有碰到更好的——它是存在的只是沒有碰到罷了，這種贏其實就是輸；以為輸了的是因為還沒看見更差的——其實它也是存在的只是沒有遇見罷了。人生最大的缺憾之一就是和別人比較，和高人、聖者比較使我們自卑自怯；和俗人比較使我們庸俗低下；和下人比較使我們驕傲自滿。一切只要自己盡力了，就是一種莫大的欣喜。如果我們能挪一份比較的心思用於幫助別

從「責任」中的細微體驗

那一天，我到本市的一個私立學校去參觀。這是一個貴族學校，高昂的學費和近乎苛刻的入學制度，使得一般的孩子都被拒之門外。每一個月，僅學費就是一千多美元，所以在學校裡就讀的大多是各國駐本市領事的孩子，或者是一些大公司的高層管理人士的孩子，也有相當一部分中國的孩子，他們的父母親也大都有非常好的經濟背景。

這個學校真是滿有意思的，像一個小小的聯合國，來自二十幾個國家和地區的孩子在這裡學習。學校規定用的語言是英語，此外由於在中國本土的關係，漢語是第一輔修語言，另外在第二課堂上，也提供了學習語言的很多選擇，所以，對於學習語言而言，這裡的孩子有著得天獨厚的條件。一所好的學校，要建立起它的風範和口碑，重要的是它要有一個良好的氛圍和先進的教育管理方法。那些家長之所以不惜重金願意把自己的孩子送到這裡來，主要還是相信這裡的老師，而我們去參觀，雖然只給了一天的時間，我也相信足以從中看到一些體現本質的痕跡。

早上剛到的時候，正好是碰到孩子們做遊戲。我們參觀的是一個三歲到六歲左右的幼兒班，老師發給每個孩子十根遊戲棒，讓他們從中以最快的速度選擇七根，於是所有的孩子都「嘩嘩地——」開始忙碌起來。很快的就有幾個孩子舉手了，他們數完了三根就舉手了，然後他們告訴老師，餘下的就是七根。對一個才三歲多的孩子而言，這的確不是一件很容易的事，能夠在很短的時間裡，形成一種逆向思維，這是這裡的老師所要竭力培養學生的一種思考的方法。

上午的關於「能力培訓」的課程開始了，於是孩子們開始對自己所感興趣的事情進行學習，有繪畫的、有拼圖的，也有玩泥巴的，或者是跟著老師學英語、做算術的。突然，有個小女孩兒被一個小凳子絆倒了，她狠狠地摔了下去，看來是摔疼了，她大聲地哭了起來。在這個教室裡有兩個主管老師，他們都沒有放下自己手上的活兒立馬奔過去，而只是繼續著自己手上指導學生的工作，只是用眼神不停地注視著她，然後大聲的說：「安妮——親愛的寶貝，你一定摔疼了，以後你得記住，走路的時候一定要看清前面，否則就要摔跤，我想你應該到旁邊去休息一下，把眼淚擦乾，然後回到你的位置上。我很心疼你，希望下次再也不要看到你受傷了。」那個小女孩兒哭了一會兒，也就不哭了，一個人慢慢的走回自己的座位，一邊拿餐巾紙擦眼淚，一邊揉自己的小腿。旁邊的小朋友全都安之若素，好像根本就沒有這件事一樣，又過了一會兒，那個小女孩兒也好像忘了這件事一般，又和小朋友們又笑又鬧，玩成一團了。這使得我們這些在一旁參觀的人頗感詫異，我們這才知道，在學校裡如果有任何的孩子摔倒了，老師都不會去扶，都是要讓他們自己爬起來，但是老師實際上是一直給予關注的，如果摔倒的情況特別嚴重，那就將另當別論。這裡的美國老師說，這是對一個孩子「責任」二字的最起碼的培養。他們發現在中國，當那些小孩一旦摔倒，身旁的父母親或者是爺爺、奶奶、外公、外婆，甚或別的親人一定是一個箭步衝上去，把孩子緊緊抱起，倘若孩子是被一個小凳子摔倒了，做家長的就會將那個凳子一把搶過來，然後佯裝非常憤怒的樣子，在這個小凳子上狠狠的拍幾下，然後裝模作樣地說：「都是這個小凳子不好，害得寶寶摔了一跤。」如果是被一塊石板摔倒了，那就會在石板上狠狠地踩上幾腳，然後說幾句牢騷話，於是孩子就在這樣的一哄一騙中漸漸平息下來。那些老師告訴我們，這本來是一件極小的事，卻牽涉到對一個孩子「責任感」的培養。他們說，倘若那個小板凳和那塊石板會說話的話，它們一定會覺得非常的委屈，因為這根本不是它們的錯，而是你撞上了它。中國的家長對孩子的寵愛中，幾乎忘卻了孩子在很小的時候，他（她）得到的啟示是：如果我因為某件事受到了傷害，即便是我的錯，我也可以把它推卸到另外一個更弱小的東西身上，因為板的活兒，通常是每一天由兩個小朋友來完成。讓人稱讚的是，由於沒有限定小朋友繪畫的最終時間，所以常常有那些特別有興趣或者特別調皮的孩子，在臨睡前還想到要在牆上畫幾筆，可是從建校以來，沒有哪一天的早上會發現牆面上會留有昨日的圖畫，也就是說，當日值班的小朋友無論多晚，或者是多麼辛苦，都一定會把牆面洗得乾乾淨淨。這些才幾歲的孩子把這件工作看得很重，他們把它視作自己的責任，學校裡的任何一個孩子都已養成這樣的習慣，絕對不會有絲毫的懈怠。

「責任」二字幾乎貫穿了這個學校每一種教育精神，那些在學校任職的教師不僅有非常豐富的教學經驗，更重要的是他們愛孩子，是一種強烈的愛，只有愛孩子，才會想到在點點滴滴之處，給他們最大的幫助。他們說，「責任感」對一個人，尤其對一個孩子而言，是最重要的，或者說具有無可替代的作用。一個人一旦有了責任感，明白了這一品質對人的重要性，那他將會串起一個人的自信、勇敢、智慧和其他優秀的品質，它就像一塊最牢固的基石，奠定一個人一生的忠誠和坦蕩，他們把它作為學校一條最重要的教育指導。將來從這個學校出去的人，未必都是傑出的人才，但是他們起碼是一個有社會責任感，有良好品質的人，這是學校所看重的。

雖然說「窺一斑，而不能知全豹」，但是關於「責任」的細微體驗，倒也是讓我受益匪淺，甚至從心底裡升出羨慕，羨慕那些孩子有這麼好的環境以及有那麼多為他們考慮種種未來的老師。對於我們已經成年並早已有了相對固定的人生觀、價值觀的人而言，又何嘗不能從這樣點滴的關於「責任」的教育中得到或多或少的啟示呢？

「人」這個字

有人說，中國改革開放這二十多年來，是徹底地改變了一個原本經濟落後的國家，而使之日益富強。我想這自然是一個重要的因素，只是這還不完全是最重要的，最重要的是對「人」的關注漸漸深入的過程。

在過去的一個世紀裡，太多的戲劇性的情節和太多的悲傷、痛苦，跌蕩起伏，被無情地強加給中國人民，這是一個「英雄」輩出的時代。我們一直關注的都是各種各樣社會中的事件，關於理想、關於夢、關於主義的種種，而每一個活生生的人，那些生動的、有情感血肉的每一個個體，奇蹟般的消失了。這二十年來，曾經，我們一直想做，我們一直要做的一件事就是，去關注那些最通常意義上的個體，關注他們的喜怒哀樂、他們的感受，每一個「人」開始變得重要——其實他們本來就是重要的。

「人」這一個字，恐怕是我們所有的人生辭典中最難以探究的一個字，甚或可以說，我們一直都在為了了解它、詮釋它，而費盡一生的心血。如果我們忽視了它，那麼就可能走在一條歧路上。在太平盛世裡，人們的生活是最庸常的，兒女情長、縫補曬洗、五穀雜糧、生活瑣事，人們的熱情是分散的，溫情脈脈於所有的生活細節。這難道不是一種最正常、最人性的生活嗎？只有在亂世，才是英雄輩出，熱情會驟然上升到狂熱或是瘋狂的地步，而我們所推崇的個人的幸福和平安也會陡然進入一個風雨飄搖的時期。這二十年來，不管經歷過多少的曲折，我們都在為追求「人的啟蒙」、「人的發現」，「人」這個字究竟該怎麼寫，而不懈努力，這幾乎也成了所有人奮鬥的動力。

我想這條路無論是對於中國人，還是對於全世界的人而言，都將是一個永遠的主題，個人的重要性在一個國家中得到的尊重，體現了這個國家和人民的智慧和仁愛。使每一個人都可以有尊嚴的活著，而不要為那種背離人性的東西，把生活中最基本的權力和幸福犧牲掉，這是一個國家和人民除了智慧和仁愛之外的真正魅力。

我想稍稍提一下關於好多年前，在我一次國門都沒有邁出的時候，曾經有朋友問我，如果將來你有機會出國，你第一個想去的國家是哪裡？我毫不猶豫的說，是俄羅斯——當然是俄羅斯。在這個世界上，幾乎沒有一個民族能夠像俄羅斯那樣堅強而偉大，也沒有一個民族像俄羅斯那樣幾乎是毫無缺陷的。從藝術的各個領域而言，幾乎也沒有一個民族像它那樣，可以說是全能冠軍。從彼得大帝開始，俄羅斯人民就讓全世界的人領略了它的毅力、堅強、忍辱負重，永遠都不會磨滅的信心。這是一個具有怎麼樣忍耐力的民族啊！可是我們稍稍回頭一看，這一百年來，這個民族遭受了怎樣的重創和悲傷，到了今天，它又是怎樣無可奈何地去面對它現有的脆弱和數不清的傷口，可是即便這樣，有尊嚴的活著，仍然是每一個俄羅斯人的生活狀態。就在他們在寒風凜冽的街頭，成千上萬的人因為物資的匱乏，而排隊領受國家的救濟食品時，仍然是那麼平靜、沈默和面無懼色。永遠也不要忽視俄羅斯，我總感覺到，不管他們的國家將會走向哪裡，可是俄羅斯人是最能將堅忍和信念寫進人的尊嚴裡的。

「人」這個字究竟該怎麼寫，恐怕在很多的時候都被我們無情地忘卻了，我們常常被淹沒在太多的帶有神話色彩的「英雄」當中，又被太多驚心動魄的事牽引了我們的視線，填沒我們的記憶，而每一個人的生活意願卻成了一種漂浮不定的東西。突然有一天，我們開始醒悟到這可能是我們自己忘記自己的一種最殘酷的方式，如果所有的記憶都只剩下集體記憶，而個人的情感、記憶，甚至點點滴滴、吉光片羽的感動淚珠，或者一抹看不見的笑靨，都被無情地過濾掉，那麼那該是怎樣的一種單調，甚至恐怖。

「人」這個字究竟該怎麼寫，我想它是屬於每一個人心底裡最隱密的願望，它有著似曾相識的面龐，又有著千差萬別的個性，而這樣——只有這樣，才是它魅力無窮的根本。

來，有的只是想要去實現的野心，好像從來沒有要回頭的意思。後來，生活變得忙碌，生命也逐漸厚重起來，驀然回首間才發覺，很多的事情不一定是像我當初想像的那般重要的，學會放棄是給予自己更舒展的空間，讓人學會怎樣去珍視生命中更重要的東西。就在心底澄明的那一刻，我忽然有一種輕盈的感覺。

生活的流程總在其漫不經心中讓所有善思考有想法的人不停地反省自己。當人為一切繁華功名利祿忙得像追趕自己尾巴的貓的時候，能夠想到放棄那些離你太高太遠太不切實際，或是讓你太累太痛苦太沈重的東西——哪怕僅僅在某一段特定的時間內的放棄，也不失為一種良策。我不認為那是中庸，我倒覺得它像是高於生活常景的一種境界，在你我之上，俯瞰著這芸芸眾生，能夠將這一切映入心中的人一定是不易的了。

女人的位置

如今人們在社會上，幾乎每時每刻都在有意無意地尋找著自己的位置。找不到位置，或者擺不正自己的位置是很尷尬、甚至很危險的。我們經常可以聽到上級或長輩這樣的訓斥：人貴有自知之明，你把你自己的位置擺正了嗎！試想：一個在窗臺上迎風危立的花瓶，東倒西歪，隨時都可能聽見它落地粉碎的一聲響。一條橫在馬路上過道上的板凳，當過路人嫌它礙事的時候，會把它扔得八丈遠，摔得稀巴爛，即使是一隻主人寵愛的貓咪，行走臥地也都要考慮自己的位置，否則，主人會踢斷你的肋骨。我在本文中想說的是：女人對自己所處位置的考慮。女人不但在社會上要考慮自己的位置，往往最需要費盡心機的是在自己的家裡。我們已經進入如此開放，如此現代的時代，女人在家庭中的位置還會成為問題？……不幸，答案是肯定的！

我有一位較年長的朋友，她的年齡介於而立和不惑之間。多年以前陪著她先生從白手起家開始創業，兩個人都是那種心底裡存有熱望、不甘心被平庸淹沒，企盼著出人頭地，而且有那麼一點點野心的人。但他們必須從一無所有做起。那時候妻子只有二十六、七歲，有過一次當母親的機會。可是做丈夫的說，在我們為生存和前途而奮鬥的拼搏中，你的位置是在孩子的搖籃邊呢？還是和我並肩戰鬥？親愛的！看來似乎是後者，其餘的應該先擱下，暫不考慮為宜。——這種說法既親切而又合乎情理。於是，妻子心甘情願做了手術。那時，他們互相依存，同甘共苦，位置十分恰當。當十年匆匆過去，今日，丈夫成了集權貴與財富於一身的要人，而且一點也不嫌老，甚至多了一份成熟的自信和瀟灑。妻子卻已經憔悴黯淡而成為明日黃花。當她對鏡梳妝，發現這個殘酷事實的時候，甚至以為這是一夜之間的變化。太突然，太殘酷了！漸漸，往昔的親暱變成今日的冷漠。更有甚者，丈夫對妻子常常視而不見。驀然有一天，丈夫提出一個嚴肅的問題：親愛的！我們平生的最大遺憾是什麼呢？——先生自問自答：人過中年，膝下無兒！可悲呀！妻子又何嘗不知道呢！即使妻子的位置有些搖搖晃晃，如果加上個母親的位置，在家裡不是比較牢靠了?!處於三十七歲天限育齡期的她，是否要冒著生命的危險做一次嘗試呢？冒險就能如願以償嗎？事實證明：冒險也不能。於是，這位曾經被丈夫和朋友稱之為女強人的妻子，這個曾經和丈夫並肩戰鬥的戰友，這個「親愛的」開始惶惶然不可終日了！時刻都在為自己的位置而尋尋覓覓。她就像一個在窗臺上迎風

泡沫情調

幾乎所有的時尚版面都在為情調叫板。各類「吧」如雨後春筍一般開遍所有可以稱得上都市的地方。Fashion Show的此起彼伏，演繹著人們對已逝的流行的充滿無奈的茫然，以及對風起雲湧的新潮流的措手不及。當你生活中的每一個細節都被那些敏感的時尚專家們一一破解，甚至這一季你口紅、眼影、胭脂的顏色都被指明方向，不知你作何設想？

最讓人匪夷所思的是，這一切都被攬進時尚的大旗，情調是她的招牌，而你我一直以來視情調為生活裡的重要，所以，不知不覺地消費著別人端上來的時尚大餐，那種沈潛的，本該是你我生活裡最隱秘，最本質的敏感的方式，成為世人共用的「情調」，更有一撥又一撥的人將她視為模本。

直到有一天，你出門，看到兩個穿著顏色款式極為近似的年輕女子，在一個公認的最有「情調」的地方品茗一樣的飲料，臉上的妝幾近相同，甚至眉毛的弧度都一樣，所用的香水是一個牌子的一個型號……猛然間，想起前些天買的雜誌裡的「情調男女」的模型就是這樣的，是你看到了時尚的追隨者——以迅雷不及掩耳的速度？還是媒體總是站在最前沿，總能捕捉到最凸現的潮流？你也已是一頭霧水了。只覺得胸口有些東西堵著，回到家，看到鏡子裡的自己蒼白的神色，想到衣櫥裡那穿了不知多少時日慣常的套裝和向來喜歡的顏色，拿在手中的咖啡杯和那塊已經洗得發白的桌布，也竟然成了「情調」宣言裡不可或缺的崇尚，莫名的不安、甚至惱火就襲上來，附庸之嫌竟也會如此容易就招惹上。

情調不是泡沫，不僅是一層生活的衣缽。然而，情調的泡沫就像這春夏之際長瘋了的葉子。那位滿頭銀髮，當年聖約翰大學的畢業生，只輕聲吐了一句：「那是低頭輕聲靠靈犀相通的感覺，是慢著性子，一點一滴熬出來的，以前，聖約翰裡沒有人會在嘴上標榜情調的，否則，會被人斜眼看的。」

直到最近有一天，我看到一個還在大學裡念書的男孩子，寫了一篇文章，有一點煩躁的情緒，大聲地叫了一句：「情調，離我遠點，別煩著我了。」文章一不小心就幽了一默，說，就為了那麼點泡沫情調，怎麼有那麼多人愛在裡面折騰，而且沒完沒了。在泡沫裡折騰，有意思嗎？

想想的確也有點煩。即便是最有情調的事，這樣在公眾媒介上嚷嚷也實在讓人無法不膩味。然而，那麼多的版面等著填滿，不把那細枝末節收羅來，又如何能常演常新呢？

我住的這個小區裡，常常可以見到一些滿頭白髮，走起路來都已經顫顫巍巍，臉上的皺紋早已阡陌交錯的老人。在晨昏的花園裡散步，看到他們臉上的表情永遠是那種恬靜平和，好像這世間的榮辱滄桑都如從他們腳下褪去的潮水，再無愁苦擾亂心頭一般。在很多個並不很熱鬧的節日裡，你會看到他們從街角的花店裡買回一些花，有時，可能只買一枝。他們的生活境遇已大不如從前了，昔日的美得像電影場景一樣的生活片斷已經如同隔世一般的遙遠，只是對生活精緻的追求依然不肯放棄。然而，在這樣的節日裡，他們固執地堅持，鮮花是不能少的——感恩節、聖誕節、結婚紀念日或是一個只有他們知道的紀念日……他們從來不勾肩搭背，不將那種親密像煮沸的牛奶那樣潑灑出來，但他們一直以來就是手牽著手，不若不離，讓你猛然間為這樣的從容感動不已，他們也就是這樣走了大半輩子。

在這樣安靜的時候，所有浮在面上的泡沫都被濾去，那種溫馨柔美的感覺一點點沈下來，有一種可以無盡延伸的平靜的感覺在心中蔓延開，我很確定地告訴自己，這是我鍾愛的情調。

王伯英的大半個世紀

這個初秋的午後，還有些燥熱。

與王伯英女士坐在她那堆滿各種德文書籍略顯凌亂的書房裡聊天，那是她已去世好幾年的先生——我國著名的歌德研究專家、德文翻譯家、德國一級十字勳章獲得者董問樵先生留下的書。書已經泛黃，有好多已經蒙上塵埃，散出一些淡淡的沈香。王伯英女士的聲音很亮，夾雜著濃重的四川口音，不時爽朗地笑，這位八十二歲的老人一點兒暮氣也沒有，她小心翼翼地將那些我們看來十分珍貴的照片拿出來，很感慨地說：「我差不多有三十年沒有碰這些照片了。」

和我相握的手很溫柔，很柔軟，還是往昔王家大小姐的嬌氣，見不得有過操勞的痕跡。可是她與這個世紀中國大地上歷次運動，屢次風浪同生長，心上的年輪早已是重重疊疊了。臉上的皺紋很密，略略有些記憶上的空白點，許是生命裡值得銘刻的東西太多，以至於一些有價值的東西被無情地遺忘了。可她的心境是明朗的，帶著點孩子的任性和嬌氣，說到動情處會嬌嗔地拍一下我的胳膊。留影存念的時候，她說：「讓我換一件顏色亮麗的衣服好不好……」，結果真的是換了一件很鮮豔洋氣的襯衣。她還會說：「當我像你這麼年輕的時候，我……」，我會不自覺地被她的率真感染。

「你年輕的時候好漂亮！」我說。

她想了想，不好意思地說：「一點點！」

可是我還是從她明朗的個性，充滿著歡聲笑語的聊天裡感受到了她的寂寞。她希望她的客人多留一會兒，平時她不太多說話，有一個浙江籍會燒一手川菜的中年女子照料她的起居，會跟她鬥嘴，王伯英女士說，是自己把這個管家給寵壞了。

王伯英養了三條狗，寵愛這些小玩伴。生活中可以相依偎的溫情很有限，所以就靠回憶、再回憶來度過一個又一個平淡的日子。

董問樵先生過世五年了，牆上有一張董先生在德受勳的照片，房子裡沒有合影，王伯英說：「我的個人生活不太幸福，愛只在很短暫的時間裡有過，我們以前說話的時候常常都離得好遠，不靠在一起，他的追悼會我沒有去，好像是很久遠的事了……。」

坦率與真誠就像是閃著銳光的利刃。

我想起了一句德國的諺語：理想是一隻鞋，現實是另一隻，如今，對於一位八十二歲的老人，這兩隻鞋都被收進了記憶裡。真誠的情義或是愛都不會虛榮地將自己展現出來。我很有幸，與這樣一位率真熱情的人站在時光的隧道上，輕輕一閃，往昔的繽紛燦爛或是曲折坎坷就如延伸在腳下的路……

家庭帶給她的……

在王伯英對男士的尊重和仰慕裡，父親王思忠的地位是無人可以替代的。是父親的睿智、大度、才幹和業績使家庭得以富裕、開明。王伯英現在還常念叨：「我們很小的時候，穿的都是西式的衣服，我的母親也是大戶人家的小姐，念私塾識洋文，不裹小腳。」

在王伯英二十歲之前，這個家庭帶給了她太多太多，而其中最重要的是自由開放的個性，和一種女人也該有的自信和堅強。這是她受用一輩子的事。

在王伯英的眼裡，父親不僅思想開明，滿腹經綸，而且一生尊重愛護妻子和孩子。是一個典範形象。

王思忠先生是愛國人士，一生經歷過不少內戰。滇軍、黔軍、川軍無休止地在內戰中不斷內耗。這三派軍隊，時分時合。北洋軍閥咄咄逼來時，三軍就聯合。本身利益衝突時，川軍又驅逐滇黔軍隊。為爭奪地盤，川軍互相的戰爭也異常激烈。當時，保定系軍閥鄧錫華佔據川北、川南，以爭奪川西平原為最後目標，霸佔川西的楊森進軍討伐，王思忠是擊敗楊森的主要援助力量之一。

因為父親的權勢，花園裡的王家小姐所享得的是無憂的生活。有專門教英文的家庭教師，午後的茶，庭院裡落了又開的花，高朋滿座。母親帥玉華在王伯英的記憶裡是一個美麗而柔弱的女子，患有肺病需要長期靜養，很得父親寵愛。

中學時期的王伯英有一次隨父母乘船出遊，她坐的是豪華艙。過江時，她發現輪船的底艙裡有成群的男女災民和兒童，他們面黃肌瘦，男的滿頭長髮和滿臉鬍鬚，女的披頭散髮，大家都是衣衫襤褸，幾不蔽體，大多數都赤腳，間有穿著一雙破鞋也是腳趾漏在外面。王伯英想：這一群人好像電影裡來的奴隸，他們雖是自由之身，但可憐的遭遇不是同奴隸一樣嗎？他們無家可歸，何處安息？少女善良的感情受到了莫大的震動。她無心和周圍的人說話，只是低頭在思想。這一年，王伯英十五歲。

青春就像一個不經意摔碎了的玻璃花瓶。美麗、通透、光亮，但只有無可奈何地掃進時間的鐵皮撮裡。

王伯英十八歲成為北京慕貞女中愛國活動的中心人物。學校每月一次的文娛晚會，因為有了王伯英，變成了激進學生愛國主義的宣傳陣地，王伯英在話劇中喜歡扮演勇武的男主角。她曾演過一個朝鮮的愛國青年英勇地刺殺日本侵略軍的首領，結果慷慨就義。

王伯英當時不願考教會大學，國立大學只有文科好考，她填了一個歷史系，結果被錄取了。一九三五年的冬天，她參加了一二九學生運動。當時的北平，處在天寒地凍之中。華北局勢日漸緊張。十二月九日淩晨，天氣異常寒冷，王伯英和她的同學們決定集合到居仁堂何應欽的住處請願，請願要點大意是：中日外交公開，領土完整，言論集社自由，出版自由，不准擅自逮捕愛國學生，釋放被捕愛國學生，停止內戰一致對敵。那樣風起雲湧的日子，在王伯英的記憶裡只是一個濃縮的烙印。後來很多的人都把這次經歷當作可值得誇耀的資本，但王伯英說，她以前沒有提起過，那些中國內憂外患的歲月，民眾在憤怒與眼淚中聊以度日的慘狀，留給她的只有痛苦的記憶。

一九三八年臨近的時候，愛情、婚姻就像天使的羽翼，將王家大小姐輕輕拂進自己的懷裡。這一年還在念大學二年級的王伯英遇上了留德歸來的董問樵先生。董先生在德國結過婚又離婚，與一個德國女子有過孩子。選擇這樣的姻緣是需要勇氣的，可王伯英自小在一個開明的家庭長大，再者董先生傾其所有的熱情追求。這一年，美麗溫婉又富有才幹的王伯英結婚了。西式的禮服，純潔的婚紗，照片真是樣好東西，很多往事已經飄散了，往昔的感情也由濃至淡，都是物是人非的感覺，可照片將曾有的一個瞬間凝固了，那是生命的痕跡啊！襲著婚紗的王伯英那麼柔美、那麼安靜……。

愛情死亡後，人分三種：愚者多怨、仁者不言、智者不記。

王伯英說，那麼多年她很少向人提及自己的愛情及婚後的生活。很多往事已經淡忘了，起先是因為很多的不愉快，促使自己要去忘記，後來，就真的忘卻了。

剛為人妻母的時候，她是打定了主意做一個賢妻良母，然而父母親都對這樁婚姻執不樂觀的態度。他們了解自己的女兒不是做賢妻良母的材料，骨子裡是個爭強好勝，充滿鬥志的新女性。董問樵雖然人品出眾，學識超人，但在實際生活中頗難相處，而且又有個中德混血的前妻留下的孩子。可是，他們是開明的父母，他們還是遵從了女兒的選擇。他們的擔心在日後被一一兌現。

婚後他們有了三個孩子，長女王濟華、次女董英華、幼子董源培。從重慶的戰亂中轉移到較為祥和的香港。當時王伯英家裡以經商為主，可董問樵在香港並不熱心經商。王伯英在回憶文章裡曾充滿沮喪地提到：「年輕的學者既貪圖香港的物質享受，又想在學術上成名成家，現在他是銀行經理，汽車、洋房加上美貌的夫人，他不善於經營商業和人事應酬，他在現有的物質基礎上從事著作，經過一個時期的辛苦，他出了一本書，關於經商學的大學叢書，他在學術上佔有了一定的地位。他是在別人的庇護下過著安逸的日子。」

也許最初的失望，遺憾和裂縫就是在這裡打開了一個小小的缺口。

接下來的就是實實在在的生活、照料孩子、協助丈夫，生活中的喜悅和不快使得一個少女最初的夢想變得愈來愈稀薄。

一九四七年，抗戰勝利已經第三個年頭了，解放戰爭卻打得正酣。這時的普通百姓，只能從那些報喜不報憂的報紙上得到一些靠不住的戰場消息，一些了解內幕的達官顯貴早已經開始安排後路了。在董問樵夫婦回到上海後，王伯英才知道了一些給她感情上留下永久傷害的事情，為了孩子她強忍下來。她丟失了十年前在漢口的熱戀之情，也丟失了新婚後到香港時的純真之情。但這對夫婦總算沒有分手。但今後的前景，她是無法估計的。董問樵的心裡也一定不平靜，他深深感到妻子是一個獨立的女性，妻子有許多勝過常人的優越條件，這是他始終都不會放棄的。這十多年來若沒有岳父王思忠的幫助，他不過仍然是個窮教書匠，他的混血兒子又怎能有安逸的環境呢？不過，他和妻子維持著夫妻的名分而沒有愛情，如此的生活和思想也許注定他們在這種若即若離的夫妻關係中生活一輩子，這就是命運。

王伯英開始學會了沈默再沈默，還養成了臨窗佇立的習慣，那麼多年，那麼多個沈寂的日子就是這樣熬過來的。

她在那時候是完全有條件離開這裡的，去香港或臺灣，她的親戚們都走了。可是她是一個徹底的理想主義者，她想著要留在這塊生她養她的土地上，去迎接紅色的隊伍和紅色的歲月。她留下來了，開始與中國大地上許許多多的知識分子一起承受著歷史給予的命運。那是誰也無法預料到的，她無可奈何地經歷著命運與她開的充滿慘痛的玩笑。

生命該是儲存還是預支——當生命不需要嚮導也沒有煞車裝置的時候？

五十年代思想改造的時候，董問樵先生的檔案裡有了「特嫌」兩個字，一直到董先生去世，這兩個字都一直沒有抹去。據王伯英女士說：謝唯進先生曾說過，組織上並沒有把董問樵從國際共產黨中除名，是董先生解放後自己沒有登記（謝唯進：一九五〇年至一九六六年空軍政委，一九七八年去世）。由於解放後經歷了多次運動，董問樵先生平時沈默寡語，悶悶不樂，直到去世。王伯英這樣描述董問樵先生在思想改造時期的行為：「董先生的膽子很小，思想改造的時候，把家裡積存多年的金條、首飾都交出去，而且還『交待』得清清楚楚。我和他的出身不同，我出生在一個軍人的家庭，膽子比較大，一般都不說，不願去牽連別人，有事情就自己頂著，董先生進復旦的時候，檔案上有『特嫌』兩個字，這是在他去世的時候我們才知道的，當時誰也不知道。當時，孩子們都受到牽連，我兒子考復旦大學，成績到了就是不被錄取。理由是，他不是青年團員。為了他的思想改造，我的損失是驚人的，重慶的一幢四層樓的銀行門面，我全部捐獻，四川的房宅也大都捐獻了，上海的一幢花園洋房也捐了。多年積累都給他的『思想改造』給敗光了。」

緊隨不久，「文革」來了。

王伯英現在還記得一九六八年的時候，董問樵先生在復旦接受改造，王伯英買了四個「凱司令」二角八分一個的蛋糕慶賀他六十歲的生日。王女士現在還記得自己當時很激動，心裡總是難過，沒有盡頭的難過。

家裡的藏書都被抄走了，孩子被下放到郊區，白天挨批挨鬥，頭銜是「現行反革命王伯英」。這是一個一生都愛美的女人，出門總是要打扮整潔端莊，造反派看不慣，就批鬥她，可是她沒有打補釘的衣服。她被人從茂名路上一路拖回家。在那種沒有尊嚴、喪失人性的日子裡，她是靠那種天性中的堅強、率真挺過來的。這個從小養尊處優，有激進思想，參加過一二九的女子背負著命運走向人生茫無盡頭的地方，少女時代的點滴積累在那麼多年之後開始呈現出它的韌性。

那樣的日子是血腥、慘澹、黯然、殘酷的。她失去了家庭的祥和、財富、地位、榮譽、尊嚴，可是她靠堅強支撐下來，往昔的事對現在的她而言，應了中國人的一句話「相逢一笑泯恩仇」。

音樂出現在最沈寂的時刻，生命強烈在最荒蕪的感受中，歷史與人生總是重現在最破敗的地方。

一個人的一生能經歷的東西很有限。歷史的本質是千百萬人民的實踐。而一個人如能與國家命運緊密聯繫在一起，承受它的成功或者荒唐，從某種角度而言，也算是一種人生豐厚的回饋。半世的滄桑，使得她看透了人世間的起伏，坐看雲起的悠然心態是無數次的希望與失望之後的平靜。如今的她在垂暮之年，孩子是她心頭的一份牽掛。次女董英華與她最親，在事業上取得的成績也最大。

王伯英年歲大了，除了一九九三年去香港與女兒一起聚了一次之外，現在就住在上海這幢公寓裡。她還保持著每天大量閱讀的習慣，只是視力衰退得很厲害。有的時候也會有很好的朋友來做客，她會備好濃醇的紅茶和甜點。生活是沒有少女時代那樣精緻了，可是，心裡總還溫潤的一塊地方，留著已經有些殘破的少女時代的夢。

她對未來還是很自信的樣子，相信健康、真誠和堅強，喜歡可口的四川菜和漂亮的衣裳，存留著女性的柔美和自戀。她讓人感到，衰老在一個女人而言一點兒都不可怕，也可以像破繭而出的蝴蝶，煥發出你想像不到的從容與優雅。

這個午後，談笑間，人世的滄桑和悲歡離合就被凝固了。把這樣的記憶重讀一遍，溫暖與感慨就像是從心尖上流過的音符，每一節都帶著些許微痛和難忘。

每個人都靠出售某些東西生活。（據說）

每個人都背負著命運通向世界。（不是據說）

一九九六年，八十歲高齡的她完成了逾三十萬字的自傳體小說《走向光明》，由周穀城先生題寫書名，香港新聞出版社出版發行。她在後記裡特別寫道：「我寫此書，是想反映中國兩代知識分子在本世紀初至五十年代中，熱愛祖國，艱苦奮鬥的歷史命運。」

董問樵簡歷：

上海同濟中學畢業後即到德國留學。

一九二七年在德國與廖承志、章文晉由四川同鄉謝唯進介紹加入國際共產黨。回國後沒有將這一點登記在檔案上。

一九三二年在漢堡大學獲得政治經濟系博士學位。

一九三三年赴美國留學。

一九三五年回國，在四川大學任教。

一九三八年任重慶大學銀行保險系主任。

一九三八年由商務印書館為其出版專著《國防經濟論》。

一九三九—一九四五年任四川銀行經理，兼任重慶大學教授。

一九四五年為民主建國會發起人之一。

一九五〇—一九五三年在復旦大學任教授。

五〇年代曾經歷了思想改造及反右鬥爭等運動。

五〇—八〇年代翻譯德國文學名著數百萬字，均由上海譯文出版社出版。

一九八八年被德國總統授予一級十字勳章，中國獲此殊榮的只有四位，其餘三位為：馮至、李國豪、張威廉。

王思忠簡歷：

一九〇五—一九〇七年入成都陸軍小學。

一九〇八—一九一一年入西安陸軍中學。
一九一二—一九一四年入保定軍官學校。
一九一四—一九二四年歷任四川地方軍營長至旅長等職。
一九二五—一九三〇年任四川兵工廠總辦，獨立師師長。
一九三七—一九四五年任四川省第一區行政專員（抗戰時期國民政府遷都重慶為陪都，四川為抗戰中心）。
一九四二年中美聯盟抗日，在成都修建國際機場。王思忠先生任修造總監。年底如期完成。

董英華簡歷：

一九六六年中學畢業，因家庭出身問題，被迫去崇明插隊落戶。
一九七八年赴香港。
一九八三年在美國紐約開個人畫展，在美引起轟動。當地報紙好評如潮。由於家庭問題，經中國大使館證明，中國政府追加承認她為中國青年女畫家。此次畫展由中國駐美總領事親自剪綵。畫展後她的作品被搶購一空。後以畫家身分移居美國。
一九九〇年與丈夫一起在貴陽投資開廠，獲得貴州省榮譽市民稱號。

用激情照亮生活

——讀《梵谷傳》有感

希爾頓・克雷瑪曾對高級藝術作過這樣的闡述，「它總是精英人物的事，即使這裡所說的精英是指藝術感受方面的超常者，而不是社會地位上的上流人物。高級藝術要求非凡的才氣，非凡的眼光，非凡的訓練和獻身精神——它需要非凡的人物。」

我在一個陽光燦爛的日子讀完由歐文・斯通撰寫的《梵谷傳》，感到手腳冰涼，許久都回升不了一絲暖意。一個非凡的生活狂熱者的精神在燃盡最後一絲激情後驟然熄滅，輝煌而淒慘。我更加深刻地領悟到一位偉大的藝術家首先應是個熱愛生活的人，有著細膩而不同尋常的敏感。只有這樣，他（她）才能對周圍的事物作出細緻的觀察，才能在平凡、樸素的生活中發現真摯而深刻的美，美首先是出於一種熱愛。

梵谷的一生都在貧困和饑餓中度過。如果沒有他善良的弟弟提奧的傾力相助，他的生活將會更加狼狽不堪。他當然不會想到在他死後的第九十七年，也就是一九八七年三月三十日，在著名的倫敦克莉斯蒂拍賣行，他的畫賣出了三千九百九十萬美元的高價。令人歎服的是，焦灼困頓的生活並沒有影響到他對繪畫的摯愛。他固執地堅持以自己的印象為唯一指南，從不附庸潮流。雖然初期的作品像荷蘭古畫的褐色調，到了巴黎之後，受印象派畫家的影響，使用明朗的色調，有時也像修拉那樣採用筆觸分割，有時也像高更那樣利用大色面來構成，可即使受別的畫家影響，他依然是堅持自己獨特的個性，筆觸激越，熱情滿腔，因此有些作品隨著感情的起伏而形成漩渦狀，如同火焰的猛烈燃燒。他把自己的苦惱，把自己交替出現的絕望和希望，都注入那些奪人心魄的作品之中，把一個備受折磨的人的生命賦予所畫的種種事物中。他不再是僅僅想到色彩，而是用畫來展示他的精神狀態。他摒棄了傳統，尋求自我和獨特的表現方式。他為此奮鬥了整整八年，八年的結果是被人鄙夷和貶低，甚至發展到他不相信自己具有繪畫天賦。可貴的是無論嘲諷還是自我蔑視都沒有讓他停止繪畫，他投入了比往昔更多的狂熱到他的繪畫中去，他為一切讓他感動的東西而繪畫——並非為了成為一名著名的畫家而繪畫。這種堅持成了他生命的形式，在瘋狂的創作中他表現出一種孩童般的純真和執著。如果說他對生活越絕望，那麼他的繪畫中就越展示出一種超越世俗的魅力，越顯露出其傳世之作的本質。

梵谷的一生都在渴望愛情。不幸的是沒有一位女子能愛上這樣一個醜陋的生活的夢囈者。無數次的失敗伴隨著他。當他割下自己的耳朵，洗淨後送給了一位他認識的妓女後，他被愛情徹底拋棄了。即使這樣，他的一生都在讚美女性，從無絲毫埋怨，他用一種獨特的方式向所有他愛的卻不愛他的女子表達了他的真誠，他在他的繪畫中把他所有的悲歡愛憎，墮落與掙扎，渴望與追求，融入他的繪畫中，他的作品才是不朽的，充滿激情的。

有很多人走在一條平常、安逸的道路上，有不少要走在一條充滿艱險坎坷的道路上，而天才則走在一條不可思議的路上。梵谷不為他的時代而存在，他為將來所有的時代而存在。

我們今天來紀念這位偉大的藝術家。並不是說他本人有如何的蓋世英才，也不是說他的畫表現了如何深刻的主題，而是他和他的畫代表了一種極其難能可貴的精神，正是這種精神引導了社會的發展。一種對生活的無限熱忱，完整而充滿激情的擁抱生命所賜與的幸福和苦難，勇於捍衛真理。在這種激情中創造一種奇蹟。在這喧囂擠壓著我們本該靈潤的心的時代，讓我們能經常想起梵谷的精神。每一個人都有自己的精神家園，回到那兒不要讓它荒蕪。只要我們不拋棄生活，不畏怯生命中的閃動——哪怕是偶爾的，我們是不會被生活拋棄的。

時尚煙雲

愛美劇

最早的話劇要從上海的教會學校說起。上海自一八四三年開埠後，外國人紛紛前來辦學校。那時的學校裡有「懇親會」、「學藝會」等組織，學生們常常在這些組織的倡導下演戲，這種戲沒有唱腔和舞蹈，沒有樂隊伴奏，唯有對白，時稱「新劇」，實際上這是話劇的雛形。

到了辛亥革命以後，諸如歐陽予倩、洪深、顧仲彝等人創辦了「戲劇協社」等業餘劇團，時稱「愛美劇」，是根據「業餘」的英文譯音而來的。那時候，這是最時尚的事，牽著年輕人的崇拜和狂熱的心。而最最領風氣之先的是那些在臺上演出的演員。他們自己寫劇本，改編別人的劇本，甚至編導客串角色，他們的樂趣首先是為了自己的愛好，喜歡的東西——倘若現實中還沒有，或還不成熟，就去創造它完善它。他們用才智和熱情創建著「時尚」，可他們並沒有多少在意。現在，這座城市裡有了奢華的劇院，人們把衣香鬢影地赴會看作時尚，常常在最投入的時候聽到了刺急破耳的手機聲，或者有人在舒曼悠揚哀婉的訴說中提前進入夢鄉了。時尚在赴這個「時尚之約」的路上被提前演繹了，只剩下一個尾音待最後走出劇院的時候還需精神振奮，怡然陶醉一番。

衣裳

上海開埠後，因華洋雜居，得西方風氣之先，又隨著商貿日漸昌盛，洋貨大量傾入，羽紗、尼龍、洋綢等進入市場，使傳統的服裝穿著有了改變。外國衣料因價廉為人所喜愛，而中國傳統的工藝中的嵌繡、滾鑲等比起簡潔西方縫紉而言顯得很麻煩，故而開始衰退。上海的服裝業，尤其是女性的時裝一時成為潮流。

「只重衣衫不重人」誠然讓人心寒，然而的確是一種沿襲已久的風氣。在風起雲湧的二三十年代的上海，在衣裳的演變中清晰的留下了時尚的脈絡。「寧穿破不穿錯」是人們恪守的原則。那時的旗袍領風尚，為全國愛美女性所效仿。女學生當然也愛趕時髦。但穿的是陰丹士林青布旗袍，摩登女郎的高叉、無袖的旗袍是在校園裡看不到的。時髦人人可趕，但每個人都在自己的軌跡上，不會亂了方寸，盲目踏到別人道上去，那是要落人笑話的。那時候的有錢人家的太太小姐對裁縫是很挑剔的，蘇幫、揚幫、寧幫和本幫裁縫她們都分得很清楚，做西服是一定要找紅幫裁縫的。一件衣裳拿在手上瞥一眼針腳就心中有底了。

現在的時尚實在是太倉促了，太豐富了。更重要的是在敢為「天下先」的旗幟下，那些不諳世事的最美最青春的人願意赴湯蹈火在所不惜。有些衣服是在晚宴上穿的；有些衣服是在臥室裡，穿給你自己或是你最愛的那個人看的；有些衣服是你年輕十年二十年可以擁有的，現在鼓足了勇氣也追不得的……但這些衣服都能在現在的大街上看到，你有時會不會有些惶惑？你走錯了地方？

交易所

上海的商人，常常奔走於茶樓會所之間，日子久了，漸漸有了一些固定的場所，這是交易所最早的雛形。一九一四年（民國三年），股票交易業開始繁榮起來。交易所中最活躍和最關鍵的人物是經紀人，因為經紀人是執行買賣的當事人。經紀人須向交易所交納保證金，由於經紀人的地位舉足輕重，其資格的取得，必須由交易所理事會議議後申請農商部核准註冊，由農商部發放營業執照方可。外僑和年齡未滿二十五歲，以及婦女和有關法律條文規定不能參加交易所工作的人，不能取得經紀人的資格。因此，經紀人一般都是自身擁有相當財力的中國商人。

現在的證券公司是將經紀人固定化簡約化了。現在的「紅馬甲」，就是那時的經紀人的一種演變。那時的經紀人在交易市場大致做三種交易：一是物品的現期交易，只要買賣雙方在看好貨物，約定價格後，即可締結買賣合約；二是定期交易，這種交易往往是建立在買賣雙方都有一定的社會信用的基礎上，它以預定的日期接受貨、銀，並有轉買轉賣的自由；三是約期交易，這種交易是指買賣雙方在締結了契約之後，自行約定交割日期，交割日期一般不超過六個月。

那時候，進出交易所的人都是很有些時尚的派頭，和上海這個金融大都市裡的起伏休戚相關，茶餘飯後的一點閒話都有人愛聽，與現在的「紅馬甲」一樣都是有些吃香的。只是，現在交易所早就與世界接軌，一切戰爭都可悄無聲息地在電腦的方寸之間完成，人們還可以坐在自己的家中，電腦聯網，自己操作。這是可以享用的時尚，是時尚帶給人們生活的改變和發展，是我們需要和推崇的。

賽馬

聽說，上海要在青浦建一個賽馬場。為此，很多報紙的娛樂版上又開始炒作，說，如此決策，是顯示了上海與國際接軌，賽馬是好過癮的時尚。其實，早在一八五一年，上海就有了跑馬廳。只是那時候只准洋人出入，國人只能在矮牆外張望，當作新奇的玩藝。直到一九〇九年（宣統元年）才向國人開放。當賽馬不對國人開放的時候，每逢春秋賽馬，上海道臺、知縣等官員前去觀光，使得上海一些有名的士紳非常豔羨。那時，這的確是再時髦不過的事了。太太小姐更是渴慕得不得了，當然，那時的女子恐怕沒有那麼多的自由可以到這樣瘋狂的社交場所去。

早期賽馬是七八匹至十幾匹馬競賽，每匹馬有一個號碼，人們可根據號碼選購跑馬票，如選中跑得最快的馬號就可得獎。馬上的騎師都穿著五色彩衣，他們操縱著馬，而總會又操縱他們，所以得獎的號碼都是賣掉最少的。買馬票中彩的也確有其人，不過是千萬人中的一個，而且多是外國人。後來也有中國人中彩，卻又多是知名人士。如一九二三年秋季，二獎是上海顏料富商貝淞蓀，副號頭獎是茂利洋行大班斯本脫家中的管事、汽車夫、保姆合得。

賽馬的玩意，到後來變得名目繁多。什麼「獨贏」、「連位」、「搖彩」，又有什麼「跳號」等，用各種方法吸引賭客。還發行大量香檳票，也就是彩票，全國各大城市都有代銷處。開始只是由煙紙店代銷，後來就有了專門的彩票店。

曾經轟動上海的閻瑞生害死王蓮英一案，也跟跑馬有關。民國九年，洋行職員閻瑞生熱中買跑馬票，輸光了錢，便去騙妓女的鑽戒賣掉，再去買馬票，又輸得精光。當時，上海有個出名的妓女王蓮英，頗有些首飾，閻瑞生便騙王蓮英坐汽車去「兜風」，開到北新涇農田旁，將王勒死，劫去首飾，逃到徐州，在火車站上被捕，結果被軍閥槍斃。當時，還以《槍斃閻瑞生》為劇目，編成京戲、文明戲等。

喝茶

前幾年，如雨後春筍一般冒出來的紅茶館曾引得人們很有一番興致。約幾個朋友喝茶聊天幾乎成了一種生活習慣。

清末民初，上海茶樓生意興隆異常。據不完全統計，宣統元年上海有茶樓六十四家，到民國八年達到一百六十四家。春遊雙鳳園、春中寶帶樓、春江話雨樓……遍佈城市大小街巷。茶客中主要的顧客是商人。每天清晨，布業、糖業、豆業等各業商人，都到茶樓來會晤、應酬。他們是茶樓的固定顧客，而茶樓也主要是靠這批顧客維持的。

有的茶樓不是單純靠賣茶為主業的。有的是販賣古董字畫掮客的聚集點，有的是算命星相的固定陣地……另有一種是養鳥人的聚會處，每天清晨，養鳥人便拎著鳥籠來「溜鳥」。茶樓除了供應茗茶之外，還常常設有書場，《三笑》、《楊乃武與小白菜》等都是當時十分流行的

公眾場合拾來的「錦句」

總以為在公眾場合的談天說地是應該有不言而語的約定俗成的規矩的。尤其是關於一些敏感的甚至很私密的話題。然而，總是能在高朋滿座甚或是文人雅士的公眾場合，聆聽到慷慨激昂，熱情居然會像煮沸的牛奶一樣潑灑出來。

談的還是一些老掉牙的問題。

有人前衛新潮，時尚辭彙中出現了一個新的詞——"in"，是指比酷還酷；"in"一族的人如果遇到有人說他們酷，他們會嗤之以鼻，覺得你真落伍；有人自戀悒鬱，對某些東西有著致命的執著，最好不要與她們較真，免得自討沒趣；有人天生愛展示自己，容顏、姿態、言語包括一些得意和虛榮；有人嚴謹認真，一絲不苟，家庭幸福事業有成；有人時運不濟，自怨自艾，日漸消沈；有人美麗傑出，有人醜陋平庸；有人悲天憫人慈悲心腸，有人兇險叵測十惡不赦；有這樣那樣各色人等，這才是人類的共性和基本的構成。就像你每天看到形形色色的各種人，他們的頭髮、眼睛、鼻子、輪廓都迥然各異，你習以為常，倘若走過來一對雙胞胎，你倒會有些在意，倘若走過來一群一模一樣的人，你一定會瞠目結舌。你既然對人的外形有如此多的寬容，卻對人的內在最隱蔽繁複深邃的想法或是說人生取向大驚小怪，不免顯得有些不明智。許是這一切現在也有女性迎頭趕上，故而，又有了話題。

有人說，一個社會對女性的寬容度顯現了它的文明、自由和民主。

我個人的觀點是，寬容並非是縱容，只是一種民主和明智的人生態度，只有允許存在——哪怕是廢墟，才可以在廢墟上推崇出一種可信服的、積極、高貴的人生認同。這可能需要相當的時間和耐心，但我以為這是必須要付出的代價。任何的言詞和憤怒都無法改變一個自然規律，更何況人性中有著天生的好奇、叛逆和冒險，尤其是女人。橫空出世的定律一定是不堪一擊。只有將之放到時間中淘洗。

在公眾場合製造「錦句」的人們可能也不過一時熱情，聊以製造一點氣氛。想要讓女子再回到那小匣子裡做乖囡的時代，有興致的時候給她們裝上電池，打開開關，伸伸胳膊展展腿，不高興的時候又送回匣子的時代，是在當下這個男權的世界裡都存容不下的。有一些女子也會在公眾的場合表示一些些惶恐，好像左右為難——做哪一種女人都很麻煩，這也沒有太多的可信度，離開了此時此景，她該是怎麼樣還是怎麼樣。倒是有一點，和那些「錦句」

有了些對應，不至於太冷場和寂寞。

可能人在公眾場合的牢騷是滿足了一種需要。日常的生活中，依然還得寬容著過。所以，不必當真。言說，也只是在言說的時候有意義可言。

我以為，國家社稷的腳步可能是你我所相關甚遠的，然而個人的修養卻是與你我休戚相關。尊重、自由、開闊的視野、坦蕩的心胸等的匱乏已經讓我們變得匪夷所思。我有我堅定的立場、人生取向和喜好，但我從來不認為這是唯一可取的。那些充滿朝氣甚至狂熱奔放的生活狀態在那些所謂新人類的身上洋溢的時候，讓我為自己青春歲月的單薄和蒼白而有著新鮮的思索。

如果有仁人智士，所要做的就是在廢墟上建起一種新的標準，它應該是高尚和善良的。比較起感歎和譴責廢墟的產生，這可能既重要更可行。

公共場合的「錦句」一定還會層出不窮。偶爾拾來，當作是看到生活的另一面。我想起布萊希特的樂觀，他信奉：累積不可理解的東西，直到理解出現。

關於「嬌妻」的細枝末葉

題記：愛，是人類生存問題的唯一滿意的答案

——（美）埃・弗羅姆

「男女有別」在中國封建社會的含義並非單純地指兩性生理上的差異，更重要的是指一種根深蒂固的文化觀念。父權制大家庭同居、共財的基本生活方式，構成了這種文化觀念滋長的土壤。隨著社會從農耕文明向工業文明的嬗變，「男女平等」的新觀念從字面上開始深入人心。然而，近代中國工業革命不是單純地從商業經濟成熟這一脈絡走來的，它受到海外資本主義商業文明的洗禮。尤其在沿海地區，口岸城市由於其十分有利的地理條件，充當了文明轉軌的試驗地，從中崛起了一批最初意義上的近代城市。在中國的內陸地區，雖然也在進行著工業重建的開創性實踐，但與沿海地區的差異很大。近代商業文明輻射波由沿海地區向

內地傳統經濟結構形成持續衝擊，在一定程度上使沿海城市和內地城鄉在文明進程中的原有差距更加明顯。沿海都市的超前與鄉村的滯後，是複雜的文明現象的構成脈絡之一。這一特點使女性群體在近代、現當代的趨變中，因多元文化環境之間「時差」的制約而五彩紛呈。

婦女在經濟地位和社會地位上的逐漸提高，使得婚姻制度的演變：婚姻成為兩個人的意願的自由結合。她加入他的生活，成為他的「另一半」。隨著他的工作與生活而遷徙，她多少要和她的過去一刀兩斷，加入丈夫的宇宙。她獻出生活的全部或一部分，還有絕對的忠實；她失去了未婚女子獨自享受的一些權利。按常情來推理，她應該得到丈夫的尊重和嬌寵。

相當長的一段時間裡面，當世界各地的女權主義風起雲湧的時候，中國的男人還可以安靜地在傳統文化和體制下享受著父系霸權的種種好處，那是因為長期的禁閉與抵制外來文化入侵的結果。隨著國門的逐漸開啟，西方文化的滲入，沿海口岸城市的女性最初接受了教育的洗禮。思想的繩索一旦有所鬆動，禁錮的靈魂就開始尋找新的方向。女性意識的崛起和女性形象的重塑，在這些相對而言比較富裕的沿海城市奠定了基礎。女性憑藉著自身先天的稟賦和艱辛的努力開始為自己去爭得一席之地——雖然從理論上來講，本來就是她們應該得到的。在這樣的努力之中，我們可以看到傳統文化和體制埋下的種種暗礁和新時期面臨的新的困惑和矛盾，留下一代又一代女性的奉獻、追求、傷痕和遺憾。理想中的境界總是那麼幼稚男性對女性的愛慕當然有一個審美觀的問題。在《詩經》裡，我們可以看到古代男性（也包括女性）對女性的審美觀：

手如柔荑，膚如凝脂，領如蝤蠐，齒如瓠犀，螓首蛾眉，巧笑倩兮，美目盼兮。

這是當時的衛國人對衛莊公夫人的讚美。這首詩的題目就是〈碩人〉，碩人即身材高大的美人也。和我們今天的選美標準有什麼分別呢！一方面要求女性要美麗、健康，似乎是欣賞並珍愛女性。另一方面又輕賤、乃至踐踏女性。《小雅》中有一篇為君主宮室落成而唱的頌歌〈斯幹〉中，有這樣兩節：

乃生男子，載寢之床，載衣之裳，載弄之璋。朱芾斯皇，室家君王。

生的是男孩，睡的是床，裹的是衣，玩的是玉。哭聲響亮，成家立業當君王。緊接著下一節就是鮮明的對比了：

乃生女子，載寢之地，載衣之裼，載弄之瓦。無非無儀，唯酒食是儀，無父母貽罹。

生的是女孩，睡的是地，裹的是破布，玩的是紡錘，在廚房裡預備酒食，別讓父母挨罵。古代中國女性一出生，她就處於神、君、政、父、夫的五重壓迫之下了。一個民族的審美眼光是其文化觀念的反映，體現了民族的價值觀。審美觀、審美物件的選擇、審美標準的變化和對女性美的界定都從側面反映了民族心理的特徵和女性的社會地位。

由於在傳統觀念中女性的地位卑賤，女性美是要由男性群體來決定的。東漢以後，男性漸漸欣賞起的女性是嬌弱和輕柔。要求女性的形體柔婉、輕盈、俏麗。三國時的詩人曹植作《洛神賦》，把女性讚美為女神。他筆下的女神也是以弱為美的：「肩若削成，腰如絲素」、「披羅衣之璀燦兮，珥瑤碧之華琚。戴金翠之首飾兮，綴明珠以耀軀」、「淩波微步，羅襪生塵」。

由於在傳統觀念中女性的地位卑賤，到了宋代，女性的柔美被推向一種極致的畸形——出現了纏足作為一種裝飾。這是男人對女人的野蠻要求，把女性（包括妻子）擺在玩物的地位上。在對女性柔美的極力推崇中，時時看到男性在社會地位和文化領域裡的霸權地位。女性的柔弱經過誇張的同時更顯示出女性對男性的依附。

由於在傳統觀念中女性的地位卑賤，造成普遍的溺嬰現象，一個世紀之前，溺嬰不僅不是犯罪，甚至是理直氣壯的孝行。「不孝有三，無後為大」，男孩是根、是苗；女孩是枝、是葉，即使是皇上的女兒也只能是枝、是葉，稱之為金枝玉葉，隨便砍掉一條枝、摘掉一片葉，對於一棵樹來說，是毫無關礙的。有一齣地方戲叫《打金枝》，就是通過皇上的嘴來說明這個道理。唐代中興名將郭子儀的兒子是皇上的駙馬，因瑣事打了公主，公主告到金殿，嚇得郭家父子魂飛魄散。誰知道，皇上非但沒有加罪，反而給了公主一番教導，教導她：凡為人妻子者，就要敬重翁姑、夫婿。反過來，如果是王妃打了王子，恐怕就非治罪不可了。

由於在傳統觀念中女性的地位卑賤，中國舊時代的婚姻大部分都是買賣婚姻，男女授受不親，一對不相識的男女，靠父母之命、媒妁之言來決定終生大事。三媒六證，繁文縟節全都是用以掩蓋一手交錢、一手交「貨」而設計的冠冕堂皇的排場……婚後只許丈夫休妻，明文規定了所謂「七出」的條款；無論丈夫怎麼不堪，妻子都沒有休夫的權利。婚姻既然實質上是買賣，所以拐賣婦女也就不足為奇了。在二十世紀與二十一世紀之交的中國，拐賣婦女的案件依然層出不窮。

現在已經跨入二十一世紀了。我們回眸以往的歷史的同時，還可以驚奇地發現，古代對女性美的傳統的審美觀沒有根本性的改變。我們現在追求的所謂「健美」，也就是古代的「碩人」，實際上是復了古。可是，男性在骨子裡還是更傾向小鳥依人、柔美溫婉的女性，認為那樣才有女人味。在潛意識裡仍然是「女子無才便是德」。雖然說，在一些沿海城市裡，女子的才華、能力、學識已越來越受到重視，並且日益成為改變她們自身生存條件的籌碼。然而，女性的容顏和儀態在一定程度上直接影響到她所受到男性的重視。對於一個丈夫而言，在追求嫻淑、溫婉的女性的同時，當然是希望求得一個嬌美的妻子。

婚姻和愛情之間的結合，是一件很不容易的事。理想的婚姻是建立在互相由衷地愛慕、尊重、互助之上。但即使是從熾熱的情愛中走向婚姻的夫婦都將面對角色轉換的巨大變化以及變化之後帶來的情感上的波折。西蒙・波娃的觀點是：「我充分認識到婦女的地位要受到外部事物的影響，我冒昧地說，那種『女性消極順從』和『男性積極主動』的基本地位以各種不同的形式，按不同的比例，已經深深地紮根於迄今已知的各種文化種族之中了。經常有婦女對造化賦予她的這一特徵拒不接受，儘管她已經受益於這個特徵，但她還是要表現出許多種行為方式來，表明她對自己的情況並不十分滿意。」一般來說，當從最初的熾熱、甜蜜退到庸常瑣碎的日常生活中，做妻子的，可能在心理的承受上更差一些。而又有多少丈夫有持之以恒的耐心和熾熱來面對已是妻子的她——像當時追求她，希望她成為你的妻子的時候一樣呢？

西蒙・波娃曾經說過：「世界上很少有比做家務事更像西西弗斯的磨難了：乾淨的髒了，髒的洗乾淨了，反覆再三，日以繼夜，永無止期地重複著。主婦為這種原地踏步而心焦力瘁，但她僅維持了現狀，沒有做出任何事情來。」婚姻的生活只是日常生活的一種延續，你多了一個生活的伴侶，生活的本質卻沒有太多的改變，如果你生活裡多了一個丈夫或妻子，而奢望改變日常生活平淡如水的狀況，那是不夠成熟的標誌。可做妻子的希望丈夫能像婚前一樣有耐心和熱情，並且比以前更加愛她，一切看起來徒有其表的形式，並非因為結了婚就消失了。女人對「愛的形式」將永不厭倦，當你可以用「花言巧語」、「甜言蜜語」來擄獲一個女孩的心，使她成為你的妻子；今天，你依然可以「故技重演」，讓她心甘情願，心滿意足的做你的好太太。可是，中國的男人已被日常生活中的種種不滿耗得所剩無幾了，他們無暇再來眷顧本該得到最多溫情的妻子了。他們希望妻子能夠體諒到他們在人生戰場上赤手空拳打天下的不易和艱難，而妻子們則抱怨：想當初，你是怎麼怎麼……現在，卻又變成這個樣子了！

於是，最初的不快樂、不和諧從這裡埋下根子，在歲月的侵蝕、消磨和人的情感從熾熱歸於平淡的本能，那份不快樂是最適宜在那種「惡劣」的環境下茁壯成長的。日後的硝煙彌漫的場景在這裡，埋下最初的導火線，誰也不認為自己錯了，誰也不願意在一種不快樂的心境去為對方著想了。女人開始悲哀地認為：男人總認為別人的老婆好，得不到的總是好的！

類共同的毛病和缺陷，暫時的炫目沖昏了那些善良而單純的女子，可情感的波濤洶湧而至，希望的火焰愈燃愈烈，終於，有情人終成眷屬。這是一個圓滿的句號？有人說，這僅僅是一個嶄新的開始。還有人說，愛情不該在婚姻中走向墳墓，感謝婚姻能帶給你綿長不絕的愛。有多少人這樣以為？可又有多少幸運的人們可以體驗到這樣的幸福呢？

一開始我就提到，在中國這樣一個疆域遼闊的地方，沿海城市與鄉村的婦女在家中的地位是有著不小的差異的。直到今天，我們還很遺憾、很憂憤地看到，在一些窮鄉僻壤的地方，有一些男人傾數十年的積蓄，通過違法的手段，拐騙買來了一個「妻子」回來，可即便是這樣得來不易的妻子，他都不知道憐惜她，不知道疼愛尊重她，而僅僅把她當做性發泄的物件和生育工具。

相對於中國女性而言，西歐的婦女解放運動，亦稱女權運動，早在一個多世紀前就轟轟烈烈了。一七八九年法國革命期間，奧林普・德・古日寫了《女權宣言》。這篇宣言在很大程度上影響了英國女作家瑪麗・沃斯通克拉夫特，她於一七九二年在英國發表了《女權辯》一文，譴責了女人生來就是男人玩物這一觀點，提出婦女應當在教育、工作和政治方面享有與男子同樣的權益，並要求大力開發婦女的智力。

我們今天來探求這些問題，因為受到文化背景、歷史情況和一些國情的實際情況，只能將這個命題擱置在一些相對而言比較文明、富裕、發達的城市裡，這是不得不去面對的遺憾。男女相愛的問題被提了一遍又一遍，各種各樣愛情的傳奇和神話也是一個復一個的誕生或湮滅，可是無數的悖論依然困擾著圍城裡的男女。愛情這個字眼對兩性而言是不盡相同的，有的時候，嚴重的誤解會導致分歧的產生甚至裂痕。拜倫說：「男人的愛情是男人生命的一部分；是女人生命的整個的存在。」尼采也曾在詩裡表示過類似的意見：「愛情這個字事實上對女人和男人表示了不同的意義。女人對愛情的意義了解很清楚，她不僅需要忠心，而且要求整個身體和靈魂的奉獻，沒有保留。沒有對其他事物的顧慮。這種無條件的性質造成所謂的忠誠，這種性質是她唯一所有的。至於男人，假如他愛一個女人，他所需要的是從她那裡所得到的愛；因此他要求女人的遠勝於要求自己的感情；假如有些男人，他們能完全放棄欲望，他們必定不是男人。」

既然，男女之間對愛的本質有著如此大相徑庭的理解，但是，最終他們還是走在一起，依靠本身的忍耐、寬容、理解來共同演繹生活。我們通常都說生活是要靠彼此的磨合來繼續。所謂磨合，就是指你必須磨去一些自己的稜角來適應對方，哪怕你是王子或公主，你也沒有權力要求事事由對方來適應你。你必須學會忍受，甚至委屈和誤解也要一笑置之，這並不意味著屈服，在某種意義上來說，這是生活的一種技巧。在這個世界上，可能是有某一些特別幸運的人，他們在找到另一半的同時，擁有和諧和相對美滿幸福，但即便如此，他們也不是天衣無縫、無懈可擊的。智慧而相愛的人們考慮的更多的是為別人著想，在磨合中和容忍對方的缺點的時候去贏得更深層的愛。愛，先是在放棄自私的立場才能去獲取更多的只屬於私人的愛的，絕對的自私是不能成立的。

問題的關鍵在於，要達到怎樣的相愛的程度，才能讓你心甘情願地為對方而付出，無怨無悔。又有多少人能夠擺脫客觀因素的種種干擾而能夠依存情感而互相結合，如果情感破裂了，你所生存的環境能夠給你這樣的自由去重新選擇嗎？

理想的結合，應該是兩個完全自主自立的人，基於完全自主的互相愛慕上所組成的，絕不單單是互相接受。當兩個人互相生厭，而又不得不相依為命時，他們之間的關係不是人類中最真誠、最動人的，而是最值得憐憫的，對於當事人而言，無疑是最可悲的。當夫婦關係從直接的熱烈的感情經驗上漸漸冷淡下來，失去情感上的自由和熱望，感情的親密和肌膚之親都成為習慣，或者說是一種表面上的形式，而不是一種由衷的渴望的時候，所謂的寵愛或溺愛便蕩然無存了。

我們留心一下身邊的人與事，就可以發現，倘若真的在夫婦之間，有的妻子能有這樣的幸福得到丈夫的寵愛——那也在相當有限的一段時間裡。很少有人能得到和名分一樣長久，或是終其一生的寵愛，從這個意義上講，「嬌妻」好像又多了一層相當隱性的含義，即年輕化。好像只有妻子在還比較年輕的時候才可以「嬌」那麼一下，或得到嬌慣。這同前面所闡述過的兩點，即「嬌美」或是「嬌滴滴」倒是不謀而合。真的是這樣嗎？顯然，這是一個偏狹的觀點，甚至可以說完全站在男性立場上來審視和判斷的一種觀點。

婚姻中的愛如要保持長久，的的確確是個難題。要在長久的瑣碎中去經受風浪的侵蝕，要有足夠的智慧和耐心，而且還要一直保持那麼一點羅曼蒂克。也就是前面所說：女性和男性與生俱來的矛盾，從來都需要男女雙方首先克服自私心理，而後日復一日、年復一年、小心翼翼地用必要的理性來呵護。我們常常聽見已婚男女說這樣的口頭禪：老夫老妻了，還來那一套。或者：老夫老妻了，沒關係。往往夫妻間的最初的裂痕就是在這種心態下出現的。

當我們重又回到愛情這塊亙古的豐碑面前時，當我們可以清醒地意識到這是決定婚姻關係中彼此的一切行為時，我們卻不無遺憾地看到，在這樣廣茂的庇護下，通向愛的是僅有的一條狹窄的路。有很多的人也許一生都無法走上這條路，即便獲得很大的幸運走上這條路的人們，也將面臨宿命的考驗。心情沮喪的人們會對幸福的擁有了愛的男女由衷的羨慕和祝福。而更多的妻子對於丈夫的寵愛已不再存有過多的熱望。無數的現實和悲哀讓人們不得不在心悸中清醒過來。

將近半個世紀以前，西蒙・波娃這個堅強、敏感，用自己的一生去親自實驗男女關係中種種無法完美的悖論的法國女人，不無悲哀地感歎道：今日的婚姻制度已是死去了的生活方式的殘延，妻子的地位比往昔更不討好，她雖有相同的義務，卻不再享有相同的權利和光榮。今天的男人，為獲得一個停泊處而結婚，但不準備把自己限制在婚姻裡；他要有一個溫暖的家室，卻又希望可以自由出入；他雖然定居下來，卻懷著一顆流浪的心；他也並不輕視家庭幸福，卻不將家庭幸福當做生活的目的；他厭煩千篇一律；他好奇、愛冒險、喜征服；他去追隨那些可以把他從家裡倆人面面相覷的孤獨狀態中解救出來的伴侶和朋友。妻子一直在努力建築一個永久的天地，丈夫卻在努力希望超越她所創造的局面。所以，這個睿智而多情的學者終生不願意選擇，是她的才智幫她逃脫了宿命的困境？還是讓她在徹底的孤獨中體悟到人生的蒼涼或是生活本身的絕境？終究，她是一個女人。更重要的是西蒙・波娃只是單獨地存在著，更多的芸芸眾生在她半個世紀前的總結裡依然必須度過無數個白天黑夜，情況並沒有得到改變，女人的宿命並不僅僅是女人的悲哀，或者說，生活中的悖論就是這樣的，有的時候你只得去接受她。

幾乎所有的問題都有一個懸而未決的答案。

梁遇春在《寄給一個失戀人的信》中這樣寫到：

你只知道情人的失戀是悲哀，你還不曉得夫婦中間失戀的痛苦。你現在失戀的情況總還帶三分romantic的色彩，她雖然是不愛你了，但是能夠這樣忽然間由情人一變變做陌路之人，倒是件痛快的事——其痛快不下給一個運刀如飛、殺人不眨眼的劊子手殺下頭一樣。最苦的是那一種結婚後二人愛情漸漸不知不覺間淡下去。心中總是感到從前的夢有點不能實現，而另一方面對「愛情」也有些麻木不仁起來。這種肺病似的失戀是等於受凌遲刑。挨這種苦的人，精神一天天痿痹下去，生活力也一層一層沈到零的地位。這種精神的死亡才是天地間唯一的慘劇。也就因為這種慘劇旁人看不出來，有時連自己都不大明白，所以比別的要慘苦得多。

說到這兒，「嬌妻」似乎開始有些眉目了。不知怎地，「嬌」同「驕」總讓人會產生一些聯想，在「妻子」這個身分上，恐怕還不僅僅是聯想那麼簡單。誠如在前面談到過的一樣，大凡被認同為「嬌妻」的都是「嬌美、嬌柔、嬌氣」之類的氣質，而這些年輕的女子一旦具有了這樣的「條件」，便常常「恃嬌而驕」，走極端的，會讓人不可理喻，無法伺候，即便是一般的，也常常像個驕傲的公主。可是，生活並不是安徒生筆下的童話，即便真的是童話裡的公主與王子，有時候也必須學會容忍、受委屈或是克制。先不去理會那些西域文化薰陶下的男女，就單從「東方文化」這桿大旗下來審視中國沿海城市，尤其是上海這樣規模巨大、與國際接軌的文明都市裡的年輕少婦們的情況，你是依然可以發現很多很奇怪的現象的。在日本、韓國、新加坡、馬來西亞甚至在臺灣、香港，很多的女子即便是擁有美貌和高學歷，可依然能安於相夫教子的家庭生活，傳統的父權本位的陰影並沒有因為經濟的蓬勃發展而喪失殆盡。我有一個朋友是位韓國人，他說，他經常可以在上海的街頭看到男人與女人在惡語相向，有不少就是夫婦，好像把馬路當做自家的客廳一樣，甚至看到一對男女在大街上廝打起來，如此令人瞠目結舌的行為是讓這位韓國朋友不能理解的。連他都知道，上海的男人有非常好的耐心和忍受力，可以把每月的薪水如數上交，要無條件地接受妻子言語上帶有「羞辱性」的傷害，要幫助妻子做家務，哄孩子開心。難怪，有不少日本和韓國的女孩子希望能找個上海男子做丈夫。上海女孩「恃嬌而驕」也就出了名。

女性過分的專橫潑辣，正是她不能自立的反映，她應當明白，兩人的成功、未來的幸福和生活的意義不可能決定在某一個人的手中。倘若她拼命地要求他向她卑躬屈膝，那正表示了她個人的利益完全依賴著他。她雖然憑著她的弱點作為武器，但她是個弱者仍是事實。當然，男人必須珍視妻子為他們所付出的種種，由於客觀條件的限制和社會的普遍規律，女性在社會和家庭中的發展有很多無能為力的地方，在情感上更是如此。正因為她比較「貧困」，她才要求他付出，才接受他的給予。這就是西蒙・波娃所說的「主權辨證法最具體的說明」。「女人在壓迫人之中，自己反被壓迫了。男人被他們的統治權本身所困；既然只有他們自己賺錢，那麼妻子向他們索取薪水袋是理所當然的；既然只有他們自己從事事業，太太們便要求他們成功；既然只有他們有超越自我的活動，太太們自然要以管理他們的事業和居功來剝削他們。」

看來，女子「恃嬌而驕」也是頗有些淵源的，而且不僅適用於東方也適用於西方，從某種意義上說，一個年輕貌美的女子嬌氣一些也是可以理解的。問題的關鍵在於一個「度」上。倘若驕而無度，恐怕是會適得其反，在婚前會把對你傾心的人給嚇跑，婚後，丈夫在長久的高壓之下很容易生出倦怠或厭煩的情緒，久了，這種驕而無度無盡頭的狀況可能會成為你無法成為嬌妻的重要原因。

所以哲人說，僅僅有愛，是無法構築起美滿的婚姻的，還需要有智慧。某種意義上，智慧是決定性的。婚姻，同樣是一門學問，而且學無止境，高深莫測。說到底，生活是需要學習的，還要有耐心、勇氣和韌性。

關於那種深刻的、雋永的、能忘卻功利的、無愛而愛，而不僅是為了得到愛，炫耀愛而愛的女子總是讓異性如此眷戀而不能忘懷。就像海德格爾曾經打比方說：「借助空無進行容納；借助自己的空無——虛無，進行容納並贈送水和酒，在獻祭時的傾注水酒能把世界變成一個神聖的世界。那麼，人豈不是借助自己的羞澀容納愛慕與敬仰？」

貝蒂・弗裡丹這位美國當代著名的學者、社會改革家和女權運動家。她創立過「美國婦女組織(NOW)」，創立並組織了「全國婦女政治會議(NWPC)」，她在一九六三年寫下了她一生中最重要的著作《女性的奧秘》，其中這樣充滿激情地寫道：「女人並不是一面被動的、只反映外在的鏡子，並不是一件裝有花邊但毫無用處的裝飾品，並不是一種沒有思想的動物，並不是一種連自己的存在都不能表明，聽憑別人擺佈的東西。她們如果只能靠討好男人才能生存下去，在這個沒有她參與與創造的世界上，在這個男人的世界上，她得完全依附於男人的保護。她永遠也不可能成長起來。中國婦女在經歷了許多代人被纏腳之後，最終是怎樣發現了她們也能夠奔跑呢？第一批放開腳的中國婦女必然經受過這樣的痛苦，她們中有些人不敢站起來，更不要說走路和奔跑了。她們走路走得越多，她們的雙腳就越不會受到傷害。如果有人散佈謠言，說奔跑會帶來危險，纏腳才使人幸福；那麼，會發生什麼樣的事情呢？難道許許多多的中國小姑娘會因為有人這樣說，就在她們的成長過程中讓人再把自己的雙腳結結實實地纏起來，永遠不去嘗試著走路和跑步了嗎？」

貝蒂・弗裡丹，這個一生為女權運動耗盡心力的社會活動家是想讓女性明白，使女性脫離困境的最大障礙就是女性自己。如果希望從依附中得到長久的寵愛，那很快就要面臨破碎的夢想。女人首先應該是一個完美意義上的人，其次再是個女人，再其次是一個妻子，然後是怎樣意義上的妻子。同樣，男人首先是個人，具有人性中繁複迂迴的一切特徵，他可能為了自己本性中的一些特點需要你去依附於他，但他對你的綿延不絕的欣賞、讚歎是去激發他對你長久而新鮮的愛的十分重要的一點。愛，也是源於一種欣賞。縱然是一個傾城傾國的美人，倘若僅是一枝依附的藤蔓，而且又「恃嬌而驕」，在現在這樣一個日新月異的時代，要做丈夫的對你寵愛且長久也許是不可能的了。在兩性的關係中，彼此互相愛慕、體諒也許是長久的愛的一種最好的保障。日常生活總是十分繁瑣、枯燥的，對生活的倦怠總是難免的，而背叛婚姻或是逃避責任都是不應該的，如何在日常生活裡去創造新鮮的情感是需要費心力的事，愛，也是需要智慧的，生活終究是要耐著性子去學習的。

倘若站在男性的立場上，或是說站到中國男性的視角裡俯瞰中國女性，可能呈現在他們臉上的和心上的表情並不一定是一致的，然而心底裡的渴望可能是一致的：希望有一個美滿的家庭，溫柔、善解人意的妻子，和睦的氣氛。自然，這樣的妻子是會贏得丈夫從心底裡升騰出的尊重與愛意的。中國以男權為本的文化背景，男人的綜合素養和傳統觀念所面臨的挑戰，男人到底該為女人做些什麼？男女之間的關係如何才能得以長久的平衡？女人們總在抱怨，所得到丈夫的關愛、呵護隨著婚姻年數的增長反而越來越少了，而不耐煩的丈夫們總是忿忿不平道：你到底要我做什麼，你才感到滿足呢？那麼男人該怎麼做？

事實上，無論你怎麼做，只要能做到一點你就成功了，那就是讓你的太太從心裡感受到一種被寵愛的溫暖，只要她覺得你是在用心愛她，那麼你就是成功的了，這原本就是沒有章法、規則可循的。男人們說女人的心思迂迴複雜，也搞不懂她究竟需要什麼？倘若一個女子還會費盡心力和你折騰——哪怕用的是一種讓人無法理喻的方式，也說明她還在乎你，也希望得到你的在乎。我們在討論中國是否有嬌妻，其根本目的是在於——討論兩性關係究竟如何相處才能使雙方愉悅，情感融洽。女人終究是隸屬於感情的，相對於男人而言，無論多麼堅強的女性都要比男性更容易被感情駕馭。莫理哀曾經說過：女人一生最大的願望就是要有人愛她。愛，是決定兩性關係究竟如何發展的關鍵。成為夫婦的倆個人，實在是茫茫人海中有緣分實屬不易的一對，懷著珍視的情感去面對，就會有一顆包容的心。其實，作為妻子，她真心想當嬌妻的願望是不會很強烈的，即便有，也只是偶爾閃過的一些充滿浪漫色彩的念頭。如果在她的心裡，能夠感受到男人的真誠的愛，即便是受苦受累，在她的心底裡是不會積累起真正的怨恨的。女人是充滿韌性、骨子裡有著男人無法預測的堅強的。如果說一個妻子得不到丈夫的愛——那種真正從心底裡流淌出來的珍惜和疼愛，不管表面上是以怎樣一種形式展現在別人的眼前，她的心底裡總是悲哀的，或者說這樁婚姻就是終其一生的悲哀。一旦項鍊變成鎖鍊的時候，淑女也會變成潑婦或怨婦。這樣的悲哀在我們周圍的生活裡，難道還少嗎？

當這些問題從一個男人的角度去審視的時候，所得到的答案一定是不完全相同的，尤其和從女性的視野去觀望，迥然不同。

歸根結蒂，現狀的種種，讓女人自己也不得不承認這個世界是屬於男性的，這也不僅僅是中國女性所面臨的困惑。多少年來，無數的婦女運動的積極倡導者都在為努力爭取婦女應該擁有的權利而鬥爭。男權文化背景幾乎是所有文化背景的共同特徵，故而男性的個人綜合素養和多少年來一脈相承的傳統觀念，直接導致這種大背景之下的婦女的命運、生存狀態乃至家庭關係等等。

如果在某一天，當丈夫要「休掉」妻子的時候，妻子也敢於「休掉」丈夫。而且雙方都清醒地知道這是愛情的火焰已經熄滅。到了那時，婚姻才有可能在愛情這個唯一的基礎上得到鞏固，妻子才可能是真正意義上受到丈夫寵愛的嬌妻。嬌豔，莫過於愛情的火焰了。

《詩經》：《衛風》中的〈碩人〉

海倫・多伊奇著：《女性心理學——心理分析闡釋》

西蒙・波娃著：《第二性——女人》

跋

我的窗戶前有一排樹，初春的時候，那些新芽剛剛冒出來，極嬌嫩的綠，讓人歡喜到心疼的地步。轉爾進入初夏，那些綠彷彿一夜間就濃了起來，全然成了最平常的顏色，現在已經是盛夏了，那些綠濃得化不開，讓人覺得有些沈鬱。

這本散文集前後延續的寫作時間比較長。其間，我寫了些零星的小說，又轉而為其他的工作所累。更多的時候是在一種冥想、閱讀、思考中度過很多個平凡的日子，好像總有一些沈重的東西牽住了我的思維，絆住了我的手。現在回過頭來凝望，那幾乎是我活到現在最重要的一段時光。在那些最幽閉、最靜謐的生活裡，有著精神世界和情感空間最肆意的想像和波瀾。

這些零星的文章被留了下來，讓我真實地感覺到在那些生活的細屑裡，總還是存著我對生活的愛和思考——儘管有一些是很膚淺的。那些平常的日子——我常常要懊悔虛度時光的日子，實則，也是留下了一些痕跡的，心中是安慰和失落相並間的滋味。

我總是希望，自己能夠寫得好一些，再好一些——能夠成為一個真正的作家——不是概念上的，而是心中理想的那一種。可是寫到現在，這已經是我的第四本書了，越寫越感到惶惑，反而覺得離那個目標遠了。如果，能夠有讀者喜歡其間的一些文章，以現在的心情，算是給我最大的安慰和鼓勵了。

最後，我還是要誠摯地感謝白樺先生，感謝他這幾年以來對我的創作一直給予的關愛和指教，並撥冗作序，給我勉勵，三民書局的誠意也一併感謝中。

二〇〇〇年九月於上海

三民叢刊書目

①邁向已開發國家　孫　震著
②經濟發展啟示錄　于宗先著
③中國文學講話　王更生著
④紅樓夢新解　潘重規著
⑤紅樓夢新辨　潘重規著
⑥自由與權威　周陽山著
⑦勇往直前
・傳播經營札記　石永貴著
⑧細微的一炷香　劉紹銘著
⑨文與情　琦　君著
⑩在我們的時代　周志文著
⑪中央社的故事（上）
・民國二十一年至六十一年　周培敬著
⑫中央社的故事（下）
・民國二十一年至六十一年　周培敬著
⑬梭羅與中國　陳長房著
⑭時代邊緣之聲　龔鵬程著
⑮紅學六十年　潘重規著
⑯解咒與立法　勞思光著
⑰對不起，借過一下　水　晶著
⑱解體分裂的年代　楊　渡著
⑲德國在那裏？（政治、經濟）
・聯邦德國四十年　郭恆鈺　許琳菲等著
⑳德國在那裏？（文化、統一）
・聯邦德國四十年　郭恆鈺　許琳菲等著
㉑浮生九四
・雪林回憶錄　蘇雪林著
㉒海天集　莊信正著
㉓日本式心靈
・文化與社會散論　李永熾著
㉔臺灣文學風貌　李瑞騰著
㉕干儛集　黃翰荻著

㉖作家與作品　謝冰瑩著
㉗冰瑩書信　謝冰瑩著
㉘冰瑩遊記　謝冰瑩著
㉙冰瑩憶往　謝冰瑩著
㉚冰瑩懷舊　謝冰瑩著
㉛與世界文壇對話　鄭樹森著
㉜捉狂下的興嘆　南方朔著
㉝猶記風吹水上鱗
・錢穆與現代中國學術　余英時著
㉞形象與言語
・西方現代藝術評論文集　李明明著
㉟紅學論集　潘重規著
㊱憂鬱與狂熱　孫瑋芒著
㊲黃昏過客　沙究著
㊳帶詩蹺課去　徐望雲著
㊴走出銅像國　龔鵬程著
㊵伴我半世紀的那把琴　鄧昌國著
㊶深層思考與思考深層　劉必榮著
・轉型期國際政治的觀察
㊷瞬間　周志文著
㊸兩岸迷宮遊戲　楊渡著
㊹德國問題與歐洲秩序　彭滂沱著
㊺文學關懷　李瑞騰著
㊻未能忘情　劉紹銘著
㊼發展路上艱難多　孫震著
㊽胡適叢論　周質平著
㊾水與水神
・中國的民俗與人文　王孝廉著
㊿由英雄的人到人的泯滅
・法國當代文學論集　金恆杰著
(51)重商主義的窘境　賴建誠著
(52)中國文化與現代變遷　余英時著
(53)橡溪雜拾　思果著
(54)統一後的德國　郭恆鈺主編
(55)愛盧談文學　黃永武著
(56)南十字星座　呂大明著
(57)重疊的足跡　韓秀著
(58)書鄉長短調　黃碧端著
(59)愛情・仇恨・政治
・漢姆雷特專論及其他　朱立民著

(60) 蝴蝶球傳奇 顏匯增著
・真實與虛構
(61) 文化啓示錄 南方朔著
(62) 日本這個國家 章 陸著
(63) 在沉寂與鼎沸之間 黃碧端著
(64) 民主與兩岸動向 余英時著
(65) 靈魂的按摩 劉紹銘著
(66) 迎向眾聲 向 陽著
・八〇年代臺灣文化情境觀察
(67) 蛻變中的臺灣經濟 于宗先著
(68) 從現代到當代 鄭樹森著
(69) 嚴肅的遊戲 楊錦郁著
・當代文藝訪談錄
(70) 甜鹹酸梅 向 明著
(71) 楓 香 黃國彬著
(72) 日本深層 齊 濤著
(73) 美麗的負荷 封德屏著
(74) 現代文明的隱者 周陽山著
(75) 煙火與噴泉 白 靈著
(76) 七十浮跡 項退結著
・生活體驗與思考
(77) 永恆的彩虹 小 民著
(78) 情繫一環 梁錫華著
(79) 遠山一抹 思 果著
(80) 尋找希望的星空 呂大明著
(81) 領養一株雲杉 黃文範著
(82) 浮世情懷 劉安諾著
(83) 天涯長青 趙淑俠著
(84) 文學札記 黃國彬著
(85) 訪草（第一卷） 陳冠學著
(86) 藍色的斷想 陳冠學著
・孤獨者隨想錄
A・B・C全卷
(87) 追不回的永恆 彭 歌著
(88) 紫水晶戒指 小 民著
(89) 心路的嬉逐 劉延湘著
(90) 情書外一章 韓 秀著
(91) 情到深處 簡 宛著
(92) 父女對話 陳冠學著

㉓陳冲前傳　嚴歌苓著
㉔面壁笑人類　祖　慰著
㉕不老的詩心　夏鐵肩著
㉖雲霧之國　合山　究著
㉗北京城不是一天造成的　喜　樂著
㉘兩城憶往　楊孔鑫著
㉙詩情與俠骨　莊　因著
⑩⓪文化脈動　張　錯著
⑩①桑樹下　繆天華著
⑩②牛頓來訪　石家興著
⑩③深情回眸　鮑曉暉著
⑩④新詩補給站　渡　也著
⑩⑤鳳凰遊　李元洛著
⑩⑥文學人語　高大鵬著
⑩⑦養狗政治學　鄭赤琰著
⑩⑧烟　塵　姜　穆著
⑩⑨河　宴　鍾怡雯著
⑪⓪滬上春秋　章念馳著
⑪①愛廬談心事　黃永武著
⑪②吹不散的人影　高大鵬著
⑪③草鞋權貴　嚴歌苓著
⑪④是我們改變了世界　張　放著
⑪⑤夢裡有隻小小船　夏小舟著
⑪⑥狂歡與破碎　林幸謙著
⑪⑦哲學思考漫步　劉述先著
⑪⑧說　涼　水　晶著
⑪⑨紅樓鐘聲　王熙元著
⑫⓪寒冬聽天方夜譚　保　真著
⑫①儒林新誌　周質平著
⑫②流水無歸程　白　樺著
⑫③偷窺天國　劉紹銘著
⑫④倒淌河　嚴歌苓著
⑫⑤尋覓畫家步履　陳其茂著
⑫⑥古典與現實之間　杜正勝著
⑫⑦釣魚臺畔過客　彭　歌著
⑫⑧古典到現代　張　健著
⑫⑨帶鞍的鹿　虹　影著
⑬⓪人文之旅　葉海煙著

131 生肖與童年　小　民著　喜　樂圖
132 京都一年　林文月著
133 山水與古典　林文月著
134 冬天黃昏的風笛　呂大明著
135 心靈的花朵　戚宜君著
136 親　戚　韓　秀著
137 清詞選講　葉嘉瑩著
138 迦陵談詞　葉嘉瑩著
139 神　樹　鄭　義著
140 琦君說童年　琦　君著
141 域外知音　張堂錡著
142 遠方的戰爭　鄭寶娟著
143 留著記憶・留著光　陳其茂著
144 滾滾遼河　紀　剛著
145 王禎和的小說世界　高全之著
146 永恆與現在　劉述先著
147 東方・西方　夏小舟著
148 嗚咽海　程明琤著
149 沙發椅的聯想　梅　新著
150 資訊爆炸的落塵　徐佳士著
151 沙漠裡的狼　白　樺著
152 風信子女郎　虹　影著
153 塵沙掠影　馬　遜著
154 飄泊的雲　莊　因著
155 和泉式部日記　林文月譯・圖
156 愛的美麗與哀愁　夏小舟著
157 黑　月　樊小玉著
158 流香溪　季　仲著
159 史記評賞　賴漢屏著
160 文學靈魂的閱讀　張堂錡著
161 抒情時代　鄭寶娟著
162 九十九朵曇花　何修仁著
163 說故事的人　彭　歌著
164 日本原形　齊　濤著
165 從張愛玲到林懷民　高全之著
166 莎士比亞識字不多？　陳冠學著
167 情思・情絲　龔　華著

(168) 說吧，房間　林　白著
(169) 自由鳥　鄭　義著
(170) 魚川讀詩　梅　新著
(171) 好詩共欣賞　葉嘉瑩著
(172) 永不磨滅的愛　楊秋生著
(173) 晴空星月　馬　遜著
(174) 風　景　韓　秀著
(175) 談歷史　話教學　張　元著
(176) 兩極紀實　位夢華著
(177) 遙遠的歌　夏小舟著
(178) 時間的通道　簡　宛著
(179) 燃燒的眼睛　簡　宛著
(180) 月兒彎彎照美洲　李靜平著
(181) 愛廬談諺詩　黃永武著
(182) 劉真傳　黃守誠著
(183) 天涯縱橫　位夢華著
(184) 新詩論　許世旭著
(185) 天　譴　張　放著
(186) 綠野仙蹤與中國　賴建誠著
(187) 標題飆題　馬西屏著
(188) 詩與情　黃永武著
(189) 鹿　夢　康正果著
(190) 蝴蝶涅槃　海　男著
(191) 半洋隨筆　林培瑞著
(192) 沈從文的文學世界　王繼志 陳　龍 著
(193) 送一朵花給您　簡　宛著
(194) 波西米亞樓　嚴歌苓著
(195) 化妝時代　陳家橋著
(196) 寶島曼波　李靜平著
(197) 只要我和你　夏小舟著
(198) 銀色的玻璃人　海　男著
(199) 小歷史　林富士著
(200) 再回首　鄭寶娟著
(201) 舊時月色　張堂錡著
(202) 進化神話第一部 ·駁達爾文《物種起源》　陳冠學著
(203) 大話小說　莊　因著

207
懸崖之約
海男 著

「男人與女人在此約會中的故事，貫穿著一個幸運的結局和另一個戲劇的結局」。一個患腦癌的四十歲女子，她要在去天堂之前去訪問記憶中銘心刻骨的每一個朋友，也許是密友、情人、前夫，她的生活因為有了昨日的記憶，將展開一段不同的旅程。

208
神交者說
虹影 著

人的情感總是同時交雜著出現，很難只用喜悅、悲傷、恐懼等單純詞語完整表達。而本書作者細緻地記述回憶或現實的片段，藉以呈現許多情況下（如養父過世，或只是邂逅陌生人等）人複雜多變的感覺，使讀者能自然地了解書中的情境與人物的感受。

209
海天漫筆
莊因 著

或「拍案叫好」或「心有戚戚」或「捫心自思」，作者以其多年旅居海外經驗，與自身文化激盪的心得，發為一篇篇散文，不但將中華文化精萃發揚，亦介紹西方生活的真善美。且看「海」的那片「天」空下，作者浪「漫」的妙「筆」！

210
情悟，天地寬
張純瑛 著

本書乃集結作者旅居美國多年來的文章，娓娓細述遊子之情。其文字洗鍊，生動感人，處處展現羈旅之心與赤子之情。作者雖從事電腦業，但文章風格清新雋永。值得你我風簷展讀，再三品味，從中探索「情」之真諦！

211

誰家有女初養成

嚴歌苓 著

「巧巧覺得出了黃桷坪的自己，很快會變一個人的。對於一個新的巧巧，窩在山溝裡的黃桷坪和窩在黃桷坪的一切人和事，都不在話下。」踏出黃桷坪的巧巧會有怎樣的改變呢？如願的坐上流水線抑或是……

212

紙銬

蕭馬 著

紙銬，這樣再簡單不過的刑具，卻可以鎖住人的雙手，甚至鎖住人心，牢牢的，讓人難以掙脫更不敢掙脫。隨便揀一張紙，挖兩個窟窿，然後自己把手伸進去，老老實實地伸直了手，哪敢輕易動彈，碰上風吹雨淋，弄斷了紙銬，一個個都急成了哭相……

213

八千里路雲和月

莊因 著

本書可分為兩大部分，雖然皆屬於記遊文字、同在大陸地區，時間，卻整整相隔了十八年。作者以其獨特的觀點、洗鍊的文筆，道出兩段旅程中的種種。從這些文章，我們可以看見一些故事，也可以看出一位經歷不凡的作家，擁有的不凡熱情。

214

拒絕與再造

沈奇 著

新詩已死？現代人已不讀詩？對於這些現象，作者本著長年關注現代詩的研究，對現代詩有其深刻的體認，無論是理論的闡述或是兩岸詩壇的現況，甚至是詩作的分析，都有其獨特的見解。在他的帶領下，你將對現代詩的風貌，有全新的認識與感受。

215
冰河的超越
葉維廉　著

詩人在新生的冰河灣初次與壯麗的冰河群相遇，面對這無言獨化、宇宙偉大的運作，面對「雪疊著雪雪疊著雪疊著永不溶解的雪／緩緩地積壓著／冰晶冰層冰箔相連覆蓋九萬餘里」的景象，喜悅、震撼、思涉千載而激盪出澎湃磅礴的——冰河的超越。

216
庚辰雕龍
簡宗梧　著

基於寫作興趣就讀中文系，卻因教學職責的召喚，不得不放緩文學創作的腳步。本書作為政大簡宗梧教授創作成果的集結，不僅可讓讀者粗識簡教授於教學及研究著績外的創作成果，也將是記誌簡教授今後創作「臺灣賦」系列作品的一個始點。

217
莊因詩畫
莊　因　著

因心儀進而仿效豐子愷漫畫令人會心的幽默與趣味，作者基於同樣對世間生命萬物寬厚博大的關注與愛心，以他罕為人知的「第三枝筆」，畫出現今生活於你我四周真實人物的喜怒哀樂，並附以詩文，為傳統的中國詩畫注入了全新的生命。

218
換了頭抑或換了身體
張德寧　著

換了頭抑或換了身體？當器官移植技術發達到可以更換整個身軀時，我們要擔心的是生理上的排斥或心理上的抗拒？該為人類創造的奇蹟喝采還是為扭曲了人的靈魂而付出代價？藉作者精心的布局與對人深刻的觀察，我們將探觸心裡未曾到達的角落。

219 **黥首之後** 朱暉 著

政治上成分的因素，他曾前後被抄三次家，父母也先後被送入囹圄和下放勞改。他嚐盡世間的殘酷悲涼，看透人性的醜陋自私，但外在的折磨越狠越兇，內裡的親情就越密越濃。人性中最陰暗齷齪的一面與最光明燦爛的一面，都在這裡。

220 **生命風景** 張堂錡 著

每個人的故事，如同璀璨的風景，綻放動人的面貌。透過作者富含情感的筆觸，引領出成功背後的奮鬥歷程。文中所提事物，與我們成長經驗如此貼近，讓人油然而生「心有戚戚焉」之感。他們見證歷史，也予我們許多值得省思與仿效的地方。

221 **在綠茵與鳥鳴之間** 鄭寶娟 著

不論是走訪歐洲歷史遺跡有感，或抒發旅法思鄉情懷，抑或中西文化激盪的心得，作者以其一貫獨特的思考與審美觀，發為數十篇散文，澄清的文字、犀利的文筆中，流露著一種靈秘的詩情與浪漫的氣氛，讓讀者在綠茵與鳥鳴之間享受有深度的文化饗宴。

222 **葉上花** 董懿娜 著

讀董懿娜的文章，如同接受心靈的浸潤。生活的點滴，藉她纖細敏感的筆尖，便能在心中蕩起圈圈漣漪；娓娓的傾訴，叫人不禁沉入她的世界。在探求至情至性的同時，重新面對自己，循著她的思緒前進，彷彿也走出了現實的惱人，燃起對生命的熱情。

223

與自己共舞

簡宛 著

「與自己共舞，多麼美好歡暢的感覺！」長年旅居海外的簡宛，以平實真誠的筆調，與讀者分享「接納自己、肯定自我」的喜悅。書中收錄作者多年來與自己共舞的所思所感，包含對婚姻、家庭、自我成長的探討，值得讀者細細品味這分坦率至情的人生智慧。

224

夕陽中的笛音

程明琤 著

我們從本書中可領略程明琤對於生命的思索與感受，對於文化的關懷珍視，她更以廣闊的角度引領讀者去探索藝術家的風範和多彩的人文景致。讀她的文章不只是欣賞她行文遣字的氣蘊靈秀，真正觸動人心的是她對眾生萬相所付注的人文情懷。

225

零度疼痛

邱華棟 著

「我發現我已被物所包圍，周圍一個物的世界，它以嚇人的速度在變化更新，似乎我的生活已經事先被規定、被引導、被制約、被追趕。」作者以魔幻的筆法剖析現代人被生活擠壓變形的心靈。事實上，我們都是不同程度的電話人、時裝人、鐘錶人……。

226

歲月留金

鮑曉暉 著

以滿盈感恩的心，追憶大時代的離合悲歡，及中國這片土地的光輝與無奈；用平實命動人的文字，記錄生活的精彩，和對生命的熱愛與執著。作者將歲月中的點滴與感動，譜成這數十篇的散文，讀來令人低徊不已，並激盪出對生命的無限省思。

227

如果這是美國

陸以正 著

面對每天新聞報導中沸沸揚揚的各種話題，您的感想是什麼？是事不關己的冷漠？還是無法判斷是非的茫然？不妨聽聽終身奉獻新聞與外交事務的陸以正大使，如何以其寬廣的國際觀點，告訴您「如果這是美國……」

228

請到我的世界來

段瑞冬 著

從七〇年代窮山惡水的貴州生活百態，到瑞典中西文化交流的感觸，最後在學成歸國的喜悅中，驚覺中國物質與思想上的巨大轉變，作者達觀的態度及詼諧的筆調，好像久違的摯友熱情地對我們招手：「請到我的世界來！」

229

6個女人的畫像

莫 非 著

6個女人，不同畫像。在為家庭守了大半輩子門框後，他們要出走找回失落的自己，藉著幻想，藉著閱讀，藉著繪畫等等不同方式，讓心靈有重新割斷再連結的機會。盼能以此書，提供女人一對話的空間。

230

也是感性

李靜平 著

「人世間的很多事，完全在於你從什麼角度來看。」本書作者以幽默的口吻帶您挖掘出生活中的樂趣。不管是親情的交流或友誼的呼喚，即便是些雞毛蒜皮的小事，在她的筆下每個生活週遭的人物全都活絡了起來，為我們合力演出這齣喜劇。

231

與阿波羅對話

韓秀 著

自遠方來，我在陽光的國度與阿波羅對話。秋日午後的愛琴海波光粼粼，反射生命的絕代風采。這裡是雅典，眾神的故鄉，世人的虛妄不過瞬眼，胸臆間卻永遠有激情在湧動。殿堂雖已頹圮，風起之際，永恆卻在我心中駐紮。

232

懷沙集

止庵 著

「樹欲靜而風不止，子欲養而親不待」作者將對逝去父親的感念輯成本書。其間除了父親晚年兩人對談的點滴外，亦不乏從日常不經意處，挖掘出文學、生活的真諦。作者樸實的文筆，在現代注重藻飾的文壇中像嚼蘿蔔，別有一股自然的餘味。

233

百寶丹

曾焰 著

百寶丹，東方國度的神奇靈藥，它到底有多神妙？身世坎坷的孤雛，如何在逆境中自立，成為濟世名醫？一部結合中國傳統藥理與鄉野傳奇故事的長篇小說，一段充滿中國西南邊疆民族絕代風情的動人篇章。

國家圖書館出版品預行編目資料

葉上花／董懿娜著.－－初版一刷.－－臺北市；三民，民90

面；　公分－－(三民叢刊；222)

ISBN 957-14-3436-1　(平裝)

855　　90003342

網路書店位址　http://www.sanmin.com.tw

著作人　董懿娜

發行人　劉振強

著作財產權人　三民書局股份有限公司
臺北市復興北路三八六號

發行所　三民書局股份有限公司
地址／臺北市復興北路三八六號
電話／二五〇〇六六〇〇
郵撥／〇〇〇九九九八──五號

印刷所　三民書局股份有限公司

門市部　復北店／臺北市復興北路三八六號
重南店／臺北市重慶南路一段六十一號

初版一刷　中華民國九十年四月

編　號　S 81089

基本定價　參元肆角

行政院新聞局登記證局版臺業字第〇二〇〇號

ISBN　957-14-3436-1　(平裝)